설교를 위한

성경 속
하나님 읽기

폴 스콧 윌슨 지음

최진봉 옮김

설교를 위한

성경 속 하나님 읽기

초판 1쇄	2019년 3월 4일
지 은 이	폴 스콧 윌슨
옮 긴 이	최진봉
펴 낸 이	김현애
펴 낸 곳	예배와 설교 아카데미
주 소	서울특별시 광진구 광장로5길 11-4
전 화	02-457-9756
팩 스	02-457-1120
홈페이지	www.wpa.or.kr
등록번호	제18-19호(1998.12.3)

디 자 인	디자인집 02-521-1474
총 판 처	비전북
전 화	031-907-3927
팩 스	031-905-3927
I S B N	978-89-88675-75-5

값 18,000원

＊잘못 만들어진 책은 교환해 드립니다.

설교를 위한

성경 속
하나님 읽기

폴 스콧 윌슨 지음

최진봉 옮김

목차

1부 성경의 문자적 읽기: 역사적 읽기와 신학적 읽기

2부 영적 읽기: 설교비평

오늘날의 설교 현장은 그동안 인식되지 못하고, 주목받지 못했던 새로운 성경해석을 필요로 한다. 이 과제를 수행하려 할 때 설교자들과 신학생들은 설교를 위한 신학적인 성경해석의 틀을 제공받게 되는데, 성경적 해석을 배운 설교자들은 이전에 본문에서 만나지 못했던 새로운 세계를 만나고 복음을 알리며 회중을 참여케 하는 보다 창의적이며 능력 있는 설교를 하게 될 것이다. 그리고 이러한 도전은 시대를 거쳐 앞서간 우리의 옛 설교자들을 통해 배우게 된다.

설교자들은 종종 과거 신학교에서 배운 신·구약의 석의 방법만으로도 성경적 설교를 준비하는 데 충분하다고 생각하곤 한다. 그러나 일반적으로 성경학에서 배우게 되는 주석적 방법(exegetical method)은 본문의 역사 이해나 문법적 이해를 주된 목적으로 삼는다. 그렇기에 그것은 성경본문이 제공하는 신학과 신앙의 유익을 간과하곤 하는데, 곧 성경학의 주석적 읽기는 성경(the Bible)이 신앙 공동체의 삶과 믿음의 규범인 말씀(Scripture)임을 간과하곤 한다. 그러나 우리의 믿음의 선조들은 성경을 신학적인 눈으로 읽으면서 자신들이 읽는 성경이 신앙 공동체의 삶에 어떤 역할을 하는지에 궁극적인 관심을 가졌다. 뿐만 아니라 그들은 성경본문을 하나님과 성경의 다른 본문들, 그리고 교회의 교리, 성도들의 삶과 연결하여 이해하려 했다.

교회의 신학적 성경해석과 설교 전통을 다루는 대부분의 책들은, 예를 들어 린더 켁(Leander Keck)의 고전인 『강단과 성경』(The Bible in the Pulpit)과 같은 책들은 주로 종교개혁과 그 이후인 현대로 그들의 연구를 제한하고 있다. 그러나 성경적 해석 전통의 뿌리를 바르게 이해하고자 한다면, 우리는 고대 교부시대, 즉 교부들이 사용한 '성경의 4중 의미'(four senses of Scripture)로 거슬러 올라가야 한다. 왜냐하면 그들에게 성경의 4중 의미는 설교를 위한 해석의 틀로 사용되었기 때문이다. 그러므로 교회가 행하는 복음의 선포가 어떻게 실천되는가를 성찰하고자 할 때, 오늘 설교자들에게 요청되는 과제가 무엇인지 보다 분명해질 것이다.

교부들의 지혜인 성경의 4중 의미는 설교를 배우는 과정에서 빠져서는 안 될 중요한 영역이다. 지난 1500여 년간, 기독교 설교자들은 고대 교부들이 전해준 4중적 해석 틀 안에서 성경을 읽어왔다. 그리고 비록 인정하려 하지 않지만, 오늘의 설교자들도 여전히 변용과 수정을 통해 유지되어 오는 4중 의미를 가지고 성경을 읽는다 해도 과언이 아니다. 뿐만 아니라 교부들이 전해준 성경해석의 4중 의미는 훗날 종교개혁을 가능케 하고 유지케 한 신학적 규범이 되었다. 우리는 고대 교부들이 가르쳐준 성경해석의 4중적 틀을 연구함으로써, 이제 성경을 신선한 방식으로 읽게 되고, 그동안 무관심과 두려움으로 인해, 혹은 교부들의 방식이 오늘의 현대적 감각에 너무 동떨어져 보이고 이해하기도 어렵다고 하는 단순한 선입견 속에 닫혀 있던 세계를 열게 될 것이다. 비록 고대의 것이라 할지라도 교부들이 전해준 성경해석의 4중적 틀은 오늘 설교자에게 일종의 해석 렌즈로 작용하여 그것을 통해 성경 본문 속에서 선포할 말씀을 발견하게 된다. 그러나 무엇보다 교부들의 4중 의미는 성경 속에서 하나님을 재발견하도록 돕는다는 점에서 설교 교육 과정에 절실히 요구되는데, 이는 오늘날 하나님 자신이 성경에서 사라졌기 때문이 아니라 우리의 성경해석의 방법이 때때로 하나님을 발견치 못하도록 하기 때문이다.

본서의 중심 의도는 일선 목회자들과 신학생, 그리고 예비 설교자들이 설교를 준비함에 있어 보다 창의적인 믿음의 눈으로 성경을 읽도록 돕는 데 있다. 따라서 설교를 위한 성경해석 방법을 논함에 있어, 나는 세 가지 비평 방식에 상응하는 성경해석 방법을 제안한다. 그것들은 '역사적'(historical), '신학적'(theological), 그리고 '설교학적'(homiletical) 해석이라 부를 수 있다. 이 세 가지 작업은 각기 세 가지 상상력을 통해 가능하다. 따라서 본서의 두 번째 의도는 설교자들로 하여금 설교의 기초적 이해와 실천을 재정립하도록 하는 데 있다. 나는 설교학 교수임과 동시에 설교자로서 본서를 썼다. 그러므로 본서가 말하고자 하는 내용은 실천신학이다.

본서를 출판함에 있어서 많은 분들에게 고마움을 표한다. 먼저, 언제나 그렇듯이 나의 아내 디애나(Deanna)에게 첫 번째로, 그리고 가장 크게 고마움을 전하고 싶다. 그녀는 나의 주제에 깊은 관심뿐만 아니라 따뜻한 사랑과 인내로 함께했고, 그녀의 물음은 나의 여러 생각들을 보다 명확히 하는 데 큰 도움을 주었다.

또한 토론토 대학교 신학부의 M. Div. 학생들과 박사과정 학생들에게 감사한데, 그들은 언제나 나에게 많은 배움을 주는 선생들이다. 또한 안식년을 통해 본서를 완성할 수 있도록 후원을 아끼지 않은 임마누엘 칼리지(Emmanuel College)의 학장인 라저 허친슨(Roger Hutchinson)과 토론토 대학교의 빅토리아 대학총장과 이사회에게 감사를 표하는 바이다.

뿐만 아니라 본서가 완성되기까지 나의 여러 생각들을 점검하고 실험할 수 있는 자리를 허락해 준 여러 분들과 여러 기관들에게 심심한 사의를 전하고 싶다. 특별히, 온타리오 해밀턴에 소재한 맥매스터 신학대학원(McMaster Divinity College)의 존 N. 글래드스톤 설교축제(the John N. Gladstone Festival of Preaching), 2000년도 드류 대학교 신학대학원(Drew University Theological School)의 티플-보스버그 설교학 강좌(Tipple-Vosburgh Lectures), 와트버그 신학대학원(Wartburg Theological Seminary)의 설교 워크샵, 그리고 듀크 대학교 신학대학원(Duke Divinity School)의 제임슨 존스 설교학 강좌(Jameson Jones Lectures in Preaching)에 감사한다.

마지막으로 나의 북미 설교학회의 동료들인 스티븐 패리스(Stephen Farris), 조셉 R. 지터(Joseph R. Jeter), 존 M. 로트만(John M. Rottman), 그리고 아트 밴 시터스(Art Van Seters)의 도움에 고마움을 전하고 싶다. 그들은 기꺼이 나의 원고를 읽어주고 나의 부족한 부분들이 보임에도 책이 나올 수 있도록 마지막 작업까지 협조를 아끼지 않았다.

본서는 설교와 관련된 많은 저서들 가운데 "설교는 무엇인가?"라는 물음에 대한 대답을 정합(整合)한 방식으로 다루고 있는 책이다. 이는 본서의 저자인 폴 스콧 윌슨(Paul Scott Wilson) 교수가 설교학자로서 '설교'라는 교회의 실천이 갖는 의의와 사명을 성경해석사의 통시적 맥락 안에서 직접적으로 성경과 관련하여 소개하고 있기 때문이다. 설교학, 곧 설교의 이론과 실천에 관한 논의의 중심에는 그 논의를 시작하고 논의를 이끌어 가는 토대영역이 있다. 그것은 설교를 성경해석의 실천으로 접근하고 다루는 일로서, 거기에서 설교는 교회와 관계하여 지속적인 수행이 요구되는 근거를 발견한다. 그러나 설교의 이론과 실천을 위한 논의들이 그 토대를 간과하거나 설교와 성경 간의 관계를 진지하게 인식하지 않을 때, 설교는 본연의 정체성을 잃고 도리어 교회에 위해한 실천으로 전락할 수 있게 된다. 이는 폴 스콧 윌슨 교수가 기술하고 있는 바, 설교자들이 2천 년 교회의 경험으로부터 배운 성찰이다.

설교와 성경 간의 태생적이며 기능적인 상호의존성에 기초해 폴스콧 윌슨 교수는 본서의 저술 동기를 다음과 같이 밝힌다. "… 교파를 초월한 많은 설교들이 신자들이 해야만 하는 인간의 행위에 집중하는 반면, 하나님이 주권적으로 행하시는 구원의 행위에는 소홀하다. 이는 설교자들이 자신들이 하는 일이 성경본문이 말하고 있는 하나님이 누구이며, 그 하나님께서 행하셨고, 지금도 행하고 계시며, 앞으로 행하실 일이 무엇인지를 선포하는 것임을 확신하지 못하고 있기 때문이다." 저자에게 설교의 본질과 그 본연의 실천은 성경읽기와 관련되는 과제이다. 비록 본서는 설교의 내적 본질과 외적 실천을 분리하지는 않지만, 저자는 설교의 본성을 성경읽기에 묶어둠으로써 설교 구성과 작성, 전달과 청중과의 소통 등과 같은 설교의 외적 과제들에서 잠시 나와 성경본문을 향한 설교자의 믿음, 기도(열정), 신학이라는 설교 실천의 내적 요소에 집중한다.

성경은 누구에게라도 다양한 방식과 의미에 열려 있는 책이다. 그러나 저자의 관심은 성경이 2천 년 교회의 역사에서 신자 개인들의 책으로 읽히기 전에 교회를 위한 책으로 읽혀 왔음을 주지한다. 교회의 역사가 말하듯, 성경은 교회 공동체를 위해 읽히고, 공유되고, 설교된 책이었다. 교회는 오랜 세월 믿음의 설교자들의 경험을 통해 깨닫고 축적된 지혜로서, 2중(문자적-영적 읽기), 3중(문자적-영적-도덕적 읽기), 혹은 4중 해석(문자적-영적-도덕적-종말적 읽기)이라는 방식들을 사용해 성경이 말하고자 하는 의미와 성경의 세계를 읽어냈다. 특기할 점은 저자는 옛 설교자들이 성경의 고유한 세계와 만나고자 하는 신앙적 열망 속에서 알레고리(allegory)를 발전시켰음을 주지하면서, 성경해석의 역사에서 알레고리가 차지했던 위치와 그 역할을 객관적으로 재조명한다. 이를 통해 본서는 독자들로 하여금 알레고리에 대한 부정적인 선입견을 합리적으로 수정한다. 저자에게 그릇되거나 부정적 알레고리(bad allegory)가 아닌 모범적인 알레고리(good allegory)는 신학적 읽기와 분리되지 않는다. 오히려 그것은 교회의 신앙적 수고의 산물로서 설교로 하여금 성경 세계와 오늘 세계 간의 간극을 극복하면서 오늘 신자의 삶을 위한 규범을 창안하는 데 유용한 해석적 도구이다.

저자가 본서에서 오늘의 설교자들과 공유하려는 바는 교회가 설교를 위해 성경을 읽어온 '하나님 읽기'(God Sense)이다. '하나님 읽기'는 현대 설교자들을 위한 새로운 발명품이 아니다. '하나님 읽기'는 2천년 교회의 성경해석사를 관통하는 지적 유산으로 성경읽기의 중심 줄기이다. 성경은 자신의 문자적 구술을 통해서 말하려는 바를 이야기하는데, 그것은 궁극적으로 하나님이 누구이며, 인간과 피조세계를 구원하시기 위해 그분이 행하셨고 행하실 일이 무엇인지에 관해, 곧 인간이 아닌 '하나님'에 관한 내용이다. 그러므로 '하나님 읽기'는 설교자가 교회와 함께하면서 성경의 본래적 목적에 맞게 성경을 읽어온 신학적인 해석관점이다.

따라서 설교가 하나님을 축소시키고 인간의 행위를 부각시키는 일은 성경을 대하는 설교자의 신학과 신앙의 문제에서 기인하고, 그것은 보다 심각하게 선조 설교자들의 유구한 경험과 지혜가 물려준 교회의 유산과 단절되는 위기를 초래한다. 물론, 역사비평을 비롯한 현대의 다양한 비평적 읽기는 본문에 대한 이해를 객관적으로 풍성하게 하고, 현대사회의 도전과 과제 앞에서 성경의 목소리를 듣는 데 도움을 준다. 이 점에서 저자의 '하나님 읽기'는 비평적 읽기를 수용한다.

저자는 오늘날 설교의 근원적 차원의 갱신과 바람직한 실천을 위해 설교자들이 성경에 대한 '하나님 읽기'를 회복할 것을 제안한다. 그것이 설교가 교회로 하여금 세상을 구원하는 참된 이야기를 듣고 말할 수 있게 하는 근본적인 길이며, 사람의 말이 하나님의 말씀으로 선언되도록 하는 설교의 사명이다. 모쪼록 폴 스콧 윌슨 교수의 『설교를 위한 성경 속 하나님 읽기』가 성경이 증언하는 하나님의 진리와 그리스도의 복음을 알고 그것을 참되고 신실하게 말하고자 하는 자들에게 값지고 유익한 도움이 되기를 바란다.

광나루 연구실에서
최 진 봉

저는 *God Sense*가 한국교회에 소개된다는 소식에 매우 반갑고 기쁩니다. 몇 해 전 한국을 방문했을 때, 저는 그렇게 많은 교회들이 열정을 갖고 선한 사역을 섬기고 있음에 큰 감명을 받았습니다. 제가 본 한국교회는 여전히 주님의 말씀을 신실하게 선포하고, 성도들의 신앙 성숙을 위해 힘쓰고, 그리스도의 이름과 성령님의 도우심을 의지하면서 서로를 돌보고, 어려운 이웃들을 돕는 데 앞장서고 있었습니다. 그러한 사역들은 분명 삼위 하나님을 믿는 헌신된 주님의 제자들에 의해 가능한데, 그러한 제자들을 먹이고 세우는 양식으로 하나님 말씀만한 것이 없습니다.

오늘날 목회 현장에서 자주 논의되는 과제들 가운데 하나가 설교자가 어떻게 하나님의 말씀을 식별해야 하는가 하는 일입니다. 루터는 설교자의 일은 그리스도를 찾는 일이라고 말했고, 칼뱅은 그 과정에서 성령님의 인도하심을 강조했습니다. 이들의 확신은 성경을 읽고 성경에서 교회를 세우고 돌보는 바르고 신실한 실천 방식을 발견했던 고대 설교자들의 지혜에 근거하고 있습니다. 고대 설교자들이 성경을 읽은 방식은 놀라울 정도로 세련되고 정교했는데, 그들은 성경이 하나의 뜻만을 의미한다고 보지 않았고, 설교자에게 설교 메시지와 관련하여 풍부하고 깊이 있는 성경의 세계를 제공한다고 믿었습니다.

초기부터 교회는 성경이 어떻게 읽히고 다루어져야 하는지 그 스스로 안내하고 있다고 보았습니다. 바울은 새 언약의 일꾼의 사역은 율법의 "조문(letter)이 아닌 영(spirit)"에 대한 사역임을 강조하면서, 성경 본문을 읽는 두 가지의 길을 제시했습니다. 성경의 문자적 읽기는 본문의 문자로서의 언어, 문법, 그리고 역사적 사건에 관심을 갖습니다. 그러나 어거스틴(Augustine)이 노아를 해석한 것과 같이, 성경본문은 단순히 역사적 사실을 알리기 위해 기록된 것이 아닙니다. 성경은 그보다 심원하고 영적인 의미와 관련됩니다. 바울이 "율법 조문은 죽이는 것이요 영은 살리는 것이라"고 말한 것이 바로 그것을 언급한 것입니다.

크리소스톰(Chrysostom)이 투옥되었을 때, 그의 비서였던 카시안(Cassian)은 서방 지역으로 피신했는데, 그때 그가 가지고 간 것이 이후 성경해석의 표준이 된 성경의 4중 읽기였습니다. 그에게 성경은 그 문자적 의미를 넘어 세 가지의 영적 의미를 포함하고 있었습니다. 그것은 먼저, 그리스도 의미(Christ sense) 혹은 알레고리적(allegorical) 의미로서, 이는 성경본문을 그리스도와 연관하여 이해하려는 읽기입니다. 둘째는 종말적 의미(eschatological sense)로, 이는 신비(anagogical) 혹은 영적 의미라고도 부릅니다. 종말적 의미는 세상의 마지막과 관련된 의미입니다. 셋째는 도덕적 의미(moral sense)로, 하나님과 이웃을 향한 사랑과 관련된 것이며, 오늘 우리가 어떤 삶을 살아야 하는지를 말합니다. 이처럼 문자적 의미를 제외한 성경의 3중적 의미에 대한 발상은 "그런즉 믿음, 소망, 사랑, 이 세 가지는 항상 있을 것인데 그 중의 제일은 사랑이라"(고전 13:13)에서 착안되었습니다.

　　오늘날의 설교자들은 성경을 다양한 차원으로 읽어내는데, 이는 그들의 신학이 이전과 상이한 관점을 제공하는 현대의 다양한 신학에 토대하고 있기 때문입니다. 우리가 성경본문에 중심한 강해설교를 하려 할 때, 우리 대부분은 역사비평적 방법을 사용하여 성경본문이 지닌 문학적, 역사적 정황에 관심을 가지면서 우리가 속한 교단의 정체성과 전통을 형성한 신학적 관점도 고려합니다. 뿐만 아니라 오늘의 설교자들은 민중신학, 여성신학, 해방신학, 흑인신학, 탈식민주의 신학 등 역사 속에서 억압당했던 자들의 경험에 기반한 다양한 신학도 알고 있습니다.

　　이러한 현대의 신학적 관점들은 성경읽기에 있어서 중요합니다. 그러나 일반적으로 그것들 자체로는 설교에 적합하지 못합니다. 그러한 관점들이 본문의 배경을 이해하는 데 도움이 되지만, 그것들은 설교를 강단과 거리를 두게 하고, 때로는 복된 소식인 복음을 선포하는 일과도 거리를 만들기도 합니다. 대신 그러한 관점들은 우리가 믿음의 사람들로서 책임 있게 사는 삶이 어떤 삶인지를 가르쳐주는 기능을 합니다. 만일 교회들이 오늘의 사회를 향한 새로운 길을 찾고 있다면, 그 길은 바로 복음을 설교하는 것입니다. 복음은 분명 우리가 어떻게 살아야 할지를 가르치고, 우리를 하나님의 부르심으로 초대합니다. 그러나 복음은 우리의 행위에 관한 소식이 아니라, 하나님의 행하심에 관한 소식입니다. 오늘 우리가 고대 설교자들에게서 배우는 지혜는 비록 그들에게 한계가 있다 할지라도, 그들은 성경읽기의 중심에 '하나님'을 두었다는 것이며, 저는 이것을 성경에 대한 '하나님 읽기'(God sense)라고 부릅니다.

오늘날 북미와 한국의 교회들 모두가 힘든 시대를 맞이하고 있습니다. 그러나 교회는 그리스도의 것이며, 우리는 그리스도 안에서 소망을 갖는 사람들입니다. 오늘 이 새로운 시대에 우리가 받아들여야 할 변화의 요구는 어떤 것이든, 그 가운데 "복음을 설교해야 한다"는 요구가 포함되어 있음을 주지해야 합니다. 복음은 단순히 교회를 시작케 하는 소식이 아닙니다. 그것은 특별한 내용을 가진 소식으로 하나님의 구원하시는 행동에 관한 소식입니다. 하나님의 행동은 성경의 모든 곳에서 발견되지만, 특히 예수 그리스도의 삶과 죽음, 부활과 승천의 이야기 안에서 더욱 극명하게 드러납니다. 교회의 복된 소식인 복음은 매일 크고 작은 삶의 사건들과 씨름하고 신음하는 우리가 삶의 한가운데서 우리와 만나시는 '하나님에 관한' 소식입니다. 모든 성경의 본문은 하나님께서 행하신 바가 무엇인지를 들려주며, 그것을 우리의 십자가와 텅 빈 무덤의 경험 한가운데서 그리스도의 사건과 연결할 수 있도록 안내합니다.

하나님이 어떤 분이고 오늘 그분이 행하시는 바가 무엇인지를 말하는 것은 교회를 새롭게 하는 것과 그 사명을 실행함에 있어 매우 중요합니다. 성경은 우리에게 하나님에 관해 말하고 있으며, 하나님과 관계하여 우리가 누구인지를 들려줍니다. 설교가 우리의 문제와 우리가 해야만 하는 게 무엇인지를 명확하게 하는 것도 필요하지만, 성령님의 화해와 구원하시는 행동이 오늘 개인의 삶과 사회에서 어떻게 나타나는지를 보여주어야 합니다. 이것이 오늘날 성도들이 갈급해 하는 바입니다. 성도들은 설교를 통해 여전히 하나님이 변화를 일으키시는지, 오늘도 살아계셔서 일하고 계신지 등을 듣고자 합니다.

우리는 옛 설교자들의 지혜를 단순히 사용할 것이 아니라, 우리의 상황에 적용해야 합니다. 왜냐하면 알레고리의 그릇된 사용과 같은 과거의 실수가 반복되어서는 안 되기 때문입니다. 그럼에도 우리가 성경에서 하나님을 찾아내서 보다 능력 있는 설교를 하고자 할 때, 옛 설교자들은 좋은 안내자가 될 수 있습니다. 설교자는 성경을 향해 "본문에서 혹은 그 배후에서 하나님이 하시는 바가 무엇인가?"라고 질문함으로써 성경에 숨어 계신 하나님을 읽어낼 수 있습니다. 교회의 역사를 통해 교회를 건강하게 세워가는 길은 성경본문을 신학적으로 읽는 데 있음을 알 수 있습니다. 따라서 교회의 오늘과 내일을 위해 신학적 성경읽기가 회복되어야만 합니다. 본서를 번역한 제 친구 최진봉 교수에게 감사합니다. 그는 박사과정에서 저의 학생이기도 했으며 저에게 한국의 아름다움을 소개해 준 신실한 안내자이기도 했습니다. 모쪼록 본서가 설교를 위한 새로운 방향과 소망을 찾는 한국교회의 목회자들과 설교자들에게 복된 선물이 되기를 기원합니다.

토론토 대학교 임마누엘 칼리지
설교학 교수 폴 스콧 윌슨

1장
다양한 렌즈로 성경읽기

오늘의 설교자들은 설교를 생명력 있게 회복시킬 수 있을까? 인터넷의 설교 관련 사이트에 들어가 보면 그에 대한 적지 않은 처방전들을 접하게 된다. 그러나 그 대부분이 유명한 설교자들의 원고에서 빌려오거나 온라인(on-line) 상의 설교 관련 간행물에 의존하고 있다. 신학교 도서관에는 어떤가? 넘쳐나는 설교학 분야 서적들은 마치 새로운 설교 형태나 신선한 전달 방식으로의 변화가 해답인 것 마냥 대안들을 제시하고 있다. 그러나 오늘날 설교의 위기는 정작 설교가 '성경적'(biblical)이지 않다는 데 있다. 보다 능력 있는 설교를 위한 가장 근본적인 길은 "설교자가 성경본문을 어떻게 읽느냐?"에 초점을 맞추는 것이다. 그러기 위해 우리는 이전에 보지 못했던 새로운 본문의 세계를 보도록 하고, 그 세계가 설교를 통해 드러나도록 돕는 새로운 시각,

새로운 해석 렌즈가 필요하다.

물리학에서 빛이 유리 렌즈를 통과할 때 구부러지거나 변형되는 것을 본다. 그런데 우리가 성경을 읽을 때도 빛의 굴절작용과 같은 동일한 현상이 일어난다. 즉, 우리가 성경을 어떤 시각으로 보느냐가 그것이 무엇을 말하며, 우리가 그것을 어떻게 보는지에 영향을 준다는 것이다. 전과 다른 시각은 여전히 보지 못하는 면이 있을지라도 감추어진 새로운 면들을 보게 한다. 그러므로 전과 다른 시각으로 성경을 읽게 될 때, 본문의 세계를 음미하는 해석의 시야도 보다 넓어진다. 설교자의 새로운 시각은 비록 같은 본문이라 할지라도 전과는 다른 신선한 방식으로 말씀을 이해하게 하고, 나아가 그 새로운 이해를 통한 창의적인 설교를 가능하게 한다. 그러나 새롭다고 해서 모든 시각이 다 새로운 것은 아니다. 사실, 성경적 설교를 가능케 하는 가장 모범적인 설교자의 시각은 우리의 옛 선조 설교자들이 고안해 낸 것으로, 시간의 흐름 속에서 매력을 잃고 지금은 잊히고 만 시각이다. 그렇기에 본서를 통해 그동안 잃어버린 옛 설교자들의 성경적 시각을 되찾고, 이를 통해 하나님을 보다 창의적이며 능력 있게 설교하는 길을 모색하고자 한다.

선조들의 천재적 지혜

앞서간 우리의 믿음의 선배들은 과히 천재적이었다. 그들은 성경에서 네 종류의 신학적 가르침을 발견했다. 그리고 그 네 종류를 규범화하여 성경해석을 위한 네 가지 방법을 만들었다. 그것은 성경을 읽는 네 가지 차원(four senses)(저자에게 'sense'는 오감의 감각이 아닌, 텍스트의 '의미' 또는 '읽기'를 가리킴-역자주)이라 명명되었다. 먼저, 첫 번째 차원은 성경본문은 문자적으로 역사적 사건을 기술한다는 점에서 문자적 의미(the literal sense)를 가지며, 문자적 읽기가 요구된다. 두 번째 차원은 성경이 신학적 가르침을 준다는 점에서 알레고리적 의미(the allegorical sense)를 가지며, 알레고리 읽기가 요청된다. 성경의 세 번째 차원은 도덕적 의미(the moral sense)인데, 성경본문은 우리의 삶의 변화를 요구하기 때문이다. 마지막 네 번째 차원은 선지자적 의미(the prophetic sense)이다. 이는 성경본문이 이생의 질서가 아닌 다음 세계의 삶(the next life)을 말하고 있기 때문이다. 기독교 초기와 중세시대의 설교자들은 성경에서 이상의 네 가지 의미를 인지했고, 성경을 읽을 때 마치 각기 상이한 초점을 가진 네 개의 안경을 바꿔 착용하여 보는 것처럼 읽었다. 그러므로 그들은 한 본문 속에서 네 가지 다양한 의미를 발견할 수 있었다. 초기와 중세 설교자들이 애용한 성경의 4중 의미는 그 후 천오백 년 동안 설교자들에게 전수되었고, 나아가 종교개혁자들에게까지 설교를 위한 성경적 해석의 토대로 자리매김했다.

성경의 4중 의미는 옛 설교자들로 하여금 설교를 균형 있는 신학적 실천이 될 수 있도록 했는데, 4중 의미를 통해 설교자들은 성경을 (1) 교회를 위한 책(성경)으로, (2) 그리스도를 전하는 본문으로, (3) 나아가 우리 자신이 누구인지를 발견하는 규범으로 읽었다. 초기 설교자들의 시대에는 오늘날과 같은 조직신학이나 구약과 신약을 통전적으로 이해할 만한 신학이 발달하지 않았다. 그러므로 성경의 4중 의미야말로 당시 설교자들에게 유일한 신학적 방법론이었으며, 설교자들은 그것을 통해 구약을 기독교인의 성경으로, 신약을 구약과 동일한 하나님을 증거하는 말씀으로 읽을 수 있었다. 또한 성경의 4중 해석은 많은 사람들의 회심을 가져오게 한 주요 요인이기도 했는데, 어거스틴은 당시 4중 해석을 통해 성경을 일반 수사학과 철학의 맥락에서 이해할 수 있게 하는 방법을 발견하기도 했다. 더욱이, 고대의 4중 해석은 애매한 본문의 의미를 명확하게 하고, 다른 본문들과의 관계 속에서 주어진 본문을 이해하게 했으며, 그렇게 함으로써 훗날 조직신학이 발전할 수 있는 기반을 마련해 주었다.

성경의 4중 의미는 성경을 읽는 유용하면서도 과학적인 해석 방법으로, 초기와 중세의 성경읽기는 상당히 세련되었다. 오늘날의 성경 해석 방법들은 교부 시대와 중세의 해석 방법에서 상당히 벗어나 있기 때문에, 선뜻 그들의 해석은 오늘날처럼 생동적이지도, 복음적이지도, 신앙적이지도 않았을 것이라고 단정지어서는 안 된다(오히려 불과 몇 세기 전에만 해도 오늘날의 해석 방법들은 당시 외설적인 것으로 여겨졌다). 보다 직설적으로, 우리의 선조들이 꽃 피웠던 믿음의 유산이 오늘 우리 시대에는 죽어 버렸다고 말해도 과언이 아니다. 옛 설교자들에게 성경은 계시의 차원에서 해석되었고, 처음부터 마지막까지 하나님 자신과 인간, 그리고 피조 세계와 교제하시는 하나님에 대해 증언하는 말씀으로 이해했다. 그러나 초기와 중세교회의 4중 해석은 엄격히 네 가지 의미로만 제한되지 않았다. 따라서 본 장은 흔히들 말하는 '이중적'(bifocal) 혹은 '삼중적 초점'(trifocal)을 포함하는 성경해석의 '다중적 시각'(many lenses)에 대해 언급하고자 한다. 종종 설교자들은 신학적 해석(theological lenses)을 성경의 특정한 교리나 윤리적 주제 혹은 선지자적 목소리에 대한 현대적 '적용' 쯤으로 여긴다. 그러나 이런 생각은 설교자들의 고정관념이다. 고대 설교자들에게 성경의 영적 의미 (spiritual meanings)는 저자이신 하나님의 의도를 말하는 성경의 고유한 의미였다. 즉, 하나님이 자신의 의도를 거기에 담으시고, 하나님께서 오늘 우리에게 말씀하시는 그분의 의도를 듣는 것이 영적인 해석이었다. 고대 설교자들에게 성경본문은 특정 역사 속에 발생한 문자적이며 문법적인 의미를 담고 있으면서 성령 안에서, 성령을 통해 보증하시는 당시 그들의 시대를 향한 분명한 의미도 담고 있었다.

4중 해석을 통해 배우는 설교

설교자가 성경의 4중 해석을 통해 얻게 되는 핵심 유익은 설교의 회복이다. 다시 말해, 설교자가 하나님과 그분의 인간과 세상을 향한 목적에 초점을 맞춰 성경을 읽음으로 성경의 살아있는 의미를 선포하게 된다. 성경의 4중 의미는 성경을 선포할 설교자들에게 네 가지 해석 렌즈로 작용한다. 그리고 이 네 가지 렌즈는 다양한 의미의 층을 가진 하나의 신학적 렌즈로 묶을 수 있는데, 이유는 그 네 가지 차원 모두 '하나님'을 그 중심에 두고 있기 때문이다. 반면, 오늘날 성경비평학 (biblical criticism)은 최근의 반성과 발전에도 불구하고 여전히 성경의 '신학적' 의미보다는 그 '역사적' 배경의 이해에 더 치중하고 있다. 그러나 성경적 설교를 위한 신학적 성경읽기는 결코 역사비평적 성경해석으로 대치될 수 없으며, 신학적 해석이야말로 교회로 하여금 성경을 바로 이해할 수 있도록 돕는다. 특히, 설교의 회복을 갈망하는 설교자들은 창의적 해석 과정을 요한다. 창의적 해석 과정이란, 성경을 통해 과거와 현재 속에서 역사하시는 하나님, 그리고 미래를 향한 하나님의 약속을 발견케 하는 '신학적 상상력'(theological imagination)이 발휘되는 과정을 말한다. 요컨대, 오늘날의 설교자들은 그들의 해석과 선포에서 '하나님'을 읽어내는 '하나님 읽기'(God sense)를 회복해야 한다.

성경의 4중 해석을 통해 설교자가 배우게 되는 두 번째 유익은 본문의 의미를 사실적으로 말하고 있는 성경의 역사성에 대한 인식이다. 이를 본문의 '문자적 의미'(literal meanings)라고 말한다. 본문의 역사적 혹은 문자적 의미는 설교자의 역사적 상상력(historical imagination)을 자극한다. 역사적 상상력을 통해 설교자는 성경의 옛 사건들을 창의적으로 구상하고, 그 창의적 이미지를 회중에게 그려 낼 수 있게 된다. 그러나 성경을 역사기록으로 이해케 하는 유익에도 불구하고, 역사비평학은 근래 여러 그룹들로부터 비판의 대상이 되고 있다. 어떤 그룹은 역사비평학은 성경을 교회의 책(scripture), 즉 하나님의 말씀으로 읽지 못하도록 한다고 하는 반면, 다른 쪽에서는 기존의 비평학을 거부하고 해체주의(deconstruction)와 독자반응비평(reader response)과 같은 일련의 문학적 해석(literary interpretation) 방식을 채택해야 한다고 주장한다. 그러나 그러한 새로운 방식들이 아무리 신선한 성경해석을 보장한다 할지라도, 자칫 교회의 규범으로서의 성경의 권위를 위해하는 결과를 초래할 수도 있다. 그러나 역사비평은 성경에서 발견하는 의미들이 역사적 사건에 뿌리를 두고 있음을 전제한다는 점에서 설교자들에게 시사하는 바가 크다.

오늘날 많은 학자들은 성경의 4중 의미가 더 이상 사용되지 않고, 나아가 이미 사라졌거나 소멸했다고 생각한다. 그러나 놀라운 것은 성경의 4중 읽기는 '설교학적 비평'(homiletical criticism)이라는 형태로 변형, 발전되어 왔다. 그리고 이것이 설교자가 배우게 되는 4중 해석의 세 번째 유익이다. 설교학적 해석이란 성경을 교회 공동체 혹은 회중의 삶과 관련하여 읽는 것이다. 보다 구체적으로, 설교학적 해석은 성경본문이 지시하고 있는 오늘 우리의 삶의 자리를 인식하고, 그 삶의 현장과 관련한 사랑과 정의를 요청하며, 그 과정에서 발견한 본문의 의미를 뒷받침하는 신학적 교리를 명확히 하고, 나아가 하나님의 크신 계획 안에서 만물이 나아가는 방향을 찾고 지시하는 것이다. 이를 위해 설교자에게 '설교학적 상상력'(homiletical imagination)이 요청된다. 설교학적 상상력을 통해 설교자는 성경 시대의 인물과 오늘 우리가 공히 신학적이고 목회적이며 윤리적인 결단 속에 살아가야 할 실제적 인간임을 알게 된다.

네 번째 유익은 보다 효과적인 설교 준비를 위한 제안으로서, 이를 통해 보다 능력 있는 설교가 가능케 된다. 위에서 언급한 설교자의 세 가지 성경해석 과정은 설교 준비 과정에서 보다 뚜렷이 드러나고, 각 과정을 위한 균형 있는 시간 배정을 받게 될 것이다. 즉, 설교자는 한 주간이라는 시간을 "① 역사비평과 상상력-② 신학비평과 상상력-③ 설교비평과 상상력"이라는 세 가지 해석 과정으로 나누어 성경을 읽어 감으로써 설교 준비에 많은 유익을 얻게 된다. 이러한 설교 준비는 기존의 방식과 상충되는 것으로, 그간 설교자들은 먼저 성경본문에 대한 학문적이며 주석적 연구를 하고, 이어서 설교할 내용을 전달할 설교 형태를 고르도록 배웠다. 그러나 안타깝게도, 기존의 설교 준비 과정은 설교자로 하여금 본문의 신학적이며 설교학적인 해석에 이르기도 전에 시간의 대부분을 본문의 역사비평 연구에 허비하게 하곤 한다.

그러나 옛 선조들의 설교를 위한 성경해석은 결코 주석적 연구에서 적용으로 곧바로 이어지는 과정이 아니었다. 그들에게 성경해석은 처음부터 마지막까지 매 단계마다 본문의 설교적 상상과 비평을 수반하면서 행해졌다. 물론, 성경해석은 본문의 역사비평으로 시작한다. 그러나 역사비평은 또한 신학과 설교학적인 비평과 더불어 수행되어야 한다. 성경적 설교를 위해 이들 세 가지 과정은 마치 병렬 트랙과 같이 긴밀하게 관계한다. 만약 어느 하나에 편중되거나 어느 하나라도 간과될 경우, 복음은 온전히 선포될 수 없게 된다. 달리 말해, 성경적 해석은 설교자의 서재가 아닌 설교가 선포되는 강단에서 비로소 마무리 되는 것임에도, 기존의 성경해석 교육은 해석의 과정과 설교를 분리시켜 왔다. 이러한 관점에서, 설교자는 그들이 지금까지 의존하던 성경학자들의 해석 방법과 구별되는 보다 신학적 방법을 실천할 수 있다 하겠다.

성경의 4중 해석이 설교에 주는 다섯 번째 유익은 4중 의미가 갖는 시적 기능이다. 성경의 4중 의미는 성경을 읽고 불분명한 본문의 의미를 찾는 방법만이 아니라, 세상을 새롭게 읽는 눈이기도 하다. 이는 성경의 저자이신 하나님께서 자신의 진리를 불어오는 바람과 푸르른 풀밭, 그리고 모든 자연 만물 속에도 새겨 놓으셨기 때문이다. 성경의 본문들은 서로 긴밀하게 연결되어 있을 뿐만 아니라 세상 만물과도 연결성을 갖고 있으며, '그리스도'라고 하는 하나의 통합된 의미를 가리키고 있다.[1] 우리의 옛 설교자들은 그들의 삶에서 오늘의 포스트모던 시대에서 볼 수 있는 것보다 더 온전한 조화와 하나 됨을 보았다. 그들에게 삶이란 마치 하류에서 한데 어우러진 물줄기 같아서 곳곳에 미미한 단절이 있다 하더라도 하나의 위대한 공통의 목적지, 즉 구원을 향한 하나님의 목적을 향해 흘러가는 강물과 같은 것이었다. 한 예로, 세인트 빅터의 휴(Huge of St. Victor)는 수학의 배수 진행인 1-3-9-27-81⋯의 배열에서 하나의 일정한 원칙, 곧 모든 네 번째 숫자에는 1이 포함되는 원칙이 있음에 놀랐다.[2] 그는 그러한 양식에서 하나님의 의도를 발견했고, 우리에게는 기이하게 보이지만, 우주의 기원이나 오늘날 DNA의 비밀에 관해 연구하는 물리학자들이 그들이 발견한 이론을 설명하면서 조물주의 섭리를 인정할 수밖에 없는 그 경이로움을 알고 있었다. 우리는 하나님의 섭리하심의 흔적을 중세와 같은 먼 곳에서 찾을 필요가 없다. 왜냐하면 피조된 모든 만물들이 하나님의 의도하심을 풍성히 드러내고 있기 때문이다. 단지 우리에게 필요한 것은 만물 속에 감추어진 하나님의 의도하심을 분별하는 분별의 은사이다. 휴가 말한 대로, "하나님께서 행하신 일들을 묵상함으로써 우리는 우리가 해야 할 바가 무엇인지를 깨닫게 된다. 자연만물은 하나님을 나타내며, 인간을 가르치는 선생이다. 모든 만물은 자신의 모양과 생명을 재생산하고 우주의 어느 것도 그렇지 않은 것이 없다."[3] 비록 오늘의 세상이 권위와 전통적인 세계관에 대해 비판적이라 해도 여전히 우리는 하나님이 삶의 중심임을 고백하고, 그분께 보다 집중할 수 있고, 하나님과 성경, 신학에 바탕한 보다 통합된 세계관을 견지할 수 있다.

4중 해석이 경시된 이유

옛 설교자들은 설교본문을 성경의 다른 본문들을 비롯하여 교회의 가르침, 그리고 회중의 다양한 삶과 연결하여 이해하기 위해 알레고리를 창안했다. 그래서 알레고리는 "이 본문은 이것을 뜻한다" 혹은 "이것은 저것이다"의 의미로 기능했다. 알레고리는 복음을 가르치고 선포하거나 이단의 공격으로부터 성경의 권위를 지키는 데 필요한 성경해석의 자율성과 창의성을 제공했다. 물론, 알레고리의 자율성은 그것의 쇠퇴의 원인이기도 했다. 알레고리는 심각한 성경해석의 남용을 야기했다. 성경 해석자들은 알레고리를 사용하여 성경본문의 세계가 아닌, 자신들이 지닌 선이해의 세계를 본문의 실제 의미인 양 주장했다. 이러한 알레고리의 오용은 결국, 기독교 역사에서 잔인하고 비극적인 반유대주의와 같은 인종적이며 종교적 분쟁을 야기한 요인으로 작용했다. 따라서 우리가 알레고리를 사용하려 할 때, 그것이 야기할 수 있는 취약한 요소를 주의해야 한다. 안타깝게도 오늘날 적지 않은 설교자들이 여전히 알레고리를 사용해서 성경본문이 의도하지 않은 방향으로 해석하고, 그렇게 함으로써 복음의 말씀을 왜곡시키곤 한다. 그런 설교자들에게 성경본문은 단순히 그들 자신의 사적인 견해와 신념을 지지해 주는 근거로 전락하게 된다. 그리고 이러한 현상은 오늘날 성경주석 과정과 설교 강단에서 지속적으로 발생하는 위험요소이다. 따라서 성경을 해석하고 가르치는 설교자들은 알레고리를 통해 성경해석이 남용되지 않도록 각별히 주의해야 한다. 왜냐하면 설교자는 알레고리 해석에 쉽게 매료되어 교회가 확증하는 성경의 참된 의미를 위협할 수 있기 때문이다.

알레고리만이 아닌 성경해석의 다른 방법들도 오용될 여지는 많다. 본문의 언어와 문맥이 일차적으로 전달하는 서술적 의미(literal lens)는 알레고리만큼이나 위험한데, 한 예로 서술적 읽기의 맹점은 15세기 스페인의 종교재판이 "모든 족속으로 제자를 삼아 세례를 베풀고…"(마 28:19)라는 성경의 가르침에 근거를 두었던 것이나, 반유대주의와 그로 인한 독일 나치의 유대인 대학살이 "예수께서 유대인들에 의해 죽으셨다"(마 27:23)는 성경본문에서 그 정당성을 가져오게 한 것과 같은 데 있다. 뿐만 아니라 "종은 그의 주인에게 복종해야 한다"는 성경본문(엡 6:5; 딤전 6:1-5)은 한동안 식민지의 노예 거래와 남아프리카의 인종차별 정책을 지지해 왔다. 또한 여자들은 그의 남편에게 복종해야 한다는 본문(골 3:18)은 여성을 차별하고 억압할 수 있는 근거로 작용하고, "그들에게 이르시되 … 모든 생물을 다스리라"(창 1:28)는 말씀은 인간에게 지구에 존재하는 수천 종의 동식물을 멸종시키거나 피조세계의 환경을 훼손할 수 있는 권한을 주고 있는 듯하다. 이처럼 성경본문에 대한 서술적 읽기의 오용은 폭력적이며 파괴적인 결과를 낳는다. 그럼에도 교회는 성경본문의 일차적 의미인 서술적 의미를 거부하지 않는다.

교회는 응당 '그릇된 알레고리'(bad allegory)를 거부해야 한다. 그러나 교회는 그릇된 알레고리를 경계하려다 알레고리 자체를 거부해 온 것도 사실이다. 그러나 분명한 것은 알레고리 자체가 나쁘거나 해악된 것은 아니다. 만일 교회가 알레고리를 문제시하고 외면한다면, 벼룩 잡으려다 초가삼간 태우는 격으로 교회는 알레고리의 원리에 기초하여 유용한 성경의 의미를 읽어온 성경의 4중 해석 전통도 함께 버리게 된다. 설령, 우리가 '알레고리'라는 용어 사용을 기피할지라도 분명한 것은 알레고리가 아니고서는 성경 내부의 상이한 본문 간의 연결된 의미를 찾을 수 없을 뿐만 아니라 성경, 교리, 그리고 오늘 교회의 삶 간의 연결성도 불가능하게 된다. 우리가 알레고리를 사용하지 않는다면, 성경의 본문은 교회를 위한 말씀으로 기능하지 못한다. 따라서 이제 교회는 알레고리가 마치 잘못된 모든 성경해석의 대명사인 것처럼 취급해 온 태도에서 돌아서서 알레고리가 무엇인지를 보다 정확히 이해하고, 설교를 위한 바람직한 알레고리는 무엇이고, 그렇지 못한 알레고리는 무엇인지를 명확히 하는 데 관심을 기울여야 한다.

다의적 성경읽기의 기원

성경의 다중적 읽기(the multiple senses)는 초기 기독교 공동체의 산물이 아니다. 그것은 이미 고대 헬라와 유대교 해석학에서부터 있어 왔다. 일찍이 헬라의 철학자들은 호머에 대한 영해(spiritual interpretation)를 발전시켰는데, 그들은 호머를 신적으로 영감 받은 자로 생각했다.[4] 유대인이면서 예수님 이전 시대의 해석가인 필로(Philo)는 유대교 성경을 두 가지 의미로 읽었는데, 하나는 서술적 의미(the literal sense)로서 본문의 문자와 문맥으로 파악되는 의미이고, 다른 하나는 본문이 의미하는 참된 의미로서 영적 의미(the spiritual sense)였다. 필로는 성경의 이중 의미를 사람의 몸과 영혼에 비유했다. 그렇기에 성경의 서술적 의미보다는 영적 의미가 보다 중요한 의미임을 강조했는데, 영적 의미야말로 본문이 감추고 있는 숨겨진 의도를 드러내고 있다고 보았다.[5]

이러한 이중 해석의 전통은 이후 그리스도인들에 의해 차용되어 발전적으로 사용되었다. 왜냐하면 그들은 구약성경의 이스라엘 백성의 경험과 자신들의 경험 사이에서 공통점을 발견하게 되었고, 그러면서 구약성경이 보다 심연한 의미를 약속하고 있음을 알게 되었다. 그리스도인들이 유대교의 이중 해석을 차용한 또 다른 이유는 구약성경의 문자와 문맥만으로는 많은 구절이 의미하는 바를 이해할 수 없었기 때문이었다. 따라서 바울은 알레고리를 사용하곤 했다. 그의 알레고리 가운데는 매끄럽지 못한 예들이 있는데, 그 대표적인 것이 하갈과 사라에 대한 해석이다. 성경학자들은 하갈과 사라를 두 계명으로 해석하는 바울의 이중 해석에 주목하면서, 바울은 하갈을 이 땅의 예루살렘으로, 반면 사라를 천상의 예루살렘으로 풀이했다(갈 4:21-31). 그리고 바울은 그의 교회들이 영적 의미에 주목할 것을 독려했다. 이러한 그의 태도는 고린도 교회에게 보낸 편지에서 잘 나타난다. 그는 고린도 교인들에게 "하나님께서 우리에게 새 언약의 일꾼이 되는 자격을 주셨습니다. 이 새 언약은 문자로 된 것이 아니라, 영으로 된 것입니다. 문자는 사람을 죽이고, 영은 사람을 살립니다"(고후 3:6, 새번역). 이 바울의 권면이 초기 기독교 공동체로 하여금 문자 또는 서술적 해석을 죽이는 것, 곧 본문의 영적 의미를 어둡게 하는 해석으로 간주하게 했다. 이후 오리겐(Origen)은 필로의 몸과 영혼의 유비를 확장시켰는데, 우선 본문의 문자적 의미(literal sense)는 사람의 육체나 몸에 해당하는 것으로 단순하고 평범한 사람들이 본문의 기초적이며 일차적 의미를 파악하는 데 실수하지 않도록 돕는 기능을 했다. 이어 본문의 도덕적 의미(moral sense)는 사람의 정신이나 혼에 해당하는 의미로 인간의 정신을 일깨워 윤리적인 삶에 눈을 열도록 했다. 마지막 세 번째인 본문의 영적인 의미(spiritual sense)는 지성적이고 우화적이거나 예언적인 의미를 지닌 것으로 본문의 도덕적 가르침을 깨달은 사람으로 하여금 교리적 진리나 하나님과의 연합으로 안내하는 기능을 한다.[6] 하지만 실제적으로 오리겐은 이 셋 중에서 주로 문자적 의미와 영적인 의미만을 사용하려 했다.

세월이 흐르면서 이러한 본문에 대한 이해방식은 보다 다양해지고 세분화되었다. 한 예로, 어거스틴(Augustine)은 성경을 네 가지 의미층으로 나누었는데,[7] 그 중에 둘은 오리겐에게서는 사용되지 않았던 것이다. 그리고 당시 주석의 표준이었던 성경의 4중 해석(quadriga)은 크리소스톰(Chrysostom)의 집사였던 요한 카시안(John Cassian)이 그의『집회서』(Conferences)를 통해 정식으로 소개했다. 카시안의『집회서』는 훗날 베네딕트 종단의 규율(Benedictine Rule, 주후 529년)을 위한 필수 도서가 되었을 뿐만 아니라『집회서』가 서방교회의 수도원적 삶에 대한 안내서였기에 설교 사역에도 지대한 영향을 주었다. 카시안의 4중 의미는 앞서 제시한 것으로서, 문자적(literal), 우화적(allegorical), 도덕적(moral), 예언적(prophetic) 의미를 가리킨다. 카시안은 4중 의미의 각 기능과 차이를 잘 알려진 예시를 들어 설명했는데, 그것은 성경의 여러 곳에서 등장하는 '예루살렘'에 대한 4중 해석이다. 먼저, 문자적으로 그것은 역사적으로 실재하는 '도시'를 의미한다. 그런데 우화적으로 예루살렘은 '교회'를 의미한다(시 46:5, "하나님이 그 성 중에 계시매 성이 흔들리지 아니할 것이라…"). 또한 도덕적으로 이는 '인간의 영혼'을 가리킨다(시 147:2-3, "여호와께서 예루살렘을 세우시며 … 그들의 상처를 싸매시는도다"). 마지막으로 예루살렘은 예언적 차원에서 하나님의 '하늘 도성'을 뜻한다(갈 4:26, "오직 위에 있는 예루살렘은 … 우리 어머니라").[8]

스칸디나비아의 도미니칸 수도사인 다시아의 어거스틴(Augustine

of Dacia, 1281년 사망)은 당시의 설교자들을 기리기 위한 노래로 한 편의 운율 시를 작시했다. 라이라의 니콜라스(Nicholas of Lyra)는 그의 시에 약간의 변화를 주긴 했어도 그것은 중세 당시의 일반적이었던 4중 의미를 보다 표준화하는 데 일조했다.

Littera gesta docet, quid credas allegoria,
Moralis quid agas, quo tendas anagogia.[9]

문자(letter)는 사건을 가르치고,
영(allegory)은 당신이 믿어야만 하는 것을 지시하며,
교훈(tropology)은 당신이 행해야만 하는 것을 가리키고,
신비(anagogy)는 당신이 추구해야만 하는 곳을 지시한다.[10]

이는 영미권의 학자들에 의해 다음과 같이 번역되었다.

문자는 우리에게 하나님과 우리의 선조들이 행한 바를 보여주고,
영은 우리의 믿음이 감추어진 곳이 어딘지를 말하며,
도덕적 의미는 매일의 삶에 필요한 규범을 제공하고,
신비는 우리가 분투하는 바의 종착지가 어디인지를 알려준다.[11]

우리가 '영적이다'(spiritual)라는 말을 대할 때, 우리는 '신학적이다'라는 말을 떠올려야 한다. 왜냐하면 우화적, 도덕적, 예언적 의미 모두가 영적인 의미로서 본문의 신학적 의미를 담아내고 있기 때문이다.

우리는 이것을 14세기 초엽에 칸 그란데(Can Grande)에게 전달된 편지에서 확인할 수 있는데, 한때는 그것을 단테의 글로 오해하기도 했다. 그 편지는 출애굽을 문자적인 차원(literally)에서는 역사적인 여정으로 해석하면서도 우화적으로는 그리스도 안에서의 구원으로, 도덕적으로는 개인의 죄로부터의 회심으로, 예언적인 의미에서는 그리스도와의 영적 연합을 위한 영혼의 여정으로 해석하고 있다.[12] 그리고 이 세 가지의 영적인 의미는 곧바로 매일의 신앙과 실천의 삶을 향하여 말하는 의미이다. 이와 더불어, 이러한 세 가지 해석의 방식은 설교자가 특정한 본문을 이탈하지 않으면서 그들이 전달해야 하는 설교의 주제를 창안하고 복음의 풍성한 의미를 선포하도록 돕는 역할을 한다.

4중 해석을 위한 세 가지 열쇠

초기 교회는 다의적인 성경을 읽기 위한 세 가지의 교리적 원칙을 제시했다. 첫째, 하나님의 말씀으로서의 성경 혹은 축자적 영감, 둘째, 성경의 내적 통일성, 셋째, 인간의 타락성이다.

1. 하나님의 말씀으로서의 성경 혹은 축자적 영감성. 우리의 믿음의 선조들은 전형적으로 성경을 완전히 영감된 말씀으로 이해했다. 성경은 한 자 한 자 성령님의 감동으로 기록된 말씀이며, 각 말씀이 지닌 다중적 의미는 성경의 숨겨진 진리를 풀 수 있도록 하나님께서 제공해 주신 선물로 받아들였다. 그러나 오늘날 설교자들은 초기 교회들이 믿은 성경의 축자영감이 근대의 근본주의적 축자영감설과 동일하지 않음을 주목해야 한다. 초기 교회들에게 영감된 말씀으로서의 성경주석

은 유대교의 전통과 같이 다양하고 유연하며 상상력이 풍부한 의미와 만나는 주석이었다. 그들은 믿음으로 성경이 하늘에서 내려왔으며, 하나님의 말씀하심을 인간이 받아쓴 하나님의 기록으로 읽었다. 이 과정에서 인간의 그 어떤 수고와 역할은 인식될 수 없을 정도로 하나님의 영감은 압도적이라고 믿었다. 그들은 하나님께서 특정한 코드로 말씀하셨고, 그것은 오직 적절한 지식과 영적인 지혜를 지닌 자들에 의해서만 이해될 수 있다고 믿었다. 또한 그들은 성경은 스스로 자신의 잠재적 의미를 풍성히 증언하고 있으며, 성경 자체가 자신의 영적 가르침을 드러낼 수 있는 권한을 지니고 있다고 믿었다. "모든 성경은 하나님의 감동으로 된 것으로 교훈과 책망과 바르게 함과 의로 교육하기에 유익하니"(딤후 3:16).

　　오늘날 설교자들이 성경본문의 내적 모순이나 상호 대립적인 진술을 대면하거나 성경본문이 명료한 의미를 드러내지 못할 때, 그들은 본문의 뜻을 파악하기 위해 본문의 역사적, 문화적 배경을 탐색하거나 원문에 수정을 가했을 수 있는 편집자의 흔적을 파헤치기도 한다. 그러나 고대의 성경 해석자들과 설교자들은 그러한 문제적 본문들을 영적 해석을 위한 표지로 여겨 거기서 보다 고상한 영적 의미를 찾으려 했다. 오리겐은 이사야서를 인용하면서 성경은 모든 사람들에 의해 이해될 수 있는 말씀이 아님을 확신했다(*On First Principles*, Book IV). "여호와께서 이르시되 가서 이 백성에게 이르기를 너희가 듣기는 들어도 깨닫지 못할 것이요 보기는 보아도 알지 못하리라 하여 이 백성의 마음을 둔하게 하며 그들의 귀가 막히고 그들의 눈이 감기게 하라 염려하건대 그들이 눈으로 보고 귀로 듣고 마음으로 깨닫고 다시 돌아와 고침을 받을까 하노라 하시기로"(사 6:9-10). 하나님은 성경의 진리를 그것에 적합하지 않은 자들에게 감추신 반면, 택하신 자들에게만 그것을 알리신다. 인간의 삶의 목표는 영적인 삶으로의 성장과 발전이다. 이와 유사하게 성경해석과 연구의 목적은 성경의 문자적 차원의 의미를 넘어서는 것으로 이를 통해 하나님께서 의도하신 보다 숭고한 영적인 의미에 도달하는 데 있다.

2. 성경의 내적 통일성. 초기 시대부터 교회는 성경을 하나의 내용으로 연결된 한 권의 책으로 읽었다. 왜냐하면 성경이 한 분 하나님과 그분의 일관된 의지와 행동을 증언하고 있기 때문이다.[13] 하나님은 즉흥적이거나 스스로 모순적이지 않아서 여기에서의 행동과 저기에서의 행동이 다르지 않다. 또한 마르시온의 주장대로 구약에서의 심판과 분노의 하나님과 바울의 사랑의 하나님이 각기 다른 하나님이 아니다. 오히려 하나님은 인류를 향한 신실한 뜻과 목적을 가지고 그것과 일관된 방식으로 인간과 관계를 맺으시는 분이다. 성경은 다양한 방식으로 하나님의 신실하심을 증언하고 있는데, 특별히 성경은 하나님은 참되셔서 스스로 속이거나 거짓으로 말씀하지 않으시는 분임을 증거하고 있다(삼하 7:28; 요 17:17; 히 6:18). 성경이 지닌 의미의 다양성은 성경해석에 있어서 주목할 만한 도구로서 초기 교회들은 히브리인의 성경의 관점으로 예수 그리스도를 읽어 내거나, 역으로 그리스도의 빛 안에서 히브리인의 성경을 읽어냈으며, 그렇게 함으로써 구약성경을 그리스도인의 삶과 신앙을 위한 성경으로 보존할 수 있었다. 뿐만 아니라 그를 통해 이단의 공격으로부터 성경을 지킬 수 있었고, 구약과 신약의 차이점 속에서도 유일 신앙을 유지할 수 있었다. 이후의 기독교

신앙 공동체는 성경에 대해 초기 공동체들과 동일한 신앙고백을 할 수 있었다. 계시록의 경우 교회들로부터 기피된 책이었음에도 성경 전체가 전하는 가르침은 일정하고 하나의 통일된 교훈이었기 때문에 다른 곳의 명확한 의미의 관점으로 계시록의 난해한 부분들의 의미를 풀어낼 수 있었다. 이러한 읽기를 '신앙유비'(analogy of faith) 혹은 '성경유비'(analogy of Scripture)라고 부른다.

   3. 인간의 타락성. 성경이 지닌 해석의 다양성은 인간이 타락함으로 상실했던 어떤 부분을 보완해 주는 것과 같다. 하나님은 피조된 자연세계의 질서와 성경을 통해 자신의 계획을 분명하게 드러내신다. 이 가운데서 성경은 인간의 무지를 위해 하나님이 자신의 뜻을 직접 인간의 언어로 기록하게 하신 말씀이다. 타락으로 인해 인간은 하나님이 말씀하신 바를 온전히 이해할 수 없으며, 그렇기에 성경은 하나님이 인간의 제한된 인식능력에 자신을 맞추어 자신의 뜻을 드러내신 행위이다. 몇몇 학자들은 이러한 이해가 중세교회의 성경해석의 토대가 되었다고 본다.[14] 하나님은 실수가 없으시며, 모든 것을 피조세계와 성경을 통해 알리셨기 때문에 성경이 지닌 해석의 다양성은 하나님께서 자신의 뜻을 알리고자 계획하신 의도라고 볼 수 있다. 그렇기에 성경은 읽힐 수 있고, 이해 가능한 의미를 지니며, 삶에 생명을 제공한다. 만일 그렇지 않다면 그것은 성경이 아닌, 인간의 책임이다. 다시 말해, 설교자가 만나는 성경의 표면적 문제들은 설교자의 이해력과 관련한 사안으로, 설교자의 과제는 성경이 말하고자 하는 바를 이해하는 것이다. 요컨대 성경의 의미적 다양성은 하나님이 인류와 교회가 자신의 구원의 목적을 알게 되고 영적 지혜 안에서 성장해 갈 수 있도록 허락하신

은총의 통로이다.

본 책의 구성

본 책은 두 부분으로 구성된다. 첫째 부분은 성경의 '문자적 읽기' (literal senses)를 다루고, 두 번째는 '신학적 읽기'(theological senses)라고 부를 수 있는 성경의 '영적 읽기'(spiritual senses)를 다룬다. 성경의 문자적 읽기는 본서의 전체를 할애할 만한데, 종교개혁의 전통은 문자적 의미를 성경의 유일한 의미로 받아들이고 있고, 그들의 신앙의 교리와 삶의 윤리가 성경의 문자적 해석에 근거하고 있다. 따라서 본서 2장은 개혁자들의 주석 방법을 탐구하고 그것과 관련해서 오늘 우리에게 성경의 문자적 읽기가 어떤 위치를 갖는지를 규명하고자 한다. 이를 통해 설교자는 본문에 대한 역사적 상상력이 어떻게 실제적으로 설교에 유용한지를 배울 수 있다. 3장은 종교개혁자들이 이해하고 의도했던 성경의 '문자성'이 오늘날 설교자들이 익히 알고 있는 문자성과 어떻게 다른지를 알린다. 개혁자들은 성경의 신학적인 의미를 염두에 두면서 성경의 문자성을 중요하게 다루었다. 4장과 5장은 보다 실제적인 내용으로서 설교자들이 어떻게 성경의 문자성을 새롭게 이해하고 신학적 상상력을 사용하면서 설교를 위한 신학적 읽기를 시도할 수 있는지를 다룬다.

2부는 오늘날 많은 부분에서 퇴색된 고대 교회의 성경읽기 전통이 오늘날 어떻게 유지되고 지속되고 있는지를 살펴본다. 고대 설교자들에게 익숙했던 성경의 영적 읽기는 신학적인 읽기로서 본문에 대한 신학적 해석을 위한 설교학적 방법론을 제공해 준다. 성경의 영적 의미는 이미 성경 자체가 지니고 있는 의미의 차원으로서, 그것 없이 성경은 성경으로서 기능할 수 없다. 따라서 본서의 나머지 장들은 본서가 소개하는 '설교학적 상상력'(homiletical imagination)이 무엇이며, 그것이 어떤 방법론인지에 관해 살펴본다. 6장은 도덕적 삶을 목적으로 하는 성경읽기의 유익을 살펴보고 설교를 위한 구체적인 조언을 제시한다. 7장은 교회사에서 우화적 읽기(allegory)가 어떻게 사용되었는지를 소개하고, 8장은 설교의 실천적 관점에서 오늘날 다른 용어와 이름으로 사용되고 있는 우화적 읽기와 신비적 읽기(anagogy)를 설명하고, 오늘날에도 이들이 설교를 위해 유용하게 사용될 수 있는 방법을 제시한다.

종교개혁 이전의 설교자들은 성경을 다루는 방식에 있어서 미숙했다. 그러나 그들이 물려준 공헌 또한 현격해서 비록 드러나지는 않지만 오늘날 주요한 성경해석 방법들을 뒷받침하고 있다. 본서의 목적은 그들의 성경읽기 방식을 복구하는 것이 아니다. 오히려 그들이 성경에서 만났던 세계 – 하나님과의 교제, 삶의 방향성, 그리스도에 대한 깨달음, 소망의 이유 등-와 만날 수 있는 성경읽기를 새롭게 시도하는 데 있다. 고대 설교자들은 성경이 하나님에 관해 이야기하는 책이라고 확신했다. 그렇기에 성경이 의도하는 '하나님 의미'(God sense)를 읽어내는 데 어렵지 않았다. 분명 옛 설교자들은 그들의 방식에 있어서 투박하고 미숙했지만, 그들은 성경이 말하려는 '하나님'을 찾아내려는 선한 욕구를 가지고 있었음에 틀림없다. 성경의 다의성과 관련하여 당시의 설교자들이 지닌 공통된 인식은 세 가지인데, 그것은 오늘날 신학계에도 낯설지 않은 것들이다. 그것은 성경의 문자적, 도덕적, 우화적 의미의 복합층이다. 그런데 '문자적'이라는 말은 '문자주의적'(literalistic)이라는 말과, '도덕적'이라는 말은 '도덕주의적'(moralistic), 그리고 '우화적'이라는 용어는 성경에 대한 그릇된 해석을 떠올린다. 분명 이러한 해석은 오늘날 수용되지 않는다. 그러나 한 가지 부인할 수 없는 사실은 수세기에 걸쳐 교회와 설교자들이 그러한 방식으로 성경을 읽고 다루어왔다는 것이며, 그렇기에 그러한 전통을 외면하는 것은 성경읽기와 관련한 교회의 폭넓은 전통을 이해함에 있어 지혜롭지 못한 일이다.

일반적으로 설교자들은 신학교에서 성경의 4중 의미에 대해 들어보지 못하고 졸업하곤 한다. 그러나 오늘날 신학교는 더 이상 그럴 수 없다.[15] 교회의 성경해석 전통과 관련하여 오늘날 설교자들의 관심은 주로 18세기의 계몽주의 아니면, 16세기 종교개혁 시기까지만 거슬러 올라가고, 그들 대부분이 고대의 4중 해석 전통과 그것을 낳았던 그들의 신앙적 배경에 대해 무관심하거나 무지하다. 하지만 그들의 신앙적 배경은 성경이 우리에게 성경으로 존재하게 한 바로 그 신앙적 배경이었다. 그럼에도 1500년 전의 성경해석의 전통을 망각하는 것은 곧 설교의 전통을 망각하는 것이며, 또한 그 발자취를 상실하는 것이다. 설령, 그러한 망각이 있을 수 있다 해도 하나님께서 성경을 해석하는 설교를 통해 우리 삶에 일하시고자 의도하신 바를 쉽게 잊는다면, 그것은 인간 설교의 어리석은 오만함이다. 비록 고대 설교자들이 모든 부분에서 오늘의 우리보다 미흡하고 부족하다 할지라도, 그들은 성령님의 인도함에 따라 사는 것을 하나님의 살아있는 말씀을 설교하는 것과 분리하지 않았다.

1부

성경의 문자적 읽기: 역사적 읽기와 신학적 읽기

"문자는 우리에게
하나님이 행하신 것과
믿음의 선조들이 행한 일을 보여준다."

- 다시아의 어거스틴(Augustine of Dacia)

2장
성경의 문자성과 역사비평 주석

　본 장의 목적은 '문자적'이라는 말을 보다 적합하게 이해하고, 오늘날 역사비평적 해석 방법이 본문에 대한 신학적 이해를 빼버린 채 어떻게 본문의 문자성을 규정하는지를 제시하는 데 있다. 설교학에서 가장 널리 수용되고 믿을 수 있는 원리들 가운데 하나는 설교는 성경을 본문으로 삼아 교회와 성도들을 교훈한다는 것이다. 성경은 교회와 그리스도인들이 말하고 행동하는 삶의 중심에 있다. 심지어 성경은 예배의 상징으로서 예배 공간의 중심에 놓일 뿐만 아니라 성경낭독은 예배의 중요한 예전적 요소이다. 이러한 것들은 그리스도인들이 어떤 특별한 책의 사람들임을 상기시켜 주고, 그들의 삶이 그 책의 안내를 받고 있으며, 선포되는 성경의 말씀은 본질적으로 다른 여타의 말과 다른 말씀임을 확인시켜 준다. 하지만 "우리는 성경을 설교한다"고 말하는 것만으로는 그것이 의미하는 바가 무엇인지를 명확하게 설명하지 못한다. 스티븐 패리스(Stephen Farris)가 주지한 대로, "근본적으로 … 비성경적인 본문설교(textual sermon)가 있는가 하면, 참으로 성경적인 탈본문적(nontextual) 설교가 있다."[1] 그렇다면 "성경을 설교한다"는 말은 무슨 뜻인가? 적어도 서방 교회의 종교개혁 이래 그것은 "문자로 기록된 성경의 본문을 설교한다" 혹은 보다 정확하게 "성경본문의 문자적 의미를 설교한다"는 말이다. 여기서 '문자적'이라는 말은 '알파벳으로 된 문자와 관련된 것'을 가리키는 것으로 성경본문의 문자적 의미는 본문의 명백하고 평이한 의미를 뜻한다. 따라서 본문의 문자적 의미는 종종 은유나 직유를 비롯한 여러 상징적 언어로 구술되는 본문의 암시적 의미(figurative meanings)와 반대되는 것으로 이해된다. 그러나 이러한 상징적 표현도 본문의 문자성에 포함되는 것이기에 평이한 의미로 해석될 때도 있다. 반면 알레고리와 인상주의 비평(impressionistic) 혹은 신학적 해석은 본문의 문자성 이면에 숨겨져 있거나 암호화된 의미를 찾아내는 읽기로서 일반 독자보다는 신학적 지성인이나 전문 설교자들에게 제한된 읽기이다. 그렇기에 문자적 읽기는 이러한 해석과 차별된다.

성경에 대한 '문자적 읽기'라는 말은 설교자가 본문을 가지고 수행하는 해석이 설교자 자신이 원하는 바를 의도적으로 찾아내는 것이 아닌, 문자 구성의 총합체로서 본문 자체가 실제적으로 말하고 있는 바를 읽어내는 해석을 뜻한다. 따라서 성경본문의 '문자적 의미'는 먼저 (a) 본문이 언어를 통해 스스로 명백하게 드러내는 평이한 의미이다. 베드로후서 1장 20절은 "먼저 알 것은 성경의 모든 예언은 사사로

이 풀 것이 아니니"라고 말한다. 『제2 스위스 신앙고백』(*The Second Helvetic Confession*)은 "거룩한 성경은 개인의 주관적 해석을 따라서는 안 된다(벧후 1:20). 그렇기에 우리는 가능한 모든 해석을 허용하지 않는다"라고 명시한다.[2] 성경은 만인을 위한 공적인 책으로서 누구라도 읽을 수 있고, 유익되게 듣고 이해할 수 있는 책이다. 그렇기에 『웨스트민스터 신앙고백』(*The Westminster Confession of Faith*)은 "성경의 모든 내용은 그 자체로 평이하거나 모두에게 명백하지는 않다. 하지만 구원을 위해 알려야 하고, 믿어야 하며, 확증되어야 하는 것들은 성경의 이곳저곳에서 명시적으로 선포되고 계시되었다. 그러므로 배운 자나 못배운 자 모두가 성경본문을 상식적인 방식으로 정당하게 읽을 때 본문에 대한 충분한 이해에 도달하게 될 것이다."[3]

본문의 문자적 의미는 본문의 언어와 문법, 문장 구성과 문맥 등과 관련되기에 그것은 때로 본문의 '문법적 의미'(the grammatical sense)라고 부르기도 한다. 뿐만 아니라 어떤 경우에 문자적 의미는 본문의 '역사적 의미'(historical sense)와도 통하는데, 본문의 문자적 기술이 실제적으로 발생했던 역사적 사건에 대한 정보를 알려주기 때문이다. 그렇기에 주석의 영역에서는 '언어-문법적'(literal-grammatical), '언어-역사적'(literal-historical), '역사-문법적'(historical-grammatical)이라는 합성어가 통용되기도 한다. 하지만 이러한 개념들은 공히 본문의 자명하고 보편적인 의미를 가리키는 것으로 설교자는 이러한 읽기를 통해 객관적이고 역사적인 진정성이 확보되는 본문의 의미를 찾고자 한다.

둘째로 (b) 성경의 문자적 의미는 역사적으로 교회가 성경본문을 신학적이거나 신앙적 관점으로 읽으려는 독법이었다. 초기 교회 이래 성경본문의 문자성을 진지하게 다룬 설교자들은 문자의 기호적 의미나 본문의 문법적, 역사적 의미 자체를 목표하지 않았다. 왜냐하면 그러한 의미는 설교자와 교회의 신앙과 삶에 관여하지 않는 객관적인 의미였기 때문이다. 오히려 그들의 궁극적인 관심은 본문의 문자적 기록과 맥락 안에서 예수 그리스도를 읽어 내는 것이었다. 이처럼 문자적 의미의 이중성, 곧 '역사'와 '신학'으로서의 성경본문의 문자성은 교회역사에서 보편적 이해였다. 하지만 이러한 이해는 18세기 근대 계몽주의의 도래와 함께 사라졌다. 그러나 바로 이것이 오늘의 설교자들이 보다 영적 감화력 있는 설교를 위해 되살려야 하는 요소이다.

위의 내용을 본격적으로 다루기에 앞서, 우리는 우선 '문자적'(literal), '문자적 의미'(literal sense), '문자적 본문'(literal text)에 대한 통례적인 이해를 살펴보아야 한다. 그렇게 함으로써 고대 설교자들이 문자적 읽기를 통해 의도했던 바를 오해 없이 배울 수 있게 된다. 두 번째로 우리의 과제는 '문자적 의미'가 어떻게 '주석'(exegesis)이라는 성경본문에 대한 학문적 접근과 관계를 맺는지를 규명해야 한다. 이를 위해 먼저 본문읽기와 설교를 어렵게 하는 일반적인 다섯 가지 선입견을 재고할 필요가 있다.

1. 성경 번역본은 의역본이다. 설교자들은 문자적 번역이 원문의 한 글자, 한 단어를 다룬다고 여긴다. 그레고리 대제(Gregory the Great)는 많은 중세의 학자들이 그랬던 것처럼 성경본문은 그것이 번역된 본문이라도 여전히 성경이라고 주장했다. 아리스토텔레스 이후 언어학자들은 언어는 변환되어도 그 의미는 동일하게 유지될 수 있다고 생각했다. 그러나 낭만주의 시대 이후(the Romantic age) 그러한 언어의 대체

이론(substitution theory)은 점점 학자들의 관심에서 멀어졌다. 게르하르드 폰 라드(Gerhard von Rad)는 "고대 언어의 어느 한 글자라도 오늘 우리의 언어에서 정확히 그와 상응하는 말을 찾을 수 없다"고 주지한 바 있다.[4] 일반적으로 현대인을 위한 새로운 번역본들은 서문에서 번역자들과 그들을 선정한 기준을 소개한다. 우리는 번역본들을 읽으면서, 과연 번역자들이 '형식적 등가'(formal equivalence)의 방식에 따라 흠정역본(King James Version)이나 미국표준역본(American Standard Version)처럼 기계적 직해를 하고, 원본의 문장과 문법적 구조를 그대로 살림으로써 번역본이 얼마나 원본에 가깝게 되었는지를 묻거나, 그렇지 않으면 번역본이 '기능적' 혹은 '역동적 등가'(dynamic equivalence)의 방식에 따라 의역, 곧 얼마나 오늘의 상황에 맞도록 이해하기 쉬운 언어로 번역되었는지를 묻는다. 그러나 필수적으로 모든 번역본들은 위의 두 방식을 절충하고 있다.

역동적 등가에 따른 번역은 의미적 이해에 따른 소통을 추구한다. 그럼에도 어느 방식이 독자에게 유익한지는 논쟁의 여지가 있다. 현대인을 위한 새로운 역본(the New Living Translation)의 편집자들은 그들의 역동적 번역이 기계적 직해를 따르는 번역본들보다 더 원본이 의도한 의미를 재연해 줄 수 있다고 주장한다.[5] 흠정역본(KJV)은 열왕기상 2장 10절을 "이처럼 다윗이 자기 조상들과 함께 잠들어 다윗의 도시에 묻히니라"라고 번역한 반면, 새로운 국제 영문본(NIV)은 "그때 다윗이 그의 조상들과 함께 안식에 들어가 다윗의 도성에 장사되었다"라고 번역했다. 현대인을 위한 새로운 역본(NLT)은 이것을 "그후 다윗이 죽어 다윗의 도성에 장사되었다"라고 했다. 물론, 역본들 사이의 차이는 상대적으로 중요치 않다. 심지어 몇몇 부분들은 성경학자들로부터 논박을 받을 수 있다 해도, 그 의미의 교통에 있어서는 크게 문제되거나 논쟁의 대상이 되지 않는다. 핵심은 그것이 본문에 대한 기계적 번역이라 할지라도 그것은 오늘의 상황에서 해석된 내용이라는 것이다. 성경에 대한 그 어떤 읽기도 독자나 해석자의 시대와 상황으로부터 객관적일 수 없다.

2. 설교자들은 성경본문을 있는 그대로 설교한다고 확신하면서 마치 그 본문을 있는 그대로 설교한다고 생각한다. 개혁자들은 자신들의 교리가 성경적이라고, 아니 거의 성경에 가까운 가르침이라고 믿었다. 그들에게 성경의 구절을 설교하는 것은 성경의 교리를 설교하는 것이었고, 교리를 설교하는 것은 곧 많은 본문들의 문자에 녹아 있는 어떤 것을 가르치는 것이었다. 『제2 스위스 신앙고백』은 이러한 '성경'과 '설교'의 일체성을 계시 사건과 하나님의 자기 소통 간의 연속성으로 고백했는데, 이는 곧 "하나님의 말씀에 대한 인간의 설교는 곧 하나님의 말씀 자체이다"라는 고백에서 알 수 있다.[6] 개혁자들은 또한 번역된 성경도 여전히 동일한 성경이라고 주장했다. 이와 반대로 이슬람의 신자들은 코란의 번역본은 의미만 전달할 뿐 코란으로서의 권위를 갖지 못한다고 말한다. 『웨스트민스터 신앙고백』은 성경의 원어는 확실하고 참된 언어이며, 논쟁 시 판단의 최종 자료라고 고백한다. 그러나 또한 성경은 모든 언어로 번역되어야 할 것을 밝히면서, "하나님의 말씀은 모든 언어 속에 풍성히 내주한다"고 고백한다.[7]

역사의 많은 설교자들이 아리스토텔레스가 주장한 언어의 대체이론의 영향 하에서 성경의 은유(metaphors)를 설교를 위한 요지

(points)로, 본문의 이미지(images)를 대지(ideas)로, 이야기(stories)를 교리(doctrines)로 치환했다. 그러면서 설교자들은 자신들이 여전히 성경본문을 설교한다고 주장했다. 그러나 이러한 언어이해는 19세기의 영국과 독일의 낭만주의자들에 의해 심대한 도전을 받게 되었다. 당시의 낭만주의자들에게 은유는 그들만의 고유한 의미 전달의 속성을 갖고 있기에 그것을 산문적 언어로 변환할 때 은유가 지닌 의미가 여전히 동일한 의미로 전달될 수 없다고 주장했다. 이들 낭만주의자들의 이해는 1930년에 일어난 2차 낭만주의 운동의 여파로 오늘날에까지 영향을 주고 있다. 단적으로 한스 프라이(Hans Frei)는 "성경의 이야기(biblical narratives)는 이야기가 가진 고유한 방식으로 그들의 세계를 표현하는 독특한 능력을 가지고 있다"고 주장했다. 따라서 성경의 이야기는 교리적 명제로 대체될 수 없다.[8]

설교자가 설교에서 어떤 성경의 구절을 정확하게 인용할지라도, 그 구절은 문자적으로 무균질하게 인용되고 전달되지 않는다. 설교에서는 문자로 기록된 성경의 말씀이 예외 없이 구술되는 언어로 새롭게 언명된다. 설교자가 성경의 구절을 본인의 말로 다시 말하거나 그것이 의미하는 바가 무엇인지를 말하자마자 그 본문이나 구절은 의미를 달리하게 된다. 나아가 설교자가 성경본문의 한 절이나 문단 전체를 길게 암송할 때도, 설교자는 그 구절이나 문단이 자리한 맥락에서 빼내어 오는 것이다. 설교자가 어떤 구절이나 문단을 그것이 속한 원래의 문맥이나 전후 맥락에서 분리시킬 때, 그것은 원문의 의도된 의미와 달라진다. 분명 설교자는 그런 변형을 방지하기 위해 본문을 신중히 주석해야 한다. 그러나 설교자가 본문의 문자적 의미, 곧 본래 의도된 의미를 놓쳐서는 안 되는 궁극적 목적은 그것을 성도들의 '오늘의 삶'에 적용하기 위함이다. 여기서 주목해야 할 것은 설교자들이 성경본문을 다룰 때, 본문의 원 의미가 그들의 삶과 만나게 된다는 것이다. 이를 렌즈에 비유해 설명하면, 설교자가 설교를 위해 성경본문을 읽을 때, 그들은 자신들이 위치한 '오늘의 삶'이라는 렌즈를 통해 본문을 만나고 이해하게 된다.

그러므로 엄밀한 의미에서 성경의 문자적 의미는 오직 성경 내에서만, 즉 본문의 원어나 당시의 사회와 문화의 정신과 감성 안에서만 유지된다고 볼 수 있다. 이와 같은 이유로, 주석서들은 성경원문에 관한 깊이 있는 정보를 제공하면서도 그것에 더해 원문과 동떨어진 새로운 내용도 다루고 있다. 그렇기에 설교자들이 주석 과정에서 발견하고, 설교 작성 과정에서 다루는 내용은 기록된 본문을 초월하는 내용이 된다. 이처럼 본문의 문자적 의미의 범위를 초월하는 현상을 설교자들은 에릭 아우어바흐(Eric Auerbach)의 말을 빌려 문자적 텍스트의 '환영'(illusion of the literal text),[9] 또는 데리다(Derrida)의 개념으로 텍스트의 '흔적'(trace)이라고 부르는데, 데리다는 기록된 텍스트는 문자 없이(떠나서) 비로소 존재한다고 보았다.[10] 이 밖에도 본문의 문자성의 초월은 본문의 이미지(image), 근사치(approximation) 혹은 재구성(reconstruction)으로 명명될 수 있다. 그리고 이러한 시각은 설교의 중요한 요소인 설교 시 일상적으로 행해지는 유사 성구들의 인용을 긍정적으로 수용하게 한다. 오히려 그러한 입장이 견지하는 바는 설교자들이 본문의 문자성에 대한 단순하고 안이한 맹신을 경계해야 할 것을 강조한다. 설교자의 역할을 다양하고 심도 있게 논할 수 있지만, 설교자의 실천은 결국 성경본문에 대한 해석을 제공하는 일이고, 설교자는 그 해석의 정합도에 따라 평가받게 된다. 물론, 설교자의 그 해석만이 가능한 해석이 아닐 뿐더러, 그것만이 합법적인 것도 아니다. 설교자가 기록된 본문을 가지고 해석하고 설교하려고 할 때, 그가 본문에 대해 행하는 것은 그것을 부적절하게 다루거나, 아니면 비유적으로 다루거나 둘 중에 하나이다. 문자로 기록된 본문은 문자 그대로, 혹은 원래의 의도대로 해석되거나 설교될 수 없다. 불가피하게도 설교자는 역사적인 상상력으로 재구성된 본문을 설교하게 된다. 그럼에도 설교자의 해석이 타당한 해석이라고 한다면, 그것은 오늘 성도들에게 하나님의 말씀으로 받아들여질 수 있다. 왜냐하면 그것이 성경이라는 거룩한 책의 한 페이지에 기록된 말이 아닌, 오늘의 삶에 '관여하는' 살아있는 하나님의 말씀이기 때문이다.

3. 문자주의(Literalism)는 본문의 문자성에 경직되어 본문의 글자를 절대적으로 추종하는 일관된 행위이다. 문자주의가 위험한 것은 본문의 모든 글자가 동등한 무게를 지닌다고 믿기에 본문을 통해 중요하게 강조되는 바가 무엇인지를 식별하지 못한다는 것이다. 사실, 문자주의는 본문의 문자들에 대한 참된 해석보다는 근본주의(fundamentalism)의 한 부류로 통한다. 물론, 문자주의는 보수적 근본주의 진영에만 있는 것은 아니다. 폴 틸리히(Paul Tillich)는 '자연적 문자주의'(natural literalism)와 '의도적 문자주의'(conscious literalism) 간의 의미있는 구분을 제시했다.[11] 자연적 문자주의는 성경을 어린아이들이 이해하는 것처럼 역사적 사실에 관한(factual) 기록으로 받아들인다. 그리고 이는 계몽주의 이전 시대의 이해 방식이다. 반면, 의도적 문자주의는 개인이 근본주의

자들의 방식을 의식적으로 채택하는 것이다. 근본주의는 20세기에 북미에서 발흥한 운동으로 성경을 역사비평적 방법으로 읽는 데에 대한 반작용으로 일어났다. 근본주의는 성경이 신앙과 행위의 가르침에 있어 오류가 없음을 강조함과 동시에 성경은 사실적 역사기술로서 그리스도는 성경에 기록된 방식 그대로 재림한다고 믿는 신념이다. 이러한 근본주의는 일반적으로 역사비평적 연구나 탐구 없이 성령의 영감만으로도 성경본문의 객관적 의미를 이해하는 데 충분하다고 생각한다.

이러한 틸리히의 구분에 설교자는 세 번째 종류의 문자주의를 더할 수 있다. 그것은 '무의식적 문자주의'(unconscious literalism)로서 이는 자유주의 학파에서 발견되는 동일한 현상이다. 이들은 성경본문을 심도 있게 분석하여 역사적 예수님의 모습을 발견했다고 확신한다. 일례로, 예수 세미나(Jesus Seminar) 학파의 몇몇 학자들은 자신들의 역사비평적인 분석에 토대하여 예수님의 본성과 인격에 관한 급진적 해석을 주장한다.[12] 그러나 이들은 결국 예수님의 말씀이 읽히고 이해되는 방식을 그들 스스로 제한한 셈이 되었다. 결국, 오늘날 신학의 전 영역은 지나친 문자주의나 근본주의의 영향에서 자유롭지 못하다. 그렇기에 설교자는 성경본문의 '문자적 의미'(literal sense)라는 용어 대신 새로운 용어를 찾아내어 '문자주의'(literalism)와 '문자적'(literal) 사이의 혼돈에서 벗어날 필요성을 갖는다. 그럼에도 '문자적 의미'는 교회역사에서 매우 중요한 개념으로 사용되어 왔기에 여타의 문제로 폐기한다는 것은 근시안적인 방안이다.

4. 성경의 문자적 해석은 항상 불가능하다. 성경학자들은 성경의 몇 가지 대표적인 모순과 차이점을 가지고 구전전승 과정(정경으로서의

성경이 형성되기 이전 단계)과 정경화 과정 모두에서 있었던 저자와 편집자들 간의 상이점을 분석했다. 이들 가운데 창세기 6-8장은 단적인 예다. 노아의 이야기에 기록된 방주에 올라탄 동물의 수는 일관되지 않는다. 선지서들의 많은 예언은 문자적 표현대로가 아닌, 비유로서 주어진 말씀이다. 이는 복음서에서도 마찬가지인데, 예수님은 많은 가르침을 비유와 은유를 사용해서 상징적으로 말씀하셨다. 다음은 역사에 걸쳐 문자적 해석이 난해한 성경구절들이다.[13]

- 이사야 13장 9-22절은 메대와 페르시아가 바벨론을 멸망시킬 때 세상의 멸망을 예언하고 있다.
- 스바냐 1장 18절은 유다와 예루살렘의 온 땅이 하나님의 분노하시는 화염에 사라질 것이며, 거기서 살아남을 자가 없을 것을 예언한다.
- 말라기 4장 5절은 엘리야가 주님의 날이 오기 전에 반드시 다시 올 것을 말한다.
- 에스겔 37장 25절은 "다윗이 영원히 그들의 왕이 되리라"고 예언한다.
- 마태복음 17장 9-10절에서 예수님의 권위가 말라기의 예언으로 도전을 받고 예수님은 엘리야가 이미 세례 요한으로 왔다고 대답한다.
- 마태복음 24장 30절에서 예수님은 다니엘 7장 13절을 인용하면서, "'인자가 큰 권능과 영광에 싸여 하늘 구름'을 타고 오는 것을 보게 될 것"(새번역)이라 이르시고, 24장 34절에서는 "내가 진실로 너희에게 말하노니 이 세대가 지나가기 전에 이 일이 다 일어나리라"고 말씀하신다. 또한 마가복음 8장 38절과 9장 1절을 보라.

5. '문자적 의미'라는 개념은 모호하고 유동적인 것으로('문자에 따르면'이라는 말이 그런 것처럼) 시대에 따라 변하기에 몇몇 학자들은 그 용어를 폐기하고자 한다. 한 예로, 산드라 M. 슈나이더스(Sandra M. Schneiders)는 "나는 그동안 해석에 대한 보다 낙관적인 이해의 관점에서 사용되어 온 '문자적 의미'(literal meaning) 대신 '본문의 의미'(textual meaning)라는 용어를 사용할 것을 제안한다. '문자적 의미'에 대한 명확한 정의를 찾기란 거의 불가능하다"고 주장했다.[14] 그녀가 제안한 '본문의 의미'라는 용어는 유용하다. 특별히 그것이 문자적 의미와 문자주의적(literalistic) 혹은 근본주의적(fundamentalistic) 해석 등과 같은 용어들 간에 발생하기 쉬운 혼돈을 극복해 주기 때문에 그렇다. 그러나 그 용어의 사용은 곧 교회가 그 태동기부터 사용해 온 역사적 용어에 대한 폐기를 뜻하기에 우리는 어제의 설교자들과 오늘의 설교자들 간의 연속성을 새롭게 설정해야 한다. 우리가 만일 강의 중간 지점에서 배를 갈아타려고 한다면 우리는 우리의 역사와 현재 우리가 당면한 설교학의 난제를 충분히 알 수 없다. 그러나 본문의 의미도 문자적 의미처럼 오역의 가능성에 열려 있다. "그것은 과연 누가 의도한 의미인가? 어떤 근거로 상반된 해석을 설득할 것인가? '본문'이라는 말은 무슨 뜻인가?"

우리가 '문자적 의미'라고 이해하는 것은 교회가 오랫동안 알고 있던 바와 같지 않다. 초기와 중세교회에서 문자적 의미는 성경의 가장 중요한 의미로 간주되지 않았다. 그러나 개혁자들은 어거스틴(창세기를 문자적 진리라고 강조하고 있는 그의 창세기 주석 서문)과 아퀴나스를 인용해 문자적 의미가 교리와 신앙, 삶을 위한 성경의 유일하고 참된 의미임을 확신했다. 그들은 성경의 문자적 의미는 예수 그리스도와 관련되거나(Luther), 성령님이 조명하는 의미와 연관을 갖는다(Calvin)고 보았다. 개혁자들에게 성경이 가진 오직 하나의 의미는 성경의 문자적 의미였다. 그리고 문자적 의미는 성경본문에 대한 신학적 이해였는데, 그것은 단순히 본문의 문법적 혹은 역사적 이해와는 다른 의미였다.

그러나 계몽주의의 대부분과 현재에 이르기까지 성경의 문자적 의미는 하나의 객관적이고 역사적인 의미로서 믿음의 차원을 벗겨낸 의미였다. 설교를 위한 성경읽기가 비신학적인 문자적 의미에 집중됨으로써 그 결과는 다양했다. 먼저, 어떤 설교자들에게는 성경이 이전보다 믿을 수 있는 본문이 되었는데, 설교자들은 본문의 역사적이고 문화적 배경 혹은 성경서 주석서들과 본문과 관련된 전문 자료에 의존하지 않고서도 본문을 이해할 수 있게 되었다. 반면, 다른 설교자들에게는 본문의 문자적 의미가 교회의 믿음이나 하나님과 상관되지 않는 것으로 수용되었다. 이들의 관심은 설교자의 신학을 본문에 적용시키는 것이다. 그러나 그런 입장은 설교자들이 견지해야만 하는 중립성을 훼손한다. 따라서 일단의 성경학자들과 설교자들은 그들의 신학적 궤도를 수정했다. 그들은 칼 바르트(Karl Barth, 그의 혁명적 저서인『로마서 주석』)로부터 시작해 엘리자벳 악트마이어(Elizabeth Achtemeier), 브래바드 차일즈(Brevard Childs), 월터 브루그만(Walter Brueggemann) 등이다. 그럼에도 이들이 설교자들이 지닌 역사적 해석의 과제와 신학적 해석의 과제가 어떻게 차별화되고 균형을 이룰 수 있는지에 관해 항상 명확한 답을 주는 것은 아니다.

이상에서 우리는 성경본문의 '문자적 의미'를 바르게 이해하는 데 장애가 되는 다섯 가지 선입견을 살펴보았다. 이들은 성경의 문자적 의미와 관련해 선조들이 물려준 지혜를 회복하려는 우리의 시도를 가로막는다. 그러나 반대로, 이상의 선입견들은 그 과제의 중요성을 각성시키고, 보다 구체적으로 본문의 문자적 의미가 어떤 방식으로 신학과 연결이 되는지를 상기시켜 준다.

주석을 위한 방법

설교자들이 성경본문을 읽고 주석하는 과정에서 듣게 되는 것은 무엇인가? 어떤 설교자들은 엘리야가 산 위에서 고요하고 세미한 음성을 들었던 것처럼 성경본문을 묵상할 때부터 설교자에게 말씀하시는 하나님의 직접적인 음성을 듣고자 해야 한다고 말한다. 분명, 하나님은 언제든지 어떤 방식으로도 말씀하실 수 있다. 그러나 하나님은 우리가 원하는 방식대로 신앙의 실천과 성장, 성숙의 과정을 이끌지 않으신다. 심지어 정신적으로 병약한 자들뿐만 아니라 살인과 성범죄를 행하는 불의한 의도를 가진 자들도 저마다 하나님의 음성을 듣는다고 확신하곤 한다. 그렇기에 설교자는 성경의 증언과 믿음의 공동체를 통해 무엇이 진정으로 하나님의 음성인지를 분별해야 한다.

설교자는 처음부터 성경에서 하나님의 음성이 들리기에 성경을 읽는 것이 아니다. 설교자는 하나님의 시간과 방식으로 성경이 말하고자 하는 바를 듣는다. 주석(exegesis)은 해석자가 본문을 향해 물음을 던지는 과정으로, 해석자는 성경본문을 폭넓게 연구하고, 이를 통해 본문의 세계를 파악하게 되고, 그를 통해 본문을 새롭게 발견하게 된다. 주석은 문자적으로 본문으로부터 "이끌고 나온다"(to lead out)의 뜻으로, 이는 해석자의 생각을 "이끌고 들어간다"(to lead into), 혹은 본문에 없는 해석자의 주관을 가지고 들어가는 '주입해석'(eisegesis)과 반대된다. 본 장에서 다루려는 주석 방법은 '역사비평적 주석'(historical-critical exegesis)이다. 이 방법이 '역사적인' 이유는 그것이 계몽주의 이래 발전한 역사연구 방법론을 사용하기 때문이다. 계몽주의의 합리적 연구방법은 증명가능한 근거와 과학적 인과관계, 그리고 추론에 따른 결론 도출을 요구한다. 또한 역사비평적 주석이 '비평적인' 이유는 비평적 탐문과 기술적 분석, 통합의 과정을 가짐으로써 객관적이고 공정한 해석을 저해하는 전제나 신념을 제거하려는 해석이기 때문이다. 역사비평적 읽기는 성경본문에 대한 충실함이 요구되는 읽기로 통사론적(diachronically)으로 본문을 파악해 간다. 역사비평적 해석은 근대의 오랜 기간 동안 거의 모든 성경학자들이 애용한 주석방법론이었지만, 근래에는 문학비평(literary criticism)이 그 자리를 대신하고 있다. 문학비평은 성경본문에 대한 공시적(synchronically) 연구방법으로서 정경화가 완료된 현재 성경본문을 대상으로 그 언어적, 문학적 특성을 통해 본문의 의미를 새롭게 발견하고자 한다.

주석 과정은 일반적으로 수사관의 탐문 과정처럼 몇 가지의 일정한 단계를 갖는다. 아래에 소개하는 단계는 설교를 위해 성경본문을 주석하는 방법들 가운데 표준적이고 일반적인 방법인 역사-문학적 비평(historical and literary critical method)을 수행하는 전형적인 과정이다. 이 단계가 설교 준비를 위한 유일한 과정은 아니지만, 설교자가 본문에 관해 말할 수 있는 것과 그럴 수 없는 것들을 구분해 주는 유용한 안내자가 될 수 있다.[15]

1. 읽은 본문을 재차 읽어라. 본문이 친숙해지도록 알아가라. 마치 수사현장에 도착한 수사관처럼 설교자는 본문에 대한 초견으로 본문에 대한 정보를 알 수 없음을 주지해야 한다. 설교자는 이전에 주목하지 못했던 미세한 부분을 발견해야 한다. 이를 위해 본문을 크게 소리내어 읽는 것은 효과적인 방법이다. 특별히 가능한 한 읽을 때 본문의 언어가 가진 미세한 분위기를 느낄 수 있는 방법을 최대한 살리는 게 중요하다. 예를 들어, 본문의 각 단어나 언어가 묘사하고 있는 그림을 머릿속에 그려보거나 강약을 달리하는 단어의 소리를 통해 강조되는 부분과 그렇지 않은 부분을 느낄 수 있다. 이것은 특히 설교 전의 성경 낭독을 위해서도 중요한 요소이다. 만일 충분한 시간이 허락된다면, 특별히 성경 한 권에 대한 연속강해 설교를 시행한다면, 해당 권의 전체를 큰 소리로 낭독함으로써 말씀에 대한 새로운 경험을 가질 수 있다.

2. 본문의 기초적 사실이나 역사와 관련된 물음에 대한 답변을 준비하라. 본문은 누가 기록했는가? 저자는 누구이며 어떤 사람인가? 본문의 수신자는 누구인가? 본문은 어떤 상황 속에서 어떤 목적을 위해 기록되었는가? 본문이 속한 책의 중심 주제는 무엇인가? 본문의 주제는 무엇인가? 이 둘은 어떻게 연관되는가? 본문이 기록될 당시 이스라엘(당시 공동체 혹은 세계)의 역사에 발생한 사건은 무엇인가? 본문의 이야기에서 발생된 사건 혹은 발생되려는 사건은 있는가? 본문이 오늘 성도들에게 무엇을 유발하는가?

3. 수사관이 수사현장의 범위를 한정하듯 본문의 범위를 설정하라. 가령, 설교본문의 시작과 끝이 동일한 의미의 흐름으로 연결되고 있는지, 혹은 내용상 그 범위가 보다 확장될 필요가 있는지를 확인해야 한

다. 이상적으로, 설교본문은 하나의 의미나 사고가 시작하고 완결되는 언어의 단락이어야 한다. 그러므로 설교자는 본문을 정할 때, 본문의 시작과 끝을 어디로 할 것인지 결정해야 한다. 설교자가 설교본문을 3년 주기로 매주일 예배의 설교를 위해 제공되는 성서정과(lectionary)로 할 경우, 설교에 필요한 부분까지 확장하여 본문으로 삼을 수 있다. 만일 본문의 의미가 중간에 삽입된 짧은 구절이나 문구로 인해 단절될 때, 설교자는 본문을 보다 넓게 연장할 것인지, 아니면 그 부분을 본문으로 포함해야 하는 주석적, 역사적 이유가 있는지를 신중히 확인해야 한다(이 점과 관련한 보다 자세한 물음과 내용은 아래 9번 항목을 참조하라). 무엇보다 설교자는 본문의 사고의 맥락에 충실하여 설교가 본문의 주제에서 이탈하지 않도록 주의해야 한다.

4. 가능한 한 본문에 대한 사역을 시도하라. 설교자는 자신의 언어로 본문을 번역하고 성경의 다른 번역본과 비교하여 어떤 차이가 있는지를 확인할 수 있다. 특별히 원문과 비교해 반복되는 단어가 있는지를 확인하고 그것이 본문을 이해하는 데 어떤 역할을 하는지 살펴볼 수 있다.

5. 본문의 중심 단어를 확정하라. 본문에서 반복되거나 신학적 의미가 갖는 단어나 구절에 주목하고, 사전적 연구를 통해 그것들의 정확한 의미를 파악한다. 또한 그 반복이 동일한 단어의 반복인지, 아니면 어떤 변형이 있는지를 확인하고, 그것이 어떤 의미를 갖는지를 살펴볼 필요가 있다.

6. 원문의 난해한 어법이나 구문을 확인하고 그것과 관련한 본문의 문제적 요소가 무엇인지 주목할 필요가 있다. 가령, 원문과 달리 여

타의 다른 고대 사본에서는 어떤 형태로 단어의 변형이 있는지를 확인하는 작업이다.

7. 문학비평의 방법론으로서 본문의 언어와 문장구조의 특성에 따른 문학적, 수사학적 분석을 시도한다. 이를 위해 설교자는 다음과 같은 물음을 던지게 된다. "본문의 문학적 양식은 무엇인가?(서사, 서신, 송가, 축복기도, 애가, 선언, 이야기 등) 본문의 수사적 양식은 무엇인가? 그 특징이 발견되는 곳은 어디인가? 양식의 각 부분이 전체와 어떤 관련을 맺는가? 수사의 형태와 그 기능은 어떤 연관을 갖는가? 본문이 수신자에게 설득하고자 하는 바가 무엇인가? 본문이 책에서 빠질 경우 어떤 일이 발생하는가? 본문의 중심인물은 누구인가? 본문 내 갈등 요소는 없는가? 있다면 그것이 어떤 기능을 하는가? (본문은 어떤 플롯을 갖고 있는가?) 그 갈등이 어떻게 해소되는가? 본문의 이야기와 인물들의 행동이 전후 문맥과 어떤 관계를 갖는가? 이야기를 이끌고 가는 인물은 누구인가? 이야기의 주인공은 누구이며, 보조 인물이 있는가? 인물들의 관계로 알 수 있는 것은 무엇인가? 이야기의 중심에서 배제되는 인물이 있는가? 본문은 남자와 여자, 부자와 가난한 자를 어떤 방식으로 묘사하고 있는가? 본문은 양측의 입장과 발언에 동등한 힘을 주고 있는가? 인물의 행동, 의도, 표현에 일정하게 반복되는 양식은 무엇인가? 본문과 다른 평행 본문들 간의 연결점은 무엇인가? 본문의 모순점이나 난점(puzzle)은 무엇인가?

8. 본문에 대한 숙지를 위해 본문의 구조나 주장 혹은 이야기의 흐름을 도식화하라.

9. 주석서나 성구사전, 성경지도 등과 같은 다양한 참고자료를 활

용하여 가능한 한 본문의 역사적 정황이나 삶의 자리, 나아가 본문의 전승 과정도 파악한다. 또한 본문이 편집되었는지, 그렇다면 그 이유가 무엇인지를 밝히고, 본문에 대한 다른 학자나 설교자들의 입장을 확인할 수 있다. 뿐만 아니라 본문이 쓰인 상황과 누구를 대상으로 하고 있는지도 확인할 수 있다.

10. 가능하다면 본문이 말하는 의미(명제)를 한 문장으로 기술하라. 본문과 관련한 모든 자료와 근거에 대한 분석, 비교, 평가가 이루어진 후에 설교자 자신의 해석을 전달하라.

이상과 같은 방식으로, 설교자는 가급적 성경본문이 설교자 자신을 본문에 대한 바른 이해로 이끌고 갈 수 있도록 한다. 물론, 이 과정은 결코 순차적으로 진행되는 과정이 아니다. 설교를 위해 본문을 읽어가는 과정은 본문과 설교자 간에 오가는 대화의 과정이다. 이 대화는 설교자가 겸손하고 열린 자세로 성경본문에 귀를 기울이고 맞아들임과 동시에 설교자 자신이 대화의 참여자로서 자신의 물음과 의문에도 경청하는 데서 발생하는 대화이다. 그런데 해석자로서 설교자가 중립적 태도를 취하려 한다 하더라도, 설교자는 불트만(Bultmann)이 해석자의 '선이해'(pre-understandings)라고 부른 것과 같이 본문에 대해 학습된 이해를 가지고 본문을 맞이하게 된다. 설교자는 자신의 선이해의 영향을 최소화해야 한다. 그럼에도 설교자의 선이해는 본문과의 대화에 어느 정도 영향을 줄 수밖에 없다. 본문과 대화해 가면서 설교자는 계속해서 해석의 방향을 예측하게 되는데, 그러한 예측은 최종 해석에 이를 때까지 유보된다. 설교자가 발견한 본문의 최종 해석은 옛 설교자들이 본문의 '문자적 의미'라고 부른 것으로 오늘 설교자에게 그것은 본문의 '의미'이다. 그러나 그것은 본문에 대한 유일하게 가능한 해석이 아니다. 어떤 점에서 설교자는 끊임없이 신앙의 눈으로 본문과 대화하도록 해야 한다. 그러한 과정에서 설교자는 성경본문과 영향을 주고받으면서 본문에 대한 신실한 말씀의 선포로 나아가게 된다.

실제적 고려사항들

설교자가 본문의 문자적 의미를 읽어 내는 데 취약한 것은 많은 경우 신학교의 성경학 수업과 주석서들이 본문이 지닌 믿음의 차원을 간과하거나 강조하지 않는다는 데 있다. 이는 본문에 대한 신앙적 읽기를 주관적이고 개인적인 묵상으로 한정하는 경향에 기인한다. 따라서 몇몇 성경학자들은 본문해석을 위한 신학적 지침에 무관심하곤 하는데, 이는 그러한 영역이 자신들의 학문적인 연구나 전공 분야가 아니라고 여기기 때문이다. 반갑게도 어떤 이들은 본문의 신학적 차원을 언급하곤 한다. 그러나 마치 두 인격을 갖고 있으면서 이쪽 손으로 하는 일을 다른 손이 모르게 일하는 사람들처럼, 그마저도 영혼 없는 의무적이거나 형식적인 연구일 때가 많다. 이러한 신학과 성경학 분야 간의 이원적 현상은 오늘만의 문제가 아니다. 이 문제는 북미 성경학계에서 이미 오랫동안 거론되어 왔고, 그 문제를 본격적으로 언급한 사람 가운데 한 사람이 월터 브루그만이다. 이와 더불어 몇몇 성경 주석서들도 강단의 요구에 부응하려 하면서 성경의 신앙적 기능과 가치를 다루려 하고 있다. 그 가운데 대표적인 주석서로는 『현대 설교자를 위한 성경주석』(The New Interpreters Bible)과 『현대성경주석』(Interpretation)이 있다. 그러나 이들 주석서들의 방법은 여전히 서투르고, 본문에 대한 신학비평(theological criticism)은 때로 일관된 원칙이 없어 보이기도 한다. 그 이유는 그 주석서들의 집필자들이 신학비평에 대한 전문적인 교육을 받지 않았기 때문이거나, 그들 간에 신학비평을 위한 통일되거나 합의된 원칙이 없기 때문일 수 있다. 그렇지 않으면 그들은 아직 성경을 교회를 위해 읽고 해석하는 데 확신이 없기 때문일지도 모른다. 역사비평적으로 성경을 다루는 방법을 안다고 해서 신학비평적으로 성경을 다룰 수 있는 것은 아니다. 왜냐하면 양쪽은 서로 상이한 목적을 지향하고, 성경을 향한 상이한 이해와 해석 렌즈로 본문을 읽기 때문이다. 심지어 동일한 성경학 영역이라 해도 세부적인 내용에 있어서는 그 신학적 주장이 첨예하게 대립하기도 한다. 요컨대, 성경본문에 대한 신학적 읽기는 성경주석학의 영역에서 여전히 주목받지 못하고 있고, 그것과 관련한 학계의 이견은 첨예하다. 이를 보여주는 최근의 대표적인 책은 『교회의 책으로서의 성경』(*Reclaiming the Bible for the Church*)[16]와 『성경을 위한 신학적 해석』(*The Theological Interpretation of Scripture*)[17]이다.

신학비평은 성경학을 종교학의 한 영역으로 간주하거나, 종전의 '과학적 연구 방법'의 모델이었던 역사비평학을 배웠으나 최근의 새로운 해석 방법론을 접하지 못한 학자들 사이에서 한 가지 중요한 문제를 제기한다. 이들 학자들의 대부분은 성경의 신적 영감을 주장할 수 없거나 그것을 확신할 수 없다고 주장하면서, 성경의 형태와 내용의 기원에 있어서 인간 저자의 역할을 강조한다. 다른 학자들은 인간 저자들의 역할 속에 숨은 하나님을 주목하면서도 결국에는 성경 전체가 말하는 삼위일체 하나님의 역사에 대한 주장을 주저한다. 근래의 신학교의 성경학 수업들은 수사학, 인종, 성, 경제 등과 같은 새로운 관점으로 읽는 성경해석학을 다루고 있다. 그럼에도 여전히 하나님과 신앙, 교리에 관해 말하는 성경과의 대화를 간과하고 있다. 결과적으로, 학생들은 그들이 신학교에서 배우는 주석 방법만이 설교 준비에 필요한 충분한 과정이라는 잘못된 메시지를 받아들일 수 있다. 이와 비슷하게 설교자들도 역사비평과 문학비평을 거쳐 드러나는 본문의 문자적 의미가 왜 설교에 보다 적합한 의미인지를 궁금해하거나 의문시하지 않았다. 이러한 상황 속에서 교파를 초월한 많은 설교들이 인간 성도들이 해야만 하는 행위에는 집중하면서도 하나님의 주권적 행위는 소홀히 여긴다.[18] 그렇게 설교하는 설교자들은 전형적으로 성경의 문자적 의미에 대해 알지 못하고, 성경본문이 말하고 있는 하나님이 누구이며, 그 하나님께서 행하셨고 지금도 행하고 계시며 앞으로 행하실 일들을 선포해야 하는 일에 확신을 갖지 못하고 있다. 본서를 쓰게 된 동기는 바로 이러한 강단의 현실에 있다.

일반적으로 설교자는 설교를 위해 '성경본문' 혹은 '설교'가 과연 무엇을 말하고 있는지를 한 문장으로 정리할 수 있어야 한다. 이를 위해서는 몇 가지 조건이 있다. 분명히 같은 본문이라도 보다 중심적인 논점이 있고, 그렇지 않은 것이 있으며, 설교에 보다 실제적이고 적합한 주제가 있고, 그렇지 않은 것이 있다. 게다가 몇몇 본문은 한 개 이상의 중심 사상이나 초점을 제시하고 있다. H. 그레디 데이비스(H. Grady Davis)의 『설교 디자인』(*Design for Preaching*, Fortress Press, 1958)과 프레드 B. 크래독(Fred B. Craddock)의 『권위 없는 자처럼』(*As One Without Authority*, Abingdon Press, 1971) 이전까지의 설교자들은 본문을 명제적 진술로 요약하고 그것을 해석할 수 있다고 생각했다. 이러한 설교는 성경본문을 납작하게 압축해서 하나의 개념으로 축소시켰다. 그들은 그 하나의 개념이 본문의 모든 것을 말해준다고 생각했다. 그러나 오늘의 설교자들은 하나로 축약된 개념은 더 이상 본문에 대한 간결한 표현이 아닌, 본문이 지닌 다양한 의미의 가능성들 가운데 유의미한 하나의 사상에 지나지 않을 뿐만 아니라, 그 하나의 개념 자체가 그것이 뜻하고자 하는 바에 대한 온전한 진술이 되지 않음도 알게 되었다.

지리, 정황, 그리고 역사적 상상력

앞서 제시된 성경본문에 대한 주석 과정은 전형적인 예시에 불과하다. 그 과정을 보다 심도 있게 실행할 수 있는 한 가지 방법은 역으로 제기되지 않은 물음이 무엇인지를 따져보는 것이다. 교회가 설교에 대해 갖는 관심과 기대는 두 가지 부분인데, 역사비평은 이 부분을 개관하지 않는다. 첫째는 성경의 지리이고, 둘째는 하나님이다. 이들을 하나씩 살펴보면, 우선 역사비평은 성경의 지리나 기록된 상황 등을 비평 과정에서 배제하지 않는다. 특정 장소가 언급된 성경본문에 대해 책임 있는 주석가는 그 장소가 어떤 의미를 지녔는가를 판단하려 하지만 모든 성경본문이 특정 장소나 지리적 위치를 언급하지는 않는다. 그럼에도 역사에 대한 분석을 조합하기 위해 역사적 상상력이 요구되는데, 이는 설교에서 보다 효과적인 전달을 위해서 필요한 과제이다. 설교에서 성경본문이 성도들에게 되살아나야만 하는데, 이를 위한 한 가지 방법은 성경본문의 내용을 어떤 실제 상황에 있는 특정 사람들에게 벌어진 실제적이면서 구체적인 주제로 소개하는 것이다. 어떤 복음서 구절이 발생한 상황은 그 복음서의 다른 구절이 발생한 상황과 일치하지 않을 수 있다. 그렇다면 설교자는 앞 장으로 돌아가 그 구절의 발생 상황을 찾아야 한다. 서신서 본문인 경우, 그 상황은 본문이 쓰인 장소나 위치일 수 있고, 편지의 수신처일 수도 있으며, 아니면 편지가 큰 소리로 읽힌 초기 기독교 공동체의 예배의 자리일 수도 있다. 만일 설교자가 확신이 서지 않는 경우, 성경학자들이 제시하는 추측 가운데 가장 신뢰할 수 있는 것을 따를 수 있다.

성경의 지리와 정황은 모든 설교에서 중심 요소이다. 왜냐하면 지리는 어떤 사건이나 일을 실제화하고 현장화하는 데 유용한 데다가, 성도의 머리에 성경의 상황이 그려지지 않는다면 본문의 상황을 설명하는 그 어떤 설명도 전달되거나 이해되지 않기 때문이다. 본문의 장소들은 설교 시 이야기의 장면이나 내용의 국면이 전환되어야 할 때 성도의 이해를 위해 필요한 첫 번째 정보이다. 따라서 성경지도나 사진자료들은 성경본문의 특정한 장소나 위치를 생생하게 그려주고 상상하는 데 큰 도움이 된다.

그러나 설교자에게 보다 큰 과제는 본문에 대한 역사적 상상력을 발휘하는 일이다. 설교의 참된 미디어는 성경의 페이지가 아니라 설교자의 말소리다. 그렇기에 설교의 모든 내용은 말로 발설되는 그때에 비로소 전달된다. 설교자는 성경본문의 역사적 기술과 상황에 대해 예리하게 접근함에도 그 내용은 지루하고, 주석의 값진 노고에 비해 전달은 기대 이하일 때가 많다. 일반적으로 청중은 시각화할 수 있는 것을 가장 잘 기억하지만, 설교자들이 훈련받은 많은 내용은 안타깝게도 책을 읽고 쓰는 것과 관계된 것이지, 구술 전달을 위한 배움이 아니었다. 그러므로 눈으로 읽고 이해하는 것이 아닌 귀로 듣고 이해하는 설교가 되기 위해 시도할 수 있는 것은 설교 작성을 에세이 작성이 아닌 영화 같은 구성으로 이해하는 것이다.[19] 그러나 서신서의 본문은 영화의 구성 방식으로 작성하기 어려운 본문이다. 다음의 예는 로마서 8장 15-25절 본문에 대한 필자 자신의 예시 작업이다. 이를 통해 설교자는 서신서 본문의 지리적 정보를 비롯한 다른 주석적 정보를 가지고 역사적 상상력을 살려 본문을 생생하게 되살리는 한 예를 볼 수 있다.

바울이 로마에 있는 교회에게 보내는 본서의 구절은 신약성경을 통틀어 가장 소란스런 본문 가운데 하나이다. 그리스도인들은 고통 가운데서 부르짖는다. "아바, 아버지!" 바울은 "피조물이 다 이제까지 함께 탄식하며 함께 고통을 겪고 있다"고 말한다. 이어서 그는 "우리까지도 속으로 탄식하여 양자될 것, 곧 우리 몸의 속량을 기다리느니라"고 한다. 그리고 성령님조차도 교회를 위하여 성부 하나님께 "말할 수 없는 탄식으로 친히 간구한다"고 증언한다. 헬라어의 *stenazo*(스테나조)는 '신음'(groan) 혹은 '탄식'(sigh)을 뜻한다. 그러므로 이는 곧 "성령이 말할 수 없는 신음으로 우리를 위하여 간구하시느니라"고도 읽을 수 있다. 성령님이 친히 교회를 위해 탄식하시고, 하나님의 목적이 성취되기를 열망하신다. 바울은 왜 '신음'이라는 말을 강조할까? 주후 56년 겨울, 그리스 고린도의 한 처소에서 로마에 있는 교회에게 편지를 쓰고 있는 바울의 심정이 신음하고 있다. 아마도 그의 나무 지붕이 비가 얼은 얼음의 무게에 못 이겨 신음하고 있었는지 모른다. 그는 옆집 오두막에서 출산하는 한 여인의 신음을 듣고 있었는지도 모른다. 그는 "피조물이 다 이제까지 함께 신음하며 함께 고통을 겪고 있다"라고 쓰고 있다. 아마도 그는 지난 세월 동안 겪은 고통과 신음이 떠올랐을 것이다. 그가 다른 서신서에서 밝히고 있듯이, 사십에서 한 대 감한 매를 다섯 번 맞고, 세 번 태장으로 맞고, 한 번 돌로 맞고, 자주 죽음의 지경에 버려졌고, 여러 번 자지 못하고 주리며 목마르고 헐벗었다(고후 11:23-29). 아마도 그는 비서인 터르티우스(Tertius)가 바람이 새어 들어오는 방에서 깜박이는 촛불 옆에 앉아 자신의 말을 받아쓰고 있을 때 큰 소리로 탄식했을 것이다. 우리가 잘 알고 있는 대로, 바울은 고린도 교회가 분열되는 아픔을 겪어야만 했다. 그는 얼마 전에 교회의 분열을 야기하는 문제들을 해결하고 오지 않았던가?(고후 1:23) 아프리카로부터 불어오는 바람 덕에 안전한 항해를 보장받는 지중해의 봄, 바울은 고린도 교회의 분열을 막기 위해 배를 타고 동쪽의 예루살렘으로 향해야만 했다. 이를 위해 그는 헬라파 교회들로부터 연보를 받아 예루살렘 교회의 가난한 성도들을 도우려 했다. 그런데 예루살렘 교회에 있는 몇 사람들이 바울이 세운 에베소와 고린도, 갈라디아에 있는 교회들이 그리스도 신앙에서 떠났다고 소문을 퍼뜨렸다. 이런 상황의 중심에서 바울은 그리스도의 교회가 분열될 수 있다는 사실에 탄식했다. 이제 바울은 예루살렘을 떠나 로마의 일곱 지역을 돌면서 그곳 교회의 분열에 대처할 참이다. 주후 49년, 클라우디우스 황제가 유대교 그리스도인들을 추방했다. 그리고 클라우디우스가 죽자, 추방되었던 자들이 6년 만에 자신들의 옛 교회로 돌아왔다. 그런데 그때부터 시작된 교회의 옛 신자들과 새 신자들 간의 갈등의 골이 지금까지 이르게 되었다. 이런 상황을 겪어 나온 바울이 설교해야 했던 모든 것은 그리스도의 몸 된 교회의 일치와 연합이었다.

역사적 상상력을 살리는 데 있어 중요한 힌트는 성경본문에 등장하는 장소와 사람, 사물들을 정밀 묘사법으로 그려주되 모든 장면을 다루려 하지 말고, 핵심적이고 중요한 사건과 장면을 중심으로 그것들이 들리고 보일 수 있을 정도로 충분히 그려주어야 한다. 여기서 주의해야 할 것은, 등장인물들의 행동이나 말이 그들의 내면 상태를 표현하지 않는다면, 가능한 인물들의 생각이나 꿈, 감정의 움직임에 들어가지 않도록 해야 한다. 왜냐하면 청중은 성경 인물들의 내면의 상태나 변화에 대한 추측성 묘사에 그리 관심을 갖지 않기 때문이다.

신학적 물음

역사비평의 방법이 관심 갖지 않는 두 번째 주제는 하나님이다. 역사비평은 본문이 하나님을 특정하게 언급하지 않는다면 하나님에 관해 논의하지 않는다. 그런 경우, 대부분의 주석은 본문의 등장인물이 가진 하나님에 관한 생각을 다루는 데 한정한다. 역사비평은 본래 신앙적 의미(faith-claims)에 관심을 두지 않는다. 가령, 신학에서는 다루어질 법한 본문이 드러내는 하나님이 어떤 분이며, 교회와 그리스도인이 하나님 앞에서 어떤 삶을 살아야 하는지 등과 같은 차원이다. 이러한 내용이 바로 설교가 다루는 본질적인 주제이다. 이러한 물음들은 설교자의 본문 묵상과 연구 과정에서 진지하게 다루어져야 한다. 왜냐하면 성경인 본문의 말씀이 그러한 물음을 제기함과 동시에 그에 대한 대답을 하고 있기 때문이다. 성경학에는 많은 설교자들이 그런 것처럼 그러한 신앙적 물음들을 인지하는 학자들이 있다. 반면, 다른 많은 학자들은 그러한 주제는 이미 성경이 담고 있는 내용이고, 그렇기에 주석가가 엄밀하고 자연스럽게 다루게 되는 내용이 주석적 문제라고 생각하곤 한다. 물론, 성경의 많은 본문들은 다양한 주석적 물음을 제기하고 있다. 그러나 만일 그렇지 않을 경우, 주석 과정을 통해 얻어진 해석의 결과 값은 설교자가 기대한 것이 아닐 수 있다. 설교자가 본문을 대하는 해석적 관점은 설교자가 본문에서 만나게 되는 의미의 세계를 좌우한다. 가령, 설교자의 역사 중심적 해석관은 결국 본문에서 역사를 보게 한다. 따라서 설교자에게는 신학적이고 설교학적 해석 관점이 필요한데, 그를 통해 본문의 신앙적 차원과 만나고 그와 관련한 삶을 말할 수 있게 된다.

성경해석은 유동적 움직임이기에 주석 작업이 끝난다고 완결되는 일이 아니다. 아직 설교가 남아있으며, 설교에서 비로소 설교본문에 대한 주석이 마무리된다. 성경해석은 역사비평과 문학비평에서 멈추지 않는다. 그것은 주일 강단을 향하여 나아간다. 강단은 여전히 본문에 대한 새로운 통찰이 피어나는 자리이며, 본문과 삶의 의미는 설교자의 입술과 억양을 타고 드러나기 시작한다. 아무리 훌륭하고 깊이 있으며 창의적인 해석이라도 그것이 종이 원고에 머물러 있으면서 생생한 언어로 설교되지 않는 한 그것은 효과적인 해석이 되지 못하며, 오늘의 교회와 성도들의 삶에 살아있는 의미로 듣게 하지 못한다. 설교학의 시작과 끝, 그리고 그 중심에는 언제나 성경해석이 자리하고 있다.

"본문을 어떻게 설교해야 하는가?"라는 물음과 역사비평의 과제는 구별된다. 그러나 흔히 생각하는 것처럼 서로 무관하지만은 않다. 왜냐하면 설교자는 언제나 성경본문을 오늘의 삶과의 유비적 관계로 읽기 때문이다. 그 유비적 관계 설정으로 설교자는 성경본문에서 오늘의 삶을 위한 의미를 발견하게 된다. 달리 말해, 설교자는 언제나 본문에 대한 역사적이며 문학적인 정보를 분석하면서 그것들이 주는 신학적 의미를 염두에 두게 된다. 프리드리히 슐라이어마허(Friedrich Schleiermacher)는 해석 과정을 해석학적 '순환'(circle) 혹은 '나선운동'(spiral)으로 표현했는데, 해석자는 성경의 '그때'(then)와 해석자의 '지금'(now) 사이를 반복해서 오가면서 본문과 삶에 대한 적합한 이해에 도달한다고 보았다. 슐라이어마허의 묘사는 성경해석이 지닌 복합적이고 다양한 과정을 단순하게 규정하는 면도 있다. 따라서 설교자는 해석학적 '순환' 이미지와 더불어 해석학적 '점화'(spark) 이미지, 곧 성경의 '어제'와 해석자의 '오늘'의 양극이 가까워지다가 초점점에서 양쪽의 간극을 극복하는 의미의 불꽃이 반복적이고 무작위로 발생하는 과정으로서 성경해석의 과정을 이해할 필요가 있다. 따라서 설교자는 역사비평의 마지막 단계에서 효과적으로 설교할 메시지를 발견하는 것이 아니다. 설교자는 본문의 문자적 의미를 역사로 읽어내면서 하나의 유의미한 이해에 도달하는 것뿐이다. 설교자에게는 아직 신학적이며 설교학적인 차원의 해석이 남아있다.

본 장은 본문의 문자적 의미가 설교와 어떤 관계를 맺고 있으며, 그 관계가 지닌 난제에 대한 몇 가지 주제들을 살펴보았다. 또한 주석적 방법론과 문자적 의미가 어떻게 연결되는지도 대략적으로 소개했다. 이를 통해 설교자가 알 수 있는 것은 주석 방법론의 취약성을 인지할 때, 도리어 그것이 주는 혜택을 누릴 수 있다는 것이다. 이제 다음 장에서는 오늘의 주석 방법이 신학적 관점에서 놓치고 있는 것이 무엇인지를 보다 명확하게 밝히고자 한다. 이를 위해 어떻게 종교개혁기 이후까지 본문의 문자적 의미에 대한 신학적 해석이 지배적일 수 있었는지의 이유와 그것이 계몽주의 등장과 더불어 관심 받지 못하게 된 상황, 그리고 그 이후 문학적 비평과 같은 다양한 성경비평 방법이 발흥하게 된 상황을 추적해 보고자 한다. 따라서 1권의 마지막 두 장은 (1) 본문의 문자적(문맥적) 읽기를 통한 '하나님' 발견하기와 (2) 오늘 다시금 설교되어야 할 '하나님의 행동'을 읽기(God sense) 위해 요구되는 신학적 주석(theological exegesis)에 관한 내용이다.

3장
문자적 읽기의 간추린 역사

    설교자가 성경의 문자적 의미를 숙지할 때와 그렇지 않을 때, 설교에 나타나는 차이는 무엇인가? 오늘날 설교의 거의 모든 면이 위기에 직면해 있다는 점에서 '문자적 의미'라는 용어보다는 그것이 뜻하는 사안 자체가 더 중요하다. 만일 성경이 일의성이 아닌 다의성 안에서 타당한 해석의 범위를 지니면서도 평범한 의미(plain meanings)를 말하지 않는다면, 성경은 교회의 신앙과 실천을 위한 규범서로 기능하지 못한다. 더군다나 성경이 설교자가 원하는 방향대로 읽히고 해석될 수 있다면, 그것은 더 이상 성경 혹은 계시나 하나님의 말씀으로 간주될 수 없다. 그럴 경우 교회의 선포 또한 그 권위를 상실하게 된다. 초기 기독교회와 중세의 설교자들은 이것을 알고 있었기에 그들은 성경의 '평범한 의미'(*sensus literalis*)를 "성경의 중심 의미로 읽었고, 그것을 기독교 신학을 형성하는 신학적 규범으로 사용했다."[1] 개혁자들은 실제적으로 이러한 목적을 달성했고, '문자적 의미'라는 말도 교리와 신앙 실천의 성장을 목적으로 하는 성경이 지닌 유일한 의미로 불렸다. 그런데 개혁자들의 시기는 문자적 의미가 보편적으로 성경의 신학적 의미로, 즉 하나님과 신앙과 관계된 의미로 받아들여진 마지막 시기들 가운데 하나였다.

오늘의 설교자들은 종교개혁 이전 시기에는 성경에 대한 비평적 읽기가 없었다고 생각하곤 한다. 그렇기에 그들은 고대 선조들이 난해한 성경본문들을 읽어냈던 지혜에 충분히 귀를 기울이지 않는다. 그러나 그들의 지혜는 오늘의 설교자들에게도 유용하다. 고대 설교자들은 성경의 문자적 의미를 '이중적 의미'(double-literal sense)로 이해했다. 일차적 의미는 낮은 의미(lower)로 역사적인 것과 관련하는 의미이다. 반면, 보다 높은 의미(higher)인 이차적 의미는 하나님과 신학에 관련하는 의미이다. 개혁자들은 나중에 문자의 이중적 의미를 받아들였다. 왜냐하면 그것이 그들이 이해했던 성경, 곧 인간의 기록이면서 동시에 하나님의 계시의 도구인 성경에 대한 이해를 보완한다고 보았기 때문이다.

이밖에도 개혁자들은 문자적 의미와 관련한 문제들을 해소하는 데 공헌했다. 하지만 계몽주의 시대가 시작되면서 그 문제들은 다시 부각되었다. 개혁자들이 본문의 우화적 표현(allegory)을 인정하면서 문자적 맥락에서 영적이고 신앙적인 의미를 읽어내자마자, 근대의 역사주의가 등장해서 "내가(역사-역자주) 성경이 말하려는 그 의미다", 곧 "이것이 본문의 문자적 의미다"라고 주장하기 시작했다. 이러한 상황은 좀 복잡한데, 후기 역사비평가들은 그것이 루터와 칼뱅이 성경의 문자적 의미를 우선시했을 때 그들이 의도한 바였다고 생각했기 때문이다. 그렇기에 교회는 앞선 1500년 동안 고민했던 것과 동일한 물음에 다시 봉착했다. 그들은 다음과 같은 물음을 또다시 제기했다. "성경의 문자들이 어떻게 역사적 사실성과 신적인 계시를 함께 담을 수 있는가? 문자적 의미가 어떻게 성경의 의미가 되어 규범적 말씀으로 읽힐 수 있는가? 설교자들은 본문의 문자적 주장을 가지고 '이것이 하나님의 말씀이다'라고 어떻게 선포할 수 있는가?"

계몽주의 시대에 개혁자들의 해석학적 지혜는 살아남지 못했다. 결국, 어디서 누구로부터 시작되었는지 모르지만 근대 비평학은 점차 본문이 말하는 역사 속의 하나님의 행동(God's action)에 관심을 갖지 않게 되었다. 역사비평 학자들은 '계시'(revelation)나 영감된 하나님의 말씀인 '거룩한 책'(the Bible)이라는 용어에 불편함을 갖기 시작했다. 이런 상황 속에서 설교자들은 그런 학자들과 성경을 교회를 위한 말씀으로 충실히 읽는 학자들을 구분할 수 있을 만큼 훈련되지 못했다. 따라서 그들은 무엇이 신학적 주석서이고, 어떤 것이 역사비평적 주석서인지 구별하지 못했다. 오늘날, 성서정과의 사용을 통해 많은 교단의 교회들에서 성경이 설교 강단을 위한 말씀으로 재발견되고 있지만, 그럼에도 많은 설교자들이 여전히 신학적 관점을 희생시키면서까지 역사비평이나 현대 문학비평의 갈래인 새로운 비평적 관점으로 성경을 읽고 있는 상황이다.

오늘날 설교자들은 역사비평과 문학비평이 제공하는 유익을 수용하면서도 그동안 잃어버렸던 문자적 읽기의 전통이 무엇인지를 인식해야 한다. 그러기 위해 설교자들은 종교개혁 이전과 이후의 '문자적'(literal) 읽기 전통에 깊은 관심을 가져야 한다. 역사 속의 설교자들은 오늘의 설교자들이 나아가야 하는 방향을 안내한다.

종교개혁 이전의 문자적 읽기

루터와 칼뱅이 등장하기 이전까지 오리겐(Origen)과 어거스틴 (Augustine)이 상반된 방식을 대표하고 있었지만, 성경에 대한 문자적 혹은 문맥적 읽기는 교회와 설교자 사이에서 상당히 지속된 성경읽기 방식이었다. 오리겐(A.D. 185-254)은 본문의 문자적 의미를 강조했는데, 그것이 신앙과 직결된 분명하고 이해되기 쉬운 의미라고 믿었다. 사실, 오리겐은 문자적 의미보다는 영적인 의미(the spiritual)를 선호했고, 그것을 보다 심연한 의미로 간주했다. 그는 이에 대한 대표적 근거로 "오직 은밀한 가운데 있는 하나님의 지혜를 말하는 것으로서 곧 감추어졌던 것인데 하나님이 우리의 영광을 위하여 만세 전에 미리 정하신 것이라"(고전 2:7)[2]는 구절을 제시한다. 그는 가능한 경우 성경의 사건들이 지닌 역사성을 인정했는데, 본문의 문자적 의미가 그렇게 지시하고 있을 경우가 그러했다. 그러나 오리겐은 성경에는 역사적 사실로 받아들이기에 의문시 되는 본문들이 많다고 보았다.[3] 이와 관련해서 그는 여러 예시 구절들을 소개했는데, 창세기 1장의 첫째, 둘째, 셋째 날에 태양과 달, 별, 그리고 하늘이 없었다는 것과 생후 8일된 날 할례 받지 못한 아이들을 백성의 회중에서 쫓아낸 일(창 17:14), 그리고 안식일에 집 밖으로 나갈 수 없는 규정(출 16:29) 등이다. 또한 오리겐은 눈한 쪽을 빼내라는 예수님의 명령을 문자적으로 해석할 수 없다고 보았는데, 왜냐하면 죄를 범한 것은 한 쪽이 아닌 두 눈 모두(마 5:28-29)이기 때문에 그러했다.[4] 마태복음 10장 10절과 관련해서는 "겨울철의 얼어붙는 서리로 추위가 기승을 부리는 지역에서 어떻게 한 사람이 두 벌의 외투나 신발을 가져서는 안 된다는 계명을 지킬 수 있는가?"라고 의문을 제기한다.[5] 따라서 오리겐은 이러한 본문은 문자가 아닌 영적인 의미를 뜻한다고 보았다.

어거스틴(354-430)은 그와 반대로 이레니우스(Irenaeus)의 방식을 따르면서 문자적 의미에 대한 분명한 선호도를 가졌다. 그는 성경의 모든 본문은 문자적 읽기로 이해될 수 있다고 주장했다. 이 점을 강조하기 위해서 어거스틴은 문자적 읽기를 확장시켰는데, 관련 학자들은 이것을 문자의 이중적 읽기로 소개한다.[6] 『그리스도교 교양』(On Christian Doctrine)에서 어거스틴은 성경본문이 뜻하는 바는 그것이 삶을 교훈할 경우 문자에 있다고 말한다.[7] 본문들 가운데 '믿음과 삶의 실천, 그리고 … 소망과 자선'(2:IX)을 언급하는 본문은 문자적으로 이해되어야 한다. 의미적으로 모호함이 없는 문자적 본문만이 교리와 신앙을 위한 가르침의 바탕이 될 수 있다. 불명료한 구절은 보다 분명한 다른 구절을 통해 설명되어야 한다(2:IX). 이레니우스의 '믿음의 법'(rule of faith)은 성경해석을 위한 하나의 원칙을 제공했는데, 즉 성경본문은 교회가 '성경이 이렇게 의미한다'고 말하는 것을 뜻한다. 상징적인 본문(figurative texts)은 '사랑의 법'(rule of love)에 따라 해석되어야 한다. 그것은 곧 '자애와 사랑의 실천의 삶을 독려하는 방식의 해석'이 되도록 읽혀야 한다(3:XV). 성경에는 상투적인 의미만을 말하는 구절은 없다. 본문이 문자적 의미에 있어서 불분명하고 교훈적이지 않을 경우, 어거스틴은 그것을 비유적 표현(figure of speech)으로 보았고, 그런 경우 비유되는 의미는 본문의 문자적 의미의 한 차원으로 간주했다.

구약은 초기에 특정한 문제를 제기했다. 왜냐하면 초기 교회는 '역사'에 대한 인식이 없었고, 있었다 해도 자신들보다 앞선 시대에 대한 이해가 매우 제한적이었기 때문이다. 초기 교회는 구약성경이 대부분 자신들과는 상관없는 시대와 문화이거나 사라진 시대에 속한 책이라고 이해했다. 따라서 본문의 문자적 의미는 자신들의 삶에 직접적으로 적용되지 않는다고 보았다. 세인트 빅터의 갓프레이(Godfrey of St. Victor)는 이것을 해석이라는 강의 먼 쪽 해변이라고 비유하면서, "구약을 구약으로 형성한 요소는 '제의'가 아닌 '역사'이다. 이런 점에서 구약은 더 먼 쪽 해변으로 향하여 있다"[8]라고 말했다. 갓프레이나 다른 이들에게 해석상의 가까운 해변은 하나님이 지금 말씀하시는 바이다. 그러나 이와는 정반대로 역사비평은 현재가 아닌 성경본문의 과거 역사를 우선시한다.

초기 설교자들은 하나님의 계시가 책의 문자 속에 숨겨져 있다고 생각했다. 그렇기에 그들은 본문을 떠난 역사적 상황에서 어떤 것도 발견할 수 없었다. 왜냐하면 그들에게는 근대의 역사비평적 방법이 없었기 때문이다. 중요한 모든 것은 하나님이 받아 적게 하신 것 속에 담겨 있고, 이것이 곧 하나님께서 그의 백성이 받아들이기를 원하시는 메시지이다. 따라서 마르시온파(Marcion)가 그런 것처럼 구약을 포기하는 것은 계시의 이야기를 지우는 것이고, 구약의 하나님과 신약의 하나님을 분리하는 것이다. 그럼에도 역사의 문제는 문자적 의미를 성경의 규범적 의미로 받아들이려고 할 때 되살아나는 문제이다. 그렇다면 이것이 대체 무슨 말인가?

어거스틴은 성경의 문자적 의미를 지키기 위해 싸워야 했다. 당시 많은 설교자들은 노아의 방주를 문자적으로 해석할 수 없다고 보았는데, 이유는 노아가 그 모든 종류의 동물들을 모을 수 없었다고 보았기 때문이다. 어거스틴은 이에 대해 노아가 그것들을 모으지 않은 것은 맞다. 대신 하나님께서 그들을 방주로 부르셨다고 대답했다. "새가 … 가축이 … 땅에 기는 모든 것이 … 네게로 나아오리니"(창 6:20). "그들은 수컷과 암컷이 되어야 하리니"라는 구절과 관련해서 파리는 썩은 곳에서 자연적으로 생기고, 벌은 암수 구분이 없으며, 노새는 교배로 태어나 새끼를 밸 수 없기에 방주에 없었다고 주장할 수도 있다. 그러나 어거스틴은 그것이 하나님의 신비의 성취를 위해 필요했다면 그들 모두는 방주에 들어갔고, 암수의 구분이 없는 짐승들은 수컷과 암컷으로 나뉘었을 것으로 보았다.[9]

어거스틴은 그의 『복음서들의 조화』(The Harmony of the Gospels)에서 성경의 '문자성'에 대한 신뢰성을 변호한다. 그의 기본 입장은 성경의 저자는 똑같은 언어표현의 중복은 피하지만 전달하고자 하는 속뜻은 반복해서 드러낸다는 것이다.[10] 예수님이 받은 유혹이 성전에 오르기 전이었는지 후였는지에 대한 논쟁에 대해, 어거스틴은 "전과 후는 그리 중요하지 않다. 분명한 것은 그 두 가지 사건이 모두 발생한 것이다"라고 강조한다.[11] 또한 누가가 세례 요한의 투옥을 예수님의 탄생 시점에 맞추고 있는 것에 대해 그는 이렇게 말한다. "우리는 여기서 누가가 기대감 속에서 그렇게 기록했다는 것을 알아야 한다. 누가로서는 실제로 훨씬 뒤에 일어난 요한의 투옥 장면을 기술할 가장 적절한 자리를 찾은 것이다."[12] 오병이어에 관한 복음서 간의 상이한 묘사에 있어서도, "진실은 이것이다. 한 사람은 단순히 사건의 한 부분만을 보고하고 있고, 다른 이는 사건의 전체를 보도하고 있다"[13]라고 피력한다.

그러나 어거스틴의 실제 설교는 대체로 알레고리에 의존했다. 그 이유는 그는 단순한 역사의 사실을 보도하기보다는 하나님이 성경을 통해 의도한 영적 교훈을 추구하고자 했기 때문이다. '열 처녀 비유'(마 25:1-13) 설교에서 그는 지혜로운 다섯 처녀는 등잔에 사랑이라는 기름을 준비한 반면, 어리석은 다섯 처녀는 교만과 아첨의 기름을 준비했다[14]고 풀이하였다. 또한 열 처녀는 신랑을 맞이하는 사람들의 소리를 듣고 … 죽음에서 부활하듯 깨어나서 등불을 정리했는데, 이는 곧 자신들이 행한 선한 일에 대해 하나님께 아뢸 준비를 시작한 것으로 설명했다.[15]

어거스틴과 그를 뒤따른 설교자들은 성경본문의 수수께끼 같은 역사적 사건을 읽으면서도 그 이면에 숨은 알레고리나 신학적 의미를 읽어 내고자 했다. 여기서 주목할 것은, 그들은 본문의 문자성을 중요하게 인식했을 뿐만 아니라 문자적 해석을 우선했다는 것이다. 이것은 곧 (a) 영적이거나 보다 온전한 의미 해석에 앞서 본문의 문자적 의미가 우선적으로 이해되어야 한다는 말이고, 또한 (b) 성령님께서 문자적 읽기를 통해 설교자가 본문에서 만나야 하는 보다 온전한 의미를 비추신다는 의미이다. 그렇기에 어거스틴에게 노아의 역사는 문자적 의미로만 읽을 수 없었다. 그는 다음과 같이 질문한다. "바른 생각을 가진 사람이 성경의 책들이 지난 천 년 동안 차질 없이 내려오면서 신앙적으로 보존되고 읽혀 왔다고 주장하는 이유는 무엇인가? 그렇지 않으면 성경의 가치는 단지 객관적인 역사적 사실의 기록에 있는가?"[16]

　라이라의 니콜라스(Nicholas of Lyra)는 후에 어거스틴의 문자적 읽기를 본문의 '이중적 읽기'(double-literal sense)로 이름했다. 성경의 문자적 읽기가 규범적인 해석이 되었던 것은 그것이 본문의 역사-문법적 의미를 넘어서 신학적 의미를 찾아 읽는 데까지 확장되었기 때문이다. 본문의 이중적 읽기를 가장 광범위하게 연구한 사람은 제임스 사무엘 프리우스(James Samuel Preus)다. 그는 이중적 읽기의 두 번째인 신학적 읽기를 본문의 규범적 읽기로 간주했는데, 그것이 올바른 신앙과 실천으로 이끌어 준다고 보았다.[17] 다시 말해, 교회가 난해하거나 비유적인 본문을 다룰 때, 신학적 읽기는 본문에 대한 일반적 읽기로 받아들여졌다.

　어거스틴에게서 본문에 대한 이중적 읽기가 등장한 것은 이상한 일이 아니었다. 왜냐하면 이중적 읽기는 주로 구약성경과 관련되어 발생하는데, 히브리인의 성경이 내적으로 독립적인 통일성을 지닌 말씀인지, 아니면 단지 보다 분명한 신약성경의 진리에 대한 전조의 책인지를 판단해야 할 때 요청되는 읽기이다. 초기 설교자들은 구약성경을 신약성경에 대한 예언의 말씀으로, 신약성경을 구약의 예언된 약속이 성취된 말씀으로 읽었다. 그들에게 신약성경은 구약성경을 보다 분명하게 설명해 놓은 구약의 해설서로서, 신약성경은 마치 구약성경의 문자적 의미와 같았다.[18]

　중세 후기까지 성경의 문자적 의미는 젖은 모직 스웨터처럼 보여서 늘어지고 당겨져서 그 형체를 알아볼 수 없는 것과 같았다. 그럼에도 두 종류의 문자적 의미에 대한 이해는 살아남아 있었다. 세인트 빅터의 휴(Hugh of St. Victor, 1096-1141)와 그의 동료들은 본문의 역사적 기술이 보다 높은 의미를 뜻하고, 둘은 서로 모순되지 않는다고 보았다. 그는 학생들에게 성경의 역사적 연대와 지도들을 활용하고 창세기, 출애굽기, 여호수아, 사사기, 열왕기, 역대기, 복음서, 그리고 사도행전에 나오는 사람들과 사건들을 암기할 것을 가르치면서 다음과 같이 주지했다. "이러한 작은 것을 소홀히 해서는 안 된다. 작은 것을 무시하는 자들은 결국 패하게 된다. … 나는 곧바로 지루한 내용을 심각하게 이야기하기를 좋아하는 자들이 많다는 것을 안다. … 그러나 그러한 사람들을 본받아서는 안 된다."[19] 그는 본문의 문자적 의미를 성경 저자가 의도하려 했던 모든 의미를 포함하는 데까지 확장했다. "이런 이유로 두 가지 모두가 필요한데, 먼저는 우리 자신의 생각이 아닌, 거룩한 저자들의 의도를 우선시하는 방식으로 본문의 문자를 읽는 것과 문자의 진리에 관한 모든 선포의 내용이 담겨져 있음을 인정하는 방식으로 문자를 읽는 것이다."[20]

오늘의 설교자들은 성경본문의 이중적 읽기(double-literal sense)가 중세기에도 살아남았음을 주지할 필요가 있다. 성경학자들 사이에서 중세 후기의 역사 주석의 권위자로 인정받는 토마스 아퀴나스(ca. 1225-1274)[21]도 결국 당대의 산물이었다. 그에 따르면, 성경의 문자적 글들은 어떤 것, 곧 역사적 내용을 의미했다. 그럼에도 그는 "성경이 특별한 것은 그 문자(역사)가 의미하는 바가 또 다른 것 … 곧 영적인 세계를 의미한다는 것이다"라고 기술했다.[22] 아퀴나스는 이처럼 문자적 읽기에 머물지 않고 그 이면에 있는 영적 의미, 곧 성경 저자인 하나님이 구원과 관련하여 말하려고 했던 의미를 읽는 데까지 나갔다. "성경의 문자적 의미는 저자가 의도한 의미이다. 그런데 성경의 저자는 자신의 지혜로 만물을 곧바로 통달하시는 하나님이시다."[23]

이 밖의 다른 이들도 성경이 지닌 문자의 이중적 의미를 옹호했는데, 라이라의 니콜라스(ca. 1270-1349)는 이중적 의미가 "첫 번째와 같은 문자적인 의미"(just as literal as the first)라고 주장했다.[24] 그는 다윗을 향한 선자자의 예언들은 사실 그리스도를 의미한다고 보았다. "나는 그에게 아버지가 되고 그는 내게 아들이 되리니 그가 만일 죄를 범하면 내가 사람의 매와 인생의 채찍으로 징계하려니와"(삼하 7:14). 니콜라스는 구약성경이 의도하고 있는 실제 의미는 그리스도로서, 이것이 이전 세대들에게는 감추어져 있었으나 오직 교회를 통해서 그 문자들의 참된 의미가 드러날 수 있었다고 보았다. 한 주석가는 "중세 후기의 주석조차도 성경의 문자가 본문이 목적한 참된 의미를 밝혀주며, 그것은 곧 하나님에 관한 지식이다"라고 언급했다.[25]

종교개혁과 문자적 읽기

개혁자들은 문자적 의미를 성경이 지닌 유일한 의미로 읽었다. 그리고 그들 역시 문자의 이중성을 받아들였다. 그들에게 문자적 읽기는 중세 로마 교회의 교권적 성경해석에 반하는 읽기였는데, 중세 미사의 성경읽기는 역사적 근거 없이 교권을 옹호하는 방식의 읽기였다. 마틴 루터(1483-1546)는 초기에는 그가 훈련받은 해석 전통에 심각한 문제의식을 갖지 못했다. 자신의 동료들처럼 그도 처음에는 성경의 내용과 사건들은 과거의 성경시대보다는 현재를 위한 하나님의 뜻에 보다 가깝다고 생각했다. 그러나 루터는 구약의 사람들이 자신이 사는 당시의 사람들과 다르지 않게 신앙의 삶을 통해 구원받기에 합당한 소망을 추구하고 있었다는 것을 깨닫게 되면서 인생의 전기를 맞이하게 되었다. 그 후, 그는 주저 없이 알레고리에서 떠나기 시작했다. 계시의 말씀은 본문에만 기록된 것이 아니고 본문 배후의 역사적 정황 속에도 담겨져 있다. 루터에게 본문의 문법적이면서 역사적인 해석은 문자의 일차적 읽기로서 중요한 읽기였다. "해석자가 아론이 그리스도의 예표인지 모른다 해도 그것은 문제될 것이 없고, 그렇게 증명될 필요도 없다. 우리는 본문이 평범하게 (문자적으로) 말하는 대로 단순히 아론을 아론으로 읽으면 된다. 대신, 성령님께서 친히 새로운 해석을 조명해 주는 곳에서는, 사도 바울이 히브리서에서 아론을 그리스도로 해석한 것처럼, 아론은 보다 심연한 의미를 뜻하게 된다."[26] 여기서 우리는 루터의 성경의 이중적 의미를 보게 되는데, 루터의 이중적 읽기는 성경이 의미하는 오직 하나의 의미 발견을 목적으로 한다고 보았다. "비록 성경이 언급하는 내용이 보다 심연한 의미를 품고 있다 해도 그것은 성경이 두 가지(문자적-영적) 의미를 의도한다고 이해해서는 안 된다. 성경의 문자가 의도하는 뜻은 오직 하나이다."[27] 또한 그는 "성령님은 하늘과 땅을 통틀어 가장 평이한 언어로 기록하시고 말씀하시는 저자이다. 그렇기에 그분의 말씀은 하나 이상일 수 없다. 그것은 가장 단순한 의미로서 우리는 그것을 문자적(literal), 일상적(ordinary) 혹은 자연스런(natural) 의미라고 부른다"고 말했다.[28] 루터에게 문자의 이차적 의미는 '그리스도'(de Christo)와 관련된다. 왜냐하면 성경은 하나님이 기록하신 책으로 하나님에 관한 내용의 말씀이다. 그러므로 모든 성경은 기독론적 의미를 내포한다. 이런 점에서 루터는 그리스도를 구유에 누워 있는 아이로, 성경을 그리스도를 받들고 있는 구유로 비유했다.[29] 이에 관해 한 주석가는 "루터가 그리스도에 관해 언급할 때 그는 성경에서 구원과 용서의 뜻을 담고 있는 일반적이고 평범한 구절들을 사용했다"고 주석했다.[30] 루터는 하나님의 말씀을 구원의 메시지로 보았고, 그것은 성경을 통해 들려지며, 성경의 어떤 부분들은 그것을 보다 분명하고 쉽게 들려준다고 믿었다. 그에게 신약성경은 구약성경을 명백하고 평이하게 풀어주는 문자적 의미로서 신약을 구약의 성취된 말씀으로 해석했다.[31] 루터는 모든 사람이 성경을 쉽고 평범한 수준에서 읽을 수 있어야 하기에 성경은 그 보편적 의도인 '그리스도'를 문자를 통해 드러낸다고 보았다.

장 칼뱅(1509-1564)은 상이한 신학적 입장에서 성경을 해석했다. 그의 신학은 자비하신 하나님의 전적인 거룩하심과 주권에 뿌리를 내렸다. 루터처럼 칼뱅도 성경을 인간의 기록과 하나님의 영감이 불균형적으로 어우러져 있는 것으로 이해했다. 인간의 손으로 작성된 성경의 글들은 인간의 제한성 아래 있다. 그럼에도 하나님은 성경을 통해 말씀하신다.[32] 인간 설교자가 성령님에 감동된 성경의 글들을 읽고 해석할 때, 그들은 구원의 메시지를 영감된 말씀으로 받게 된다. 칼뱅은 당시 인문주의자들의 객관적인 이상을 존중했는데, 그럼에도 그는 성령님께서 내적으로 조명하시는 문자적 읽기를 참된 해석으로 보았다. "성령님께서 내적으로 가르치는 자들은 진실로 성경의 말씀에 의지하는 자들로서, 성경은 실로 스스로 하나님의 말씀임을 입증한다. 그러나 이것을 증명하려거나 추론하려는 것은 옳지 않다. 성령님께서 하나님의 말씀으로서의 성경의 확실성을 친히 우리에게 증거하신다."[33] 칼뱅은 성경의 명백한 의미를 찾으려 할 때 누가복음 24장의 엠마오 도상의 이야기를 인용한다. 그리스도께서 두 제자의 머리와 가슴을 열기 전까지 그들은 성경의 가르침을 깨닫지 못했다. 설교자는 하나님의 말씀을 듣기 위해 의지적인 마음과 생각을 가지고 성령님과 만나야 한다. 그러나 많은 주석가들은 이러한 견해를 맹목적인 신앙이라고 판단할 것이고, 그런 견해를 가진 자들에게 문자적 읽기는 위험하다고 우려할 것이다. 한 성경학자는 "칼뱅의 주석 가운데 근대적 시각으로 자기주입식 해석(eisegesis)처럼 보이는 많은 것들이 사실은 전통적 주석에서 빌려온 것이었다. 칼뱅은 과거의 전통을 선별적으로 사용한 사람이지, 없던 것을 새롭게 고안해 낸 사람은 아니었다"고 주장한다.[34] 칼뱅의 주석은 그의 신학을 반영하지만, "아마도 대부분의 경우는 그의 신학이 그의 주석을 이끌고 있다고 할 수 있다."[35]

종교개혁자들이 채택하고 발전시킨 주석적 원리의 대부분은 어거스틴에 의해 규정되고 명시된 원리였다. 그럼에도 그들의 방법론은 어거스틴의 것과 비교해 주목할 만큼 특징적이었다. 예를 들어, 시편 3편의 제목은 "다윗이 그의 아들 압살롬의 얼굴을 피해 도망하면서 부른 노래"로 되어 있다. 하지만 어거스틴은 이 시편을 5절에 근거해 탈역사적으로 해석했는데, 시편 3장 5절("내가 누워 자고 깨었으니 여호와께서 나를 붙드심이로다")은 그리스도를 암시하는 대목으로, 그리스도가 자신에 관해 노래하는 시라고 해설했다.[36] 여기서 어거스틴의 주요 관심사는 아버지에 대한 압살롬의 배신을 예수님에 대한 가룟 유다의 배반에 대한 예표나 비유로 읽는 데 있었다. 이처럼 그에게 본문의 문자적 맥락은 그리스도와 가룟 유다라는 신학적 의미를 창안해 주는 기능을 했다.

반면, 칼뱅의 시편 3편 주석은 문법적이고 역사적인 차원 (grammatical and historical level)의 읽기가 주도적이다. 그렇지 않다면 적어도 다윗의 연대기를 통해 칼뱅의 시대가 역사를 어떻게 이해했는지를 보여준다. 다윗은 그리스도인의 삶의 모델이다. 칼뱅은 다윗 당시의 법궤의 지리적 위치를 확정하면서 역사비평과 같은 어떤 것을 시도했다. 4절에 대한 주석의 말미에서 본문에 대한 역사적 의미가 확보된 이후, 칼뱅은 다음과 같이 본문을 그리스도인의 삶과 연결시킨다. "우리의 시대는, 곧 율법의 상징을 통해 이전에 예시된 바가 그리스도 안에서 성취된 이래 우리가 고의 또는 의도적으로 벗어나지 않는다면, [다윗이 법궤로 가던 길보다] 하나님께로 가는 훨씬 쉬운 길이 우리를 위해 열려 있다."[37] 칼뱅의 주석은 여기서 더 발전되지 않았다. 대신, 그는 다윗이 어떻게 하나님과 가까워지려 했는지와 오늘 그리스도인들이 그리스도를 통해 어떻게 하나님과 친밀해질 수 있는지를 비교하는 데 만족했다.

어거스틴과 칼뱅은 기독교 성경의 이중적 읽기 전통의 시작과 마지막 양 끝에 서 있다. 칼뱅 당시만 해도 구약성경은 단순히 그리스도에 관한 말씀으로 더 이상 이해되지 않았다. 따라서 근대의 성경비평학의 등장이 강하게 요청되고 있었다. 성경학자들은 단순히 마가복음 7장 10절의 "모세는 네 부모를 공경하라 … 하였거늘"[38]이라는 예수님의 문자적 언급에 근거해 모세가 모세오경을 기록한 인간 저자라고 주장했다. 구약과 신약성경이 하나의 신학적 통일성 안에 연결되어 있는 한, 신약성경은 구약의 해석과 관련해 비평적 판단을 내리는 기준이었다. 그러나 여전히 성경의 다양성과 독특한 역사적 배경을 학문적으로 탐구하기에는 부족했다.

성경의 4중 해석이 더 이상 성경읽기의 기본 방식이 아니게 되면서 다른 방법들이 그것을 대체하게 되었다. 필립 멜랑히톤(Philipp Melanchton, 1497-1560)은 그에 대한 한 가지 대안을 제시했는데, 로찌 꼬뮤네스(loci communes), 곧 공통의 '장소'(places), '자리'(locations) 혹은 '주제'(topics)가 그것이었다. 고대 수사학에서 빌려온 이 '로찌'(loci)는 멜랑히톤이 성경에서 창안한 어떤 사고의 범주를 뜻하는 개념으로서 교회가 전통적으로 성경을 읽으면서 추구하고, 논의하고, 재구성하고, 명료화해 왔던 개념이다. 한마디로, 성경본문이 말하는 핵심 교리(key doctrines)이다. 성경본문이 제시하는 하나의 통일된 사고의 범주는 성경해석을 위한 렌즈로 작용하여 설교자로 본문을 읽으면서 가장 명확하게 본문의 의미를 이해하도록 도와준다. 현재 어떤 루터교의 조직신학서들은 그들의 자료들을 주제별로 분류하면서 아직도 '로찌 꼬뮤네스'라는 용어를 사용하고 있다. 칼 브라튼(Carl E. Braaten)과 로버트 젠슨(Robert W. Jenson)은 그들의 『기독교 교의학』(Christian Dogmatics)에서 다음과 같이 신학적 범주들을 세분화하고 있다. 그것은 삼위일체 하나님, 하나님에 대한 앎, 창조, 죄와 악, 예수 그리스도의 인격, 그리스도의 사역, 성령, 교회, 은혜의 방편, 성도의 삶, 종말론 등이다. 두 저자는 자신들의 방법론을 다음과 같이 소개한다.

이런 의미에서 '로커스'(locus)는 역사의 가르침과 교회의 신학적 연구들이 하나의 초점에 모아지는 지점이다. 각각의 '로커스'는 다른 범주에

도 속하기도 하면서 저마다 고유한 용어로 발전된다. 이것이 고대의 유
산이 우리에게 요구하는 것이다. …

… '로찌'는 중심지로서 성경본문에 대한 성도들의 여러 묵상들을 같은
지점에 모아들인다. 물론, 실제적으로 분류되는 교리적 주제의 범주들
(loci)은 저자나 그것을 구상한 자들 저마다의 판단에 따른 제안이지 영
속적으로 확정된 분류는 아니다.[39]

멜랑히톤은 스스로의 의지로 설교를 하지 않았지만, 성경본문의
핵심 교리 혹은 주제는 그의 설교 이론에서 중심 요소였다. 왜냐하면
그것으로 설교자가 여러 평행본문들을 연결할 수 있기 때문이다. 그는
오늘까지 이어지는 교리적 설교를 위한 토대를 제공했는데, 설교자는
성경본문에서 하나의 교리를 창안한 후, 설교의 방향 안에서 본문에 대
한 보다 심화된 통찰을 얻기 위해 성경의 다른 본문들을 자유롭게 드나
들면서 창안된 교리를 전개시키게 된다. 최근 한스 프라이(Hans Frei)를
비롯한 여러 학자들은 이러한 멜랑히톤의 방식에 의문을 던졌다. 그들
은 성경본문을 몇 개의 명제 문장으로 축약하거나 압축할 경우 본문의
고유한 의미를 충분히 살릴 수 없다고 주장한다. 이에 대해 어떤 학자
는 멜랑히톤의 '로찌'는 "성경의 유명한 모든 본문들은 그것의 중심 요
지(argumentum), 개념(status), 주제 혹은 논지(scopos dicendi)를 가지
고 있다는 것이고, 본문의 모든 것이 맥락상 그것과 관련되고, 그것을
중심으로 발전해 나간다는 것을 의미한다"라고 강조했다.[40] 그럼에도
멜랑히톤의 방식은 모호한 면이 없지 않은데, 설교자들은 향후 거의 오
백 년 동안 성경본문은 주제와 관련한 다양하고 많은 사상을 드러내고

있다고 인식하게 되었다. 그러나 그러한 이론은 본문의 통일성과 일관성을 위한 유일한 원리가 아닐 뿐더러, 설교는 주제를 설명하기 위해 몇 개의 대지나 요지로 전개되어야만 하는 것도 아니다.

성경해석학 분야에서 처음으로 교과서를 저술한 것으로 알려진 마티아스 플라시우스 일리리쿠스(Matthias Flacius Illyricus, 1520-1575)는 성경의 4중 해석에 대한 두 번째 대안을 제시했다. 그는 성경본문의 문자적 읽기에서 멈추지 않고, "본문이 원 수신자들에게 전달하려 했던 의미"[41]를 해석하는 데까지 나아갔다. 그는 멜랑히톤을 비롯한 앞선 주석가들의 작업을 기반으로 자신의 방법을 고안했다. 성경 주석을 위한 일리리쿠스의 방식은 단순했는데, 다음과 같이 요약될 수 있다. (1) 삼위 하나님과 하나님의 역사에 초점을 둔 주석 방향, (2) 성경본문의 근본 주제와 관심사에 대한 폭넓은 지식, (3) 언어 문법적 도움의 활용, (4) 본문에 대한 인내심 있는 묵상과 연구, (5) 열정적인 기도, (6) 매일의 삶 속에서의 신앙인의 경험, (7) 성경 내의 평행본문들 간의 비교 연구, (8) 양질의 성경 번역본과 신실한 믿음의 주석가들의 활용 등이다.[42] 이처럼 근대의 합리적이고 과학적인 성경주석 방법론은 일리리쿠스에서 기인한다 해도 과언이 아니다. 그러나 일리리쿠스가 오늘날 설교자들에게 있어 의미 있는 이유는 바로 그가 주석 과정 속에서 북돋아주는 설교자의 신앙적 태도이다. 이러한 신앙(faith)과 신학(theology) 모두를 향한 설교자의 헌신은 성경본문을 읽는 과정에서 중요한 부분이며, 개혁교회의 성경주석 전통이 지니고 있는 본질적인 특성이다. 그러나 오늘날 종교개혁의 성경해석 전통을 연구하는 현대의 성경주석 학자들은 종종 그것을 개혁자들이 좀 더 잘 알았더라면 기꺼이 버렸을 법한 중세의 불행한 잔재였다고 평가절하한다. 그러면서도 그들은 루터와 칼뱅이 성경의 유일하고 합당한 의미로 문자적 의미를 확신한 것은 긍정적으로 평가하고, 무엇보다 칼뱅이 객관적이고 과학적인 방법을 추구한 당시 인문주의자들의 이상을 존중한 것도 바람직한 판단이었다고 평가한다. 그럼에도 그들은 루터와 칼뱅이 신학적 읽기를 포기했어야 한다고 아쉬워한다. 그러나 개혁주의 전통에 대한 보다 긍정적인 평가 역시 가능하다. 개혁자들은 성경은 교회의 책으로서, 성경을 통해 '그때'(then)와 '오늘'(now)에 공히 말씀하시는 '하나님 중심의 의미'(God-centered meaning)를 성경에서 제거하는 방식으로 성경을 읽을 때, 설교자는 성경을 온전히 이해할 수 없게 된다는 데 생각을 같이했다. 개혁자들에게 성경과 '하나님 읽기'(God sense)는 서로 함께 맞잡고 있었다.

후기-종교개혁 주석: 신학적 문자읽기의 죽음

계몽주의 운동은 인간의 의식과 사고에 발생한 대변혁을 뜻한다. 그전까지만 해도 사람들은 우주를 하나님의 섭리, 자연의 법칙, 하나님의 뜻에 따른 역사라는 관점에서 이해했다. 세계와 신, 인간에 대한 지식은 이미 주어졌고, 확정되었다고 믿었다. 그러나 이제 사람들은 아리스토텔레스가 강조한 이성의 기능을 재발견하면서 이성을 자연과 분리해서 생각하게 되었고, 경험을 통한 지식과 앎의 중요성을 인식하게 되었다. 이처럼 인식의 패러다임에 대전환(오늘 우리의 후기 계몽주의 시대도 근대에서 후기 근대로의 전환을 경험했다)이 발생할 때, '새롭다'는 것은 사실 온전한 의미에서 새로운 것이 아니다. 그 새로움의 일부 요소는 이미 옛 것에 스며있었거나 인식되지 못한 것들이다. 따라서 그런 요소가 전면에 부각되는 것은 종전의 지배적인 것이 퇴색되는 반면, 기존에 묻혀 있던 것이 새롭게 주목을 받게 된다는 말이다. 그것은 마치 사진 필름을 현상할 때, 음영이 빛으로 나타나는 것과 흡사하다. 이와 같은 방식으로 신학의 영향력이 퇴색하면서 과학이 그 자리를 차지하게 되었다.

당시의 성경의 문자적 읽기와 설교와 관련해 주목할 점은 다음과 같이 다섯 가지이다. 첫째, 성경해석의 관심이 점차적으로 인간 저자들의 역할에 모아졌고, 신학적 의미는 이차적인 의미로 밀려났다. 둘째, 이적과 기적 사건에 대한 초자연적 해석이 지양되고, 이성적 관찰과 자연적 해석이 지향되었다. 셋째, 해석의 관점이 성경본문 자체에서 본문 배후의 확인되지 않은 광대한 역사적 사건과 영역으로 옮겨졌다. 넷째, 성경의 권위가 새로운 방식으로 도전받게 되었다. 곧, 역사비평적 읽기는 문자적 읽기에 견주는 강력한 경쟁상대로 등장했다. 결과적으로, 교회의 신앙과 실천의 규범으로서의 성경의 가치가 손상을 입게 되었다. 따라서 성경의 규범적 역할을 대신할 새로운 방안이 모색되었다. 다섯째, 성경의 문법-역사적 의미는 역사 해석이 중심이 되면서 각각 독립적으로 분리되었다. 이는 이미 1700년대 초엽에 어거스틴 칼멧(Augustin Calmet)이 최초의 성경사전에서 '문법적 관점'(le sens grammatical)이라는 용어를 제시하면서 시작되었다. '문법적 관점'이란 성경본문이 말하고 있는 바(what the text says)를 문맥적으로 읽어가는 것으로, 성경본문이 의미하는 바(what the text means)를 읽어내는 'le sens littéral et historique'(the literal and historical sense; 문자적이며 역사적 읽기-역자주)와 차별된다.[43] 그런데 성경의 역사적 읽기는 결국 개혁자들이 제시한 성경의 일의적 해석과 많은 부분 닮아 있다.

리차드 뮐러(Richard A. Muller) 같은 학자들은 1600년 이후에 등장한 보다 발전된 해석방법론을 아래와 같이 공개적으로 비판했다.

- 성경본문의 일차적 목적이 더 이상 "오늘을 사는 신앙 공동체에게 신적으로 영감된 가르침을 제시하는 것"이 아니고, "죽은 자들의 의미를 재확인해 주는 것"으로 전락했다.
- 성경본문의 의미가 "하나님의 경전적 계시(the canonical revelation of God)라는 범주와 그 목적"에서가 아닌, 가설에 기반하여 재분류한 본문의 단락에서 찾을 수 있다고 본다. 재분류한 본문의 단락이란 본문의 문맥이나 그 본문이 속한 성경 내 각 권들의 맥락에 토대하지 않고, 각 단락의 배후에 있는 삶의 자리들(Sitz im Leben)을 기준으로 성경을 여러 층으로 쪼갠 본문의 단락이다.
- 성경이 해석되는 자리가 주석 전통과의 대화가 지속되는 교회가 아닌, "전문 학자들이 만나는 학문적 연구의 한정된 자리"로 바뀌었다.[44]

그럼에도 설교자들은 역사비평적 방법이 제공해 준 유익에 만족해했다. 사실, 오늘 우리는 앞선 설교자들이 성경본문과 그 배후의 세계에 대해 알지 못했던 것들과 그들을 곤혹스럽게 만든 많은 의문들에 대해 할 수 있는 말이 있다. 계몽주의 시대의 진보된 성경문학적 연구가 취한 거의 모든 방법은 문자적 읽기에 적지 않은 영향을 주었는데, 성경이 말하고자 하는 유일한 의미가 바로 문자적 의미이기 때문이다.

예를 들어, 성경의 각 저자들에 관한 물음이 인간 저자가 의도한 바와 맞물려 있다고 한다면 그것은 문자적 의미와 직결되는 문제이다. 오랫동안 이사야서는 세 명의 저자에 의한 작품이라고 주장되어 왔다. 그러나 오늘날 이사야서의 저자 문제는 — 곧 본문이 의미하는 바는 — 전체 이사야서의 관점 하에서 다루어지고 있는 추세이다. 제랄드 쉐퍼드(Gerald T. Sheppard)는 첫째, 둘째, 셋째 이사야라는 기존의 표준화된 주장을 해체하고 일치된 하나의 예언서라는 입장으로 선회했다. 그로 인해 본문에 대한 새로운 의미가 도출될 수 있게 되었다.[45]

역사비평적 연구가 문자적 읽기에 끼친 부정적 영향과 관련한 예는, 19세기와 20세기 전반에 걸쳐 성경학자들이 성경을 해석함에 있어 초기의 역사적 자료의 도움을 받았다는 것인데, 그것은 성경의 원본, 본문의 최초 양식, 그리고 인간 저자나 편집자의 원래 의도 등이다. 이처럼 성경본문과 그것의 전승사에 관한 연구와 지식은 날로 발전되었다. 하지만 이에 따른 부작용으로, 설교자들은 문자화된 본문의 가치를 평가 절하하고 교회에 의해 경전으로 수용된 현재의 최종적 형태의 성경보다는 전승사의 초기 자료층에 보다 높은 가치를 부여하려 한다는 점이다.

이 밖에도 계몽주의 시대는 다양한 성경비평학(역사, 자료, 편집, 양식, 전승, 사회비평)을 등장시켰고, 성경본문에 대한 새롭고 보다 밀도 있는 이해를 열었다. 이러한 모든 것들은 성경본문의 역사, 원본, 목적, 원 양식, 사회적 영향 등에 대한 당시의 과학적 탐구와 관련을 가졌다. 결국, 이러한 이해는 본질적으로 신학적이지 않다 해도 설교자들이 본문을 읽고 그 안에서 하나님에 관해 무엇을 말해야 하는지를 찾는 데 영향을 주었다. 이와 유사하게 문학적 해석의 경우도 그렇다. 문학비평은 문자의 총체인 지금의 성경본문에 대한 보다 직접적인 읽기에 기반하고 이전의 방법들(신 비평, 구조주의, 해체주의, 수사비평, 독자반응비평, 사회주의 비평, 백인/흑인여성주의 비평, 신 역사주의 비평)에서 발견되지 못했던 부분을 강조한다. 문학비평에 앞선 그러한 방법들은 성경본문과의 대화로서 지금도 진행되고 있으며, 여러 형태의 비평적 방법론에 기초하고 있다. 스티븐 보니캐슬(Stephen Bonnycastle)의 『권위를 찾아서: 문학비평 이론을 위한 안내서』(*In Search of Authority: An Introductory Guide to Literary Theory*, Broadview Press, 1996)는 문학비평에 대한 사전 지식이 없는 자들이 가장 쉽게 이용하고 빠르게 배울 수 있는 안내서이다.[46] 이러한 비평적 방법들은 많은 설교자들에게 본문 이해를 위한 새로운 길을 제시해 주고 성경 주석가들 간의 상이한 비평적 관점을 명확히 하는 데 도움이 된다. 그러나 그것들은 하나님이 주된 관심사가 아니기에, 본문의 문자적 의미를 비신학화(de-theologize)할 수도 있다. 물론, 오늘의 설교자들은 '문자적 의미'라는 말을 사용하는 데 있어 주의가 요구된다. 왜냐하면 우리는 더 이상 그것을 중세의 다른 의미들과 구분할 필요가 없기 때문에 그것을 그냥 어떤 본문의 '뜻', '의미' 혹은 '의미들'이라고 말하는 경향이 있기 때문이다.

오늘의 상황

성경학자들이 성경의 문자적 의미와 관련하여 계몽주의 해석학에 걸었던 기대는 결코 실현되지 못했다. 그 대신 다양한 비평적 읽기 방식은 성경을 읽는 새로운 관점으로 기능하여 종전에는 본문에서 감지하지 못했던 의미를 읽어낼 수 있게 되었다. 그런데 역설적으로 문자적 의미를 읽기 위한 방식은 더욱 많이 등장했다. 개혁자들은 "성경은 성경이 해석한다"(Scriptura Scripturam interpretatur)고 믿었고, 성경이 무엇을 가리키는지는 교회 수장의 최종 해석에 달렸다고 하는 로마교회에 반대해 성경은 성경에 의해서만 해석된다고 주창했다. 그럼에도 개혁자들은 해석에 도움이 되는 모든 자료들을 활용하면서 자신들의 신학적 관심사를 성경본문에 대입했다. 이러한 현상은 계몽주의 시대 이후에도 지속되었다. 성경은 성경뿐만 아니라 과학, 역사, 타종교, 사회학, 인류학, 고고학, 문학 등 교회 안팎에서 모두 적합하다고 판단되는 다른 여러 전통에 의해서도 해석되었다. 이를 통해 발견한 본문의 새로운 의미는 합법적으로 수용되었고, 그것을 통해 설교자들은 본문이 실제로 의미하는 바가 무엇인지를 알 수 있었다. 그러나 그러한 해석들이 하나님의 말씀인 성경의 문자적 의미가 아닐 경우, 그것들은 또다시 설교자들로 본문에 대해 토의하고 무엇이 하나님의 말씀인지를 분별하도록 돕는 역할을 했다. 그럼에도 많은 경우 그러한 해석들은 설교자가 본문에서 가장 우선적으로 관심을 가져야만 하는 해석의 내용과 혼동되었다.

성경해석에 있어서 신학적 접근에 대한 필요는 최근 많은 학자들에 의해 강조되고 있다. 브래바드 차일즈(Brevard Childs)는 그의 경전비평(canonical criticism)에 역사비평적 방식을 활용할 뿐만 아니라, "신학적으로 책임 있는 주석"(theologically responsible exegetical fashion)을 시도하고 있다.[47] 사실, 차일즈는 자신의 경전해석을 하나의 기술이 아닌 신학적 관점으로 소개했다. 그는 성경본문을 하나님의 말씀을 증언하고 오늘도 신앙 공동체를 세우는 신앙의 문서로 존중했다. 따라서 차일즈는 신학을 희생시키고 역사비평을 수용한 자유진영과 신학적 교리주의를 앞세워 역사비평을 거부한 보수진영 모두를 성경해석에 부적합하다고 판단했다. 그는 신학적 주제를 본문에 주입해 읽는 것을 피하는 대신, 본문의 뜻을 파악하는 본문과의 대화의 과정에 신앙의 관점을 동원했다.[48] 그는 성경해석에서 유지되어야 할 네 가지의 양극적 긴장 관계를 다음과 같이 제시한다. (1) 이스라엘의 역사를 객관적으로 평가하는 것과 신앙 공동체 내의 고백적 입장으로 평가하는 것, (2) 역사를 인간의 대행자로 보는 것과 하나님의 대행자로 보는 시각, (3) 이스라엘의 역사를 보편 역사의 한 부분으로 보는 것과 구속사라는 특수한 이야기로 보는 것, (4) 이스라엘이 자신들에게 유리하게 역사를 재구성했다고 보는 것과 자신들의 특정 역사를 강조하기 위한 이스라엘의 선별적 기술로 인정하는 것 사이의 긴장 등이다.[49] 차일즈는 자신의 이론을 단순히 하나의 방법으로 소개하지 않았다. 하지만 설교자들은 그가 제시한 네 가지 양극적 긴장 관계를 활용함으로써 본문연구 과정에 유익을 얻을 수 있고, 그렇게 함으로써 설교자는 역사비평과 신학 모두를 존중하게 된다.

차일즈는 본문의 배후(behind the text)에 있는 역사적 배경과 전통과 더불어 본문 이후(in front of the text)에 있는 본문해석의 역사와 오늘에까지 이르는 신앙 공동체를 위한 본문의 의미를 연구했다. 왜냐하면 성경본문이 어떻게 어제와 오늘의 신앙 공동체에게 영향을 주고 있는지를 확인하고자 했기 때문이다. 또한 그의 성경해석은 신앙 공동체를 위해 경전으로 확정된 성경의 최종적 본문을 우선적 해석의 대상으로 삼는다. 이러한 관점은 설교자들에게 유용하다. 차일즈의 관점을 따르면서, 데이빗 바틀렛(David L. Bartlett)은 "우리[설교자들]가 알고자 하는 것은 마태의 복음서에 무엇이 있는가이지, Q 자료나 'M'이라 부르는 어떤 자료 혹은 산상설교의 마태 이전(pre-Matthean) 판본에 있는 것이 아니다. 우리는 성경의 편집자가 요한복음서의 마지막 부분을 조작했는지, 혹은 경전 상의 복음서에도 21장이 포함되어 있었는지, 그리고 그것이 우리가 해석해야 할 부분인지 아닌지에 그리 많은 관심을 갖지 않는다"고 강조한다.[50] 설교자가 본문에 대한 시각을 성경이 경전이 되었을 때의 본문의 최종 형태(요한복음 21장의 두 번째 결말은 두 번째 결말로 생각할 가치가 있다)에 제한시킬 필요는 없지만, 그럼에도 설교자가 현재 경전 상의 최종 본문에 집중할 때 그는 많은 유익을 얻게 된다. 본문의 보다 오래된 전승이나 양식은 우리가 기대하는 것처럼 보다 신뢰할 만한 기독교의 증언을 제공하지 않는다.

50여 년 전, 레이몬드 브라운(Raymond Brown)은 성경해석에 역사적 접근만이 아닌 신학적 접근을 수용하려 했다. 그는 성경이 지닌 세 가지 의미의 차원을 재차 언급했는데, 그것은 문자적 의미(the literal), 일반적 의미(the typical), 그리고 평이한 의미, 즉 하나님이 의도한 보다 온전한 의미(*the Sensus Plenior*)가 그것이다.[51] 브라운이 로마 가톨릭 학자라는 것이 의미심장한데, 로마 교회는 역사비평을 받아들이기를 꺼려한 데다, 그는 새로운 방식의 역사적 읽기와 더불어 성경본문에 대한 전통적 해석 방식을 고수하려 했기 때문이다.

그 밖의 많은 학자들이 그들의 연구 방향을 '신학'으로 선회했다. 게일 오데이(Gail O'Day)는 그녀의 연구에 신학과 역사비평 방식을 결합시켰다.[52] 리차드 헤이즈(Richard B. Hays)는 신약성경 윤리를 위한 네 가지 과제를 제시했는데, 그 가운데 하나는 융합적(synthetic) 성격을 갖는다. 이 점에서 그는 성경본문을 경전의 맥락 안에 위치시키고 세 가지 핵심 이미지, 곧 공동체, 십자가, 새 창조 가운데 하나를 활용한다.[53] 이들 각자는 단순히 하나님의 말씀에 대해 인간이 응답해야 하는 윤리적 과제를 조명해 주는 기능을 감당할 뿐만 아니라, 하나님에 대한 의미심장한 선언을 하도록 돕는다. 윤리가 지닌 융합적 과제는 설교학과 친밀하다. 성경읽기와 관련해 많은 학자들과 설교자들이 신학적 방향으로 선회했음에도 그들이 갖는 어려움은 그들의 초점이 하나님-인간의 만남의 관계에서 인간과 하나님 모두에게 향하지 않고, 여전히 인간 편에 치중되어 있다는 것이다(이것은 윤리학에서 특별히 위험하다). 이것은 바로 역사비평이 행하는 것이며, 매우 많은 빈약한 설교들이 범하는 취약점이다. 단순히 말해, 후기 근대주의 시대는 주권적인 하나님의 역사를 담대히 설교하기 어려운 시대이다.

월터 브루그만은 누구보다 설교에 대한 관심이 남다른 성경학자이다. 그는 역사비평에 신학을 조합하면서 성경본문에 대한 기초적인 두 가지 질문을 던진다. "설교자는 '하나님에 관해 무엇이 이야기되고 있는가?' 물어야 한다. 그러면 이 물음은 다시 설교자가 '이스라엘이 어떻게 하나님에 관해 이야기했는가?'라는 물음에 집중할 것을 요구한다."[54] 브루그만은 수정 보완된 해석 방법론의 필요를 주장하면서 성경해석은 의미 있는 진술을 오직 감각적 자료와 경험적 증거(신앙을 배제하면서)에 관한 내용으로만 채우는 해묵은 낙관주의적 세계관으로부터 독립해야 한다고 말한다. 그는 새로운 비평 방식과 해석을 위한 세 가지 요구조건을 다음과 같이 제시한다. (1) 옛 역사비평 방식들 중에 유지될 수 있는 것은 무엇인지와 그것을 활용할 수 있는 방안을 모색하라. (2) 성경본문의 선포적 능력('본문의 말씀이 지닌 생산적 구성적 능력')과 더불어 본문에 숨겨진 밀집된 사회적 과정을 밝힐 수 있는 사회학적이고 수사학적인 접근 방식을 중요하게 인식하라. (3) 역사비평이 주도하고 신학적 해석이 그 뒤를 따른다는 옛 가정을 재검토하고 재편하라.[55]

설교자로서 우리는 성경본문에서 인간만이 아닌 하나님을 발견하고 그에게 집중하기 위해 얻을 수 있는 모든 도움을 구해야 한다. 이제 우리는 문자적 의미를 어떻게 설교학적 관점에서 새롭고 유익하게 이해할 수 있는지를 살펴보고자 한다. 두 세대에 걸쳐 많은 학자들이 역사비평의 위기에 주의를 기울여 왔다. 그럼에도 변화는 더디게 다가오고, 여전히 많은 학자들은 문제점을 제대로 인식하지 못하고 있다. 칼 브라튼과 로버트 젠슨은 최근 "비평적 이성의 방법들이 교회의 믿음을 변두리로 내몰고, 하나의 책으로 내적 통일성을 지닌 성경을 분리된 여러 조각의 복합체로 분해하면서 성경해석의 전 과정을 지배하려 했다"고 주지했다.[56] 한동안 신앙은 본문에 대한 공정한 해석을 저해하기만 하는 어떤 것으로 간주되었다. 성경은 인간이 지닌 믿음과 행위에 관한 내용으로 해석되었고, 과학적인 방법은 하나님께서 행하실 수 있는 것을 제한하는 방식으로 사용되었다. 그나마 본문이 하나님의 행동을 분명히 드러낼 경우 그것은 인간의 증언이라는 오류가 많고 유한한 미디어를 통해 기록되었다는 이유로 무시되곤 했다. 이에 차일즈는 "많은 성경신학의 모순은 결국 실패와 파국으로 끝난 계몽주의의 가정의 틀 안에서 신학적 사유를 추구하려 한다는 것이다"라고 첨언한다.[57]

성경을 어떻게 성경으로 회복할 것인가에 관한 신학 영역의 입장이 설교학의 입장보다 중요하다. 왜냐하면 신학이 제기하는 과제는 성경해석을 위해 어떻게 신학적 초점을 맞춰야 하는 것인가에 있기 때문이다. 그러나 설교학은 스스로의 관점을 발전시켜야 한다. 왜냐하면 설교학의 일차적 과제는 설교이기 때문이다. 설교학은 근본적으로 실천적이며, 그것 자체가 설교에 관한 논의와 대화에 기여한다. 이제 우리는 고대 설교자들이 존중했던 문자의 '이중적 읽기' 전통을 회복해야 할 필요성에 대해 논할 것이다.

4장
문자적 의미와 하나님

오늘의 설교자는 중세판 문자의 이중적 읽기를 현대판 이중적 읽기로 회복해야 한다. 한편으로, 우리는 예상을 뛰어넘는 성경의 부요함 덕택으로 역사비평과 문학비평에서 배운 것을 인정할 필요가 있다. 그것은 이전에 읽어내지 못했던 새로운 본문의 세계뿐만 아니라 개인 해석자의 관점과 발견된 해석의 한계, 그리고 사회적 행위로서의 해석이 가진 경제적이며 정치적 함의에 대해 알게 하였다. 반면, 설교자는 이러한 역사, 문학적 읽기를 하나님을 섬기는 신앙의 실천으로 행해야 한다. 성경본문에 대한 신학적 읽기만이 그 본문이 성경의 말씀됨을 알리는 유일한 실천이며, 그 신학적 의미는 역사비평적 해석을 딛고 있으면서 그보다 깊이 있는 해석이다. 본문에 대한 이중적 읽기가 없다면 역사비평이 신앙에 대한 최종 해석권자가 된다. 따라서 여러 설교자들은 본문의 원본 양식이나 기적의 역사적 의미와 같은 역사문제들을 풀어냄으로써 마치 성경해석에서 가장 중요한 것을 해결한 것처럼 생각하곤 한다. 그러나 본문의 이중 의미는 역사와 신학이 같은 목적을 위한 친밀한 파트너로 만나게 하고, 그렇게 함으로써 설교의 실제적 과제를 다룰 수 있게 한다.

본문에 대한 이중적 읽기를 회복함으로써 얻는 보다 실제적 유익이 있다. 설교자들은 설교준비 시간을 효율적으로 계획하고 배분하기 위한 구체적인 방안이 필요하다. 그들은 신학교의 성경학 교실에서 성경주석 방법에 대한 명강의를 들었다. 그들이 배운 주석 모델은 거의 완벽한 모델이지만, 실제로 바쁜 목회 현장에서는 따라하기 힘든 모델이다. 그럼에도 그들은 그 방법을 곧이곧대로 자신들의 목회 현장에 가지고 와서 주중 대부분의 시간을 설교본문에 대한 역사비평과 문학 분석으로 보낼 수 있다. 설교자들이 신학교에서 배운 방법은 주석 작업이 끝나면 마치 모세가 느보산 정상에 오른 것처럼 설교를 위한 모든 과정은 끝났고, 이제는 전달기술과 완성된 내용을 많은 사람들에게 알리는 것만 남은 거라고 그들로 생각하게 한다. 사실, 역사비평적 주석은 그것 자체로는 설교자들을 홍해(the Red Sea)의 해변으로 인도하기만 할 뿐이다. 그들이 본문이 말하는 신학적 의미에 이르고, 하나님이 우리가 어디로 가기를 원하시는지를 찾기 전까지 홍해의 물은 아직 갈라지지 않을 것이며, 광야를 통과하는 우리의 삶은 여전히 모호한 상태로 있으며, 아직 성경해석의 가장 중요하고 넓은 부분이 설교자 앞에 기다리고 있다.

성경학자들은 궁극적으로 역사비평이 성경을 돕는 것보다 나은 방식을 찾게 될 것이다. 비록 그것이 오늘 당장 실현되지 않는다 해도, 설교자인 우리도 다음과 같은 시행착오를 마다하지 않을 것이다. 우리는 역사에 토대한 신학이 아닌 역사적 유사성에 기초한 유비를 발전시킬 수도 있고, 신학적 의미가 포착되지 않는 본문의 이미지를 가지고 설교할 수도 있다. 혹은 이와 정반대의 방식도 동일한 위험요소가 있다. 우리는 역사를 건너뛰고는 본문이 표면적으로 지시하는 신학에 집중할지도 모른다. 그러면서도 마치 우리가 본문을 왜곡하지 않는 것처럼 말이다. 역사와 신학이 차별화되면서도 설교준비 과정에서 유사점을 발견하지 못한다면, 우리는 분명 이쪽이나 다른 쪽의 관점을 잃게 된다. 그 둘은 서로 독립적이면서도 상호의존적인 탐구영역이다. 따라서 설교자들은 역사와 신학을 연계시키기 위해 이 두 분야에 속한 전문가를 기다릴 것이 아니라, 그들 스스로가 역사와 신학이 설교에서 공히 존중받는 길을 찾고, 그 실천방안을 분명히 제시할 필요가 있다.

설교자들이 보다 차원 높은 신학적인 해석을 필요로 한다는 것과 그것이 무엇을 뜻하고, 어떻게 달성될 수 있는지를 합의하는 것은 별개의 문제이다. 설교자가 성경을 읽는 방식은 개인적인 것도, 부분적으로 분리해서 생각할 문제도 아니다. 윤리학자, 교리신학자, 설교자, 교육가, 그리고 성경학자는 각기 자신만의 방식으로만 성경을 읽을 수 없다. 이 점은 회중석에 앉아 있는 성도 개인에게도 동일하다. 데이빗 뎀슨(David E. Demson)은 칼 바르트와 한스 프라이를 빌어 우리가 성경을 읽는 방식은 '방법론'에 토대하는 것이 아닌 '영감', 곧 성령님의 권능 안에서 맺는 예수 그리스도와의 관계성에 기반한다고 말한다. 예수님께서 제자들을 부르시고 세우시며 파송하시고 그들과 함께하심에 대한 확증으로 부활하셨듯이, 그리스도는 오늘 설교되는 말씀 안에서, 그리고 그 말씀을 통하여 우리를 부르시고 세우시며 파송하신다. "이 점에서 본문과 그것이 서술하는 것 사이에 차이는 있지만 단절은 없다. 본문이 아닌 예수님께서 많은 것들 중에 직접 이 세 가지를 행하신다는 점에서 차이가 있지만, 예수님이 행하시는 것과 본문이 그렇게 행동하시는 그분을 표현하는 것이 같다는 점에서 단절은 없다. 왜냐하면 예수님은 항상 자신의 말로 지명하고, 소명을 주고, 파송하는 말씀을 하신다."[1] 달리 말해 우리 각자가 성경을 읽는 방식은 함께 묶여 있고, 그리스도 안에서 연합되어 있다.

성경은 예수 그리스도 안에서 내적 통일성을 이루는데, 그 통일성 안에는 성경본문이 읽히는 방식을 포함한 많은 다양한 면이 존재한다. 성경해석은 개인에게 맡겨지거나 개인적인 신학 훈련에 의존하지 않는다. 그리고 유익하면서도 상이한 관점이 성경본문을 읽어내는 데 필요한 독특한 관점을 제공한다. 이를 위해 성경본문과의 대화가 회중을 염두에 두는 설교자에게 실제적이고 구체적인 지침을 제공해야 한다는 점에서 설교학은 특별히 중요하다.

설교가 탄탄한 역사비평적 연구의 결실을 회중에게 선사할 때, 회중은 그들을 위해 본문이 말하는 바를 새롭게 듣게 된다. 이와 동시에 교회 편에서는 성경을 교회의 신앙과 실천을 위한 거룩한 규범으로 읽고 하나님의 계시된 말씀으로 들으려 한다. 이러한 상황을 인식할 때 설교자가 말씀과의 만남을 경험하지 않고서는 효과적으로 설교할 수 없다. 전통적인 성경주석은 설교자에게 주석에 대한 두 가지 오해를 심어준다. 먼저, 역사와 관련해서는 설교자가 본문으로부터 무엇인가를 이끌어 나오고, 신학과 관련해서는 설교자가 어떤 관점으로 본문을 읽어낸다는 것이다. 주석에 대한 이러한 오해는 설교자의 긴밀한 주의를 요한다. 왜냐하면 본문과 관련한 신학적 물음이 외면받거나 성경본문을 신앙의 관점으로 다루지 않을 때, 성령님의 증거하심이 방해받기 때문이다.

주석과 자기 주입

주석(exegesis)과 자기주입(eisegesis) 사이의 구분은 문자적 뜻에 달려 있다. 이들 두 개념은 더 이상 그들의 문자적 뜻과 부합되지 않는다. 엑세게시스(exegesis; to lead out of)는 해석자가 본문에서 의미를 끄집어 내오는 것을 뜻하고, 반면 아이세게시스(eisegesis; to lead into)는 본문에 없는 의미를 부여하는 읽기로, 종종 그릇된 해석을 뜻하는 용어로 사용된다. 이 두 용어는 사용하기에 용이한데, 이들은 어떤 해석이 바른 해석이고, 어떤 해석이 그렇지 않은지를 구분지어 준다. 따라서 이들은 학문적 연구에 대한 중요한 식별을 신속하게 하는 기준으로 사용된다. '아이세게시스'라는 용어는 최근의 역사비평적 주석 방법의 수정과 부적절한 주석 과정의 식별에 대한 요구와 더불어 빈번히 사용되고 있다.

초기와 중세교회에서 주석은 하나님의 선포되고 기록된 말씀과의 직접적인 만남을 뜻하는 읽기였다. 성경본문의 문자적 의미를 파악하는 일은 본문의 단어나 문법, 문장의 뜻을 파악하는 일이었고, 이어서 그것들을 본문 배후에 있는 역사나 문화, 사건이 아닌 신앙과 연결

짓는 작업이었다. 반면, 그들의 자기주입식 읽기는 영적 읽기(spiritual senses)와 관련지어 간주되곤 한다. 이것은 오늘 우리에게 그런 것처럼 당시 그들에게도 분명했을 것이다. 그러나 우리의 선조들에게 본문의 영적 의미는 (보다 고상한 문자적 의미와 더불어) 본문의 참된 의미를 뜻했다. 그들에게 성경본문은 언제나 신앙과 연결된 내용이었다. 그렇기에 신앙과 삶의 모든 유익을 위해서 주석은 본래적으로 본문에서 '이끌어 내오는' 읽기로 실천되었다.

고대와 중세의 많은 설교들은 성경본문을 대화를 위한 출발선, 곧 설교를 위한 주안점이나 교리 혹은 다른 본문들과의 연결성을 창안해 내기 위한 하나의 지점으로 사용했다. 그들은 성경 전체와 복음의 모든 내용을 설교하면서 교회나 교부들, 교회협의회 같은 기관들, 아니면 성경이 이해하고 말해온 방식으로 설교했다. 무엇보다, 성경 '본문'에 대한 이해를 넓히기 위해 그들은 먼저 예술 작품이나 주석적 자료를 사용해 본문의 역사적 배경을 파악했고, 이어서 교회의 신앙과 교리의 관점을 동원해 본문의 보다 고상하고 영적인 의미를 읽어냈다. 그들이 사용했던, 자기주입식 읽기는 설교자의 특정 관점으로 본문을 읽어냈기에 신앙이나 본문의 의도 혹은 저자의 의도를 왜곡할 수 있다. 따라서 그들의 주석적 원칙은 본문의 문법과 역사적 내용, 그리고 교회의 신학에 바탕을 두었다. 설교자가 성경본문을 읽으면서 즉각적으로 예수 그리스도의 구원하시는 행동과 관련한 생각으로 이끌린다면 – 오직 성령님께서 인도하심에 의해 – 그것은 자기주입이 아닌 주석적 읽기가 수행된 것으로 보았다.

그러나 오늘의 상황은 다르다. 설교자들은 중립적이고 획일적인 해석은 불가능하다고 믿는다. 왜냐하면 해석자는, 비록 오늘의 시대가 역사를 중시한다 해도, 항상 자신의 관점을 자신의 본문으로 가져가기 때문이다. 역사는 성경을 다양한 관점으로 읽도록 한다. 주석을 위한 주된 목적은 역사를 읽고, 발생한 사건에 대한 정확한 의미를 파악해 내는 것이다. 또 다른 목적은 본문이 무엇을 말하고 있는가를 찾아내는 것이다. 특별히 역사-문학비평은 본문이 얼마나 풍부한 의미를 내포하고 있는지를 알게 한다. 나아가 주석의 목적은 우리 자신을 읽어내는 데 있다. 성경본문을 통해 우리 자신의 삶을 파헤치고, 우리를 형성한 개인적이고 문화적인 편견의 정체를 밝혀내며, 그리스도 안에서 지음 받은 새로운 정체성과 충돌하는 옛 편견에서 벗어나게 하며, 본문을 문학적 맥락과 역사적 정황 속에서 읽음으로써 새롭게 만나게 하고, 그를 통해 우리의 고정관념과 삶의 방식에 도전을 주려는 데 있다. 이것과 연계해서 성경주석은 우리가 사는 세상을 보게 하고, 변화를 위해 무엇이 필요한지를 깨닫게 한다. 달리 말해, 성경주석은 본문 '배후'(behind)에 있는 과거의 역사에서 시작해서 본문 '이후'(in front of)에 있는 오늘 우리의 세계관에 이르는, 곧 우리가 본문의 뜻을 알고자 본문에 가지고 들어가는 모든 것이 포함되는 작업이다. 그러므로 성경주석 과정에서 자기주입이라는 용어는 이제 본문에 대한 비역사적인 해석, 곧 신학적, 이데올로기적, 인상주의적(impressionistic) 해석의 가능성이 있음을 뜻하게 되었다.

설교자가 선포하는 성경본문은 결코 단순한 본문이 아니다. 브래바드 차일즈는 게르하르드 이블링(Gerhard Ebeling)의 주장에 주목하면서, "구약과 신약을 역사적 관점에서 연구하는 것은 이제 더 이상 소위 말하는 경전적 성경에 제한될 수 없다. … 오히려 연구주제에 적합한 모든 역사적 자료가 구별 없이 사용되어야 한다"고 기술한다.[2] 다니엘 펫(Daniel Patte)은 이에 대한 다른 입장을 취하는데, 그는 해석자가 단순히 성경본문만 읽는 것은 불가능하다고 주장하면서 "나는 한 걸음 더 나아가 모든 비평적 주석은 현재의 해석에 대한 해석이라고 주장하고 싶다. 이것은 비평적 주석이 본문 그 자체에 대한 해석으로 수행될 때(일례로, 신 비평학을 통한 주석의 경우에도)에도 그렇다"[3]라고 말한다. 우리 시대의 성경해석은 본문 자체를 넘어 역사, 해석학, 그리고 사회과학적 분야까지 포함하고 있다. 그러므로 오늘날 '주석', 곧 "이끌고 나온다"(leading out)라는 말은 또한 "가지고 들어간다"(leading in)라는 뜻이기도 하다.

이러한 이해는 개인적인 상황에서도 마찬가지이다. 설교자가 본문에 가지고 들어가는 것은 여러 가지인데, 그것은 우리의 언어와 역사에 대한 이해, 부유함과 가난함에 대한 경험, 여성평등에 대한 의식과 그와 유사한 관점, 그리스도에 대한 믿음, 최근의 경험 등이다. 설교자가 성경본문을 어느 정도의 중립성을 유지하면서 자신이 원하는 말이 아닌 본문이 들려주는 말씀을 찾으려 한다 해도, 성경주석은 경청하고 상호반응하며 받아들이고 본문에 내주하는 과정이기에 결코 객관적일 수 없다.[4] 그렇기에 우리는 아마도 단순한 '주석'과 '자기주입'이라는 용어를 폐기해야만 할지도 모른다. 왜냐하면 그것은 완벽한 객관성이 담보될 수 있다고 믿는 시대의 산물이기 때문이다.

그런데 '주석'이라는 말은 우리의 설교 전통에도 뿌리 깊게 사용되고 있으면서 설교의 근본 목적에 도움을 주고 있다. 설교자들은 여전히 본문에 대한 주석적 읽기를 요청하면서 그렇지 않은 것은 거부한다. 그러나 주석과 자기주입은 어디까지나 설교자의 이해에 좌우된다. 성경본문을 주해하면서 신앙의 관점을 적용하고 신학적 분석을 시도하는 것은 많은 대학교와 신학교의 학자들이 말하는 자기주입식 주해로 분류될 수 있다. 바꿔 말해, 성경이 교회의 경전이고 그렇게 읽혀야 한다는 믿음이 있다면, 하나님을 배제하는 주석은 성경이 말하는 바를 왜곡한다고 주장할 수 있다. 이 부분에 민감한 주석가들은 신학적 관점 안팎을 넘나들면서 성경본문을 다룬다. 설교자가 주석을 통해 하나님을 읽어내고자 한다면 신중하면서 보다 확장된 주석을 시도할 필요가 있는데, 우리는 그것을 신학적 비평(theological criticism)이라고 부른다. 그 목적은 응당 하나님께서 자신을 설교자에게 드러내시고 설교자가 하나님의 말씀에 순종하고자 하는 의지로 성경본문에 귀를 기울이도록 하는 데 있다.

본문의 보다 깊은 세계

우리가 해야 하는 것은 '문자적 읽기'에 대한 재발견만이 아닌 역사와 신학 간의 긴장관계를 해소하기 위해 본문의 이중적 의미를 읽어내는 실제적인 방식을 회복하는 일이다. '문자적 읽기'라는 말의 기원은 (1) 성경의 66권을 교회의 신앙과 예배, 매일의 삶의 규범이 되는 경전으로 인정한 교회의 합의와 (2) 성령님을 통해 구원자가 누구인지를 증언하고 변혁하는 구원의 메시지를 회중 각 개인의 삶의 자리로 전달하는 성경 자신의 능력에 있다. 그러나 문자적 읽기라는 말은 오늘날 보편적으로 사용되지 않는다. 그 이유는 먼저, 그것이 자주 근본주의적 혹은 문자주의적인 해석과 혼동되고, 또한 성경본문이 마치 하나의 뜻만을 지니는 것처럼 인식될 수 있기 때문이다. 뿐만 아니라 본문의 영적인 의미가 퇴색됨에 따라 문자적 읽기에 대한 관심도 자연스레 사라졌기 때문이다. 그럼에도 성경의 문자적 읽기는 교회 역사 속에서 오랫동안 주도적인 역할을 해왔고, 지금도 개혁교회 전통이(심지어 오늘날 가톨릭교회까지도) 신앙과 교리를 판단하는 데 유일한 기준으로 인정하고 있기에 여전히 설교자에게 유용하게 사용되는 개념이다. 성경은 그 문자적 의미에 의존해서 여전히 하나님의 권위와 약속, 인치심을 증언하고 있다.

성경의 권위를 강조하고 역사비평적 읽기를 하나님의 말씀을 식별하는 방법론으로 사용함에 있어서 설교자는 선조들이 가졌던 성경이해를 다음과 같이 공유해야 한다.

- 성경은 하나님의 말씀이면서 하나님께서 자신의 뜻을 인간들에게 알리시는 신적 권위를 가진 통로이다.
- 성경은 이스라엘 백성과 맺으신 언약을 신실히 지키시는 하나님에 관한 기록이며, 인간이 새롭게 부름 받은 정체성이 무엇이며, 하나님의 뜻에 어떻게 반응해야 하는지를 증언한다.
- 성경은 하나님께서 어떻게 인간과 피조세계와 관계를 주도하시고 참여하시는지에 대한 기록이며, 이를 통해 우리에게 하나님에 대한 지식과 경험의 바탕을 제공한다.
- 성경은 우리의 가르침과 교리의 토대로서 우리의 신앙의 내용과 삶, 그

리고 우리가 소망해야 하는 것이 무엇인지를 말한다.

• 성경은 구원의 역사를 지금도 행하시는 하나님의 이야기이다.

또한 설교자가 성경에 경전적 권위를 부여하는 것은 그것이 신앙과 예배, 실천을 위한 규범으로 읽히기 때문이다. 따라서 본문을 보다 깊이 있게 읽기 위해 설교자는 그러한 권위를 부여받지 못한 여타의 텍스트에 대한 지나친 관심을 지양할 필요가 있다. 설교자가 인정하는 성경의 가치는 근대에 복원된 성경의 선사시대도, Q 문서도, 혹은 '다섯째 복음서'(the fifth gospel)에 있지 않다. 뿐만 아니라 더 원본답고 진본다운, 예를 들어 학자들이 가장 확실하다고 판단하는 역사적 예수님의 어록 같은 초기의 성경 전승이나, 우리의 취향에 가장 부합하는 성경의 어떤 구절들 혹은 하나님의 정의에 대한 말씀이 가장 분명하게 드러나는 부분들(겉으로는 그렇게 보이지만 실제로는 매우 난해한 본문을 포함해서) 때문에 성경이 권위를 부여받는 것이 아니다. 또한 바울의 목회서신의 저작권에 대한 논쟁이 성경의 권위를 지지하는 것이 아니다. 우리가 성경본문의 권위를 인정하는 것은 그것이 경전인 성경의 맥락 안에 있기 때문이다. 그렇기에 본문 배후의 저자들도 성경의 권위와 무관하다. 따라서 설교자는 성경의 배경이나 역사적 기원에 관한 많은 부분을 확인하고, 그것을 성경본문을 보다 깊이 해석하고 이해하는 데 사용하지만 그것으로 성경의 고유한 기능이 변질되지 않도록 해야 한다. 이 점에서 설교자는 신중해야 한다. 왜냐하면 성경 안에 혹은 이면에 있는 모든 것들이 동일한 가치와 동일한 중요도를 가진 것도 아니고, 성경의 모든 구절들이 동일한 신학적 무게를 지닌 것이 아니기 때문이다.

역사책으로서의 성경(the Bible) 이해와 거룩한 말씀으로서의 성경(Scripture) 이해는 각자의 관점에서 본문의 문자적 의미를 강조하게 된다. 학자들은 본문을 보다 깊이 있게 해석하기 위한 실천 방법을 체계화함에 있어서 상이한 입장을 취한다. 바나바스 린다스(Barnabas Lindars)는 역사비평가들이 자신들의 입장에 대해 그렇게 방어적일 필요가 없다고 하면서, "대부분의 사람들은 본문의 참 뜻을 고려하지 않은 채, 특정한 신학적 입장을 변호하기 위해 본문의 문맥을 무시하고 구절을 인용하는 위험한 시도를 한다. 반면, 역사비평가는 다른 방식으로 같은 실수를 범하는데, 그들은 역사적 기원의 문제로 본문의 이면을 조사하다가 정작 본문의 참 뜻을 놓치곤 한다"고 강조한다.[5] 또한 그는 성경에 대한 비평적 접근이 성경의 영감성을 부인할 필요는 없다고 말한다. 그러나 그는 내심 비평적 읽기가 불트만의 비신화화(demythologizing)와 같은 방식으로 기적 자체는 부정할지라도 그 본문이 의도하는 가르침이나 교리는 살릴 수 있다고 본다.[6] 그러나 린다스의 문자적 읽기는 본문의 의도를 희석시키거나, 하나님 중심의 해석을 위한 최소한의 여지만 남겨둘 수 있다.

엘리자벳 쉬슬러 피오렌자(Elisabeth Schüssler Fiorenza)는 얼마 전 성경해석과 설교의 미래를 위한 지침을 제시했다. 그녀는 역사비평이 회중의 삶에서 멀어진 것에 위기를 느끼면서, "그러나 오늘날 역사-문학 비평가들이 다루는 물음과 교회와 신자들이 제기하는 물음은 그 상이점이 빈번하고 심해서 전문 학자들의 물음을 다루는 역사비평적 해석을 목회 현장에 적용하기가 거의 불가능하다"고 말한다.[7] 이에 대한 피오렌자의 대책은 성경본문의 위치를 낮추고 본문 배후의 역사를 살리는 것이다. 그녀는 '신 비평학'(new critical hermeneutics)의 등장을 알리면서 성경본문보다는 '성경본문이 증언하는 하나님과 함께한 사람들의 경험'을 해석의 중심 대상으로 삼았다.[8] 특별히 그녀는 성경의 남성중심주의(androcentrism)를 극복하는 해석상의 전략(interpretative strategy)을 소개했다. 무엇보다 하나님과 관련한 사람들에게 집중하는 것은 될 수 있는 한 설교에 유익이 된다. 그러나 피오렌자의 접근 방식은 설교본문이 적어도 성경으로서 가지는 중심적 위치를 간과한다.

제임스 맥클랜돈 주니어(James Wm. McClendon, Jr.)는 설교본문을 성경(Scripture)과 역사(history)로서 존중하는 해법을 제시한다. 그는 성도의 교제(communion of saints)를 활용해 성경과 역사를 결합하여 양쪽이 불가분의 관계가 되도록 했다.

> **오늘날 그리스도교 공동체는 초기의 원시 공동체이면서 종말적 공동체이다.** 달리 말해, 오늘의 교회가 원시 교회이며, 마지막 심판의 날에 있는 교회가 바로 오늘의 교회이다. 나사렛 예수의 제자들이 가진 순종과 자유는 곧 오늘 **우리의** 자유이며, **우리의** 순종이다. 이것은 사실로서의 역사를 부정하는 것이 아니다. … 오히려 모든 지적 방법을 동원한 강도 높은 성경 공부가 필요한 정당한 이유이다. 왜냐하면 성경의 이야기는 단순히 과거에 끝난 이야기가 아닌 오늘을 위한 이야기이기 때문이다.[9]

산드라 슈나이더즈(Sandra M. Schneiders)는 신앙과 역사 간에 발생하는 동일한 상호작용에 대해 강조한다. 그녀에게 이 둘의 만남은 한 분이신 예수님에 대한 믿음 안에서 가능한데, 그분은 역사적이면서 실재하셨던 분이다.

> 분명히 선포된 예수님은 … 역사적 예수(the historical Jesus) 그 이
> 상이기도, 그렇지 않기도 하다. … 복음이 역사만이 아닌 초역사(the
> transhistorical)를, 사실(facts)만이 아닌 사실에 대한 신학적 해석을 제
> 공한다는 점에서 … 그분은 역사 그 이상이다. 그러나 역사적 예수는 엄
> 밀히 실재했던 예수님에 뿌리를 두고, 또 그것과 관계하기 때문에 끊임
> 없이 본문을 해석하려는 학자들의 노력과 그것을 이해하려는 신자들의
> 수고를 이끌어 내는 선포 자체에서 중대한 긴장감을 유발한다. 이런 점
> 에서 본문이 기술하는 예수님은 역사적 예수에 의해 매개되는 하나님의
> 풍요하심을 결코 감량시키지 않는다.[10]

이에 대한 필자의 입장은 먼저, (1) 맥클랜돈과 슈나이더즈가 제
안한 바대로 역사적 접근과 신학적 접근을 함께 붙잡고 가는 것과 더
불어 (2) 그것의 실행을 위해 설교의 선조들이 물려준 성경본문의 개
선된 이중적 읽기(revised double-literal sense), 곧 '하나님 읽기'를 회복
하는 것이다. 역사와 신학은 문자적 해석을 두고 다투는 양 극단이 되
어서는 안 된다. 우선 역사비평적 해석의 우선권을 인정할 수 있다. 왜
냐하면 그것 없이는 해석이 신학적이라고 판단할 수 없기 때문이다. 동
시에 또 다른 우선권은 신학적 해석에 부여해야 한다. 왜냐하면 신앙과
관련한 최종 판단이 신학적 해석에 있기 때문이다. 이렇게 될 때, 문자
적 읽기는 설교에 가장 유용한 도움을 주고, 그것이 개혁자들이 성경
해석의 표준으로 확립했던 문자적 읽기이다. 따라서 설교자가 성경본

문의 '문자적 의미'를 읽는다고 할 때, 그것은 역사비평적 읽기에 기초한 신학적 읽기의 결과로서 얻어진 본문의 '보다 깊은 의미'(the higher literal sense)를 읽는 것이어야 한다.

'하나님'-성경의 보다 깊은 뜻

'하나님 중심'(theocentric) 혹은 '그리스도 중심'(Christocentric)이라는 말은 그것이 성경비평학에 붙어 있었을 때, 많은 성경 주석가들에 의해서 부정적인 의미로 인식되었다. 그러나 설교자들은 그들이 하나님 중심 혹은 그리스도 중심적이지 않으면 설교의 사명을 완수하지 못한다. 설교자들에게 성경의 보다 깊은 뜻은 하나님 중심 혹은 그리스도 중심적인 의미를 말한다. 데이빗 바틀렛(David L. Bartlett)은 설교자들에게 "우리는 사람들이 성경과 만나도록 설교하는 것이 아니라, 그리스도와 만나도록 설교한다"라고 상기시켰다.[11] 엘리자벳 악트마이어(Elizabeth Achtemeier)는 설교에 대한 직설적인 평가로 유명한데, 그녀는 많은 설교들에 대해 "이 나라 교회들의 대부분이 더 이상 성경을 통해 말씀하시는 하나님의 음성을 믿지도, 듣기를 기대하지도 않기 때문에 더 이상, 그리고 심히 기독교적이지 않다. 물론, 우리 주류 교회들 안에서 그 결과는 처참했다"[12]라고 말한다. 최근 한 논문에 따르면 X세대는 신앙에 대한 보다 전통적이며 정통적인 표현을 선호하면서 신학(theology)을 사회정의(social justice)와 바꾸지 않는 신앙을 추구한다고 한다.[13] 보다 솔직히 말해, 현대인들은 하나님을 찾고 있는지 모른다. 이러한 분석이 맞는다고 한다면, 설교는 복음주의와 사회 참여적 신학 사이에 상실한 균형을 회복해 하나님에 관해 주저 없이 말할 수 있어야 한다.

로버트 젠슨(Robert W. Jenson)은 설교를 중점적으로 연구하는 신학자로 설교가 지향할 목표를 제시한다. 그는 이레니우스(Irenaeus)의 가르침에 착안하면서, "그러므로 우리가 하나의 본문이든, 몇 개의 본문이든, 혹은 본문 전승이나 편집 양식을 다룰 때 많은 물음들을 발견하게 된다. 그 가운데 설교자가 진지하게 응답해야 하는 물음이 있는데, 그것은 '성경의 이 한 부분이 하나님의 정체성(identity of God)에 대해 무엇을 말하려 하는가? 이스라엘과 교회가 예배하는 하나님은 어떤 하나님인가?'라는 물음이다"라고 말한다.[14]

하나님과 성경과의 관계는 지난 한 세기에 걸친 일반적 관심사였다. 그러나 적어도 바르트에게 그것은 특별했다. 그는 설교자가 말씀하시는 하나님의 방식을 모방해서는 안 된다고 주장했다. 심지어 불트만은 성경이 설교 청중을 존재론적 결단으로 이끈다고 보았다. 그러나 1974년에 제임스 구스타프슨(James M. Gustafson)은 보다 직접적으로 성경을 "하나님의 행위를 드러내는 계시"라고 정의했다.[15] 그는 2차 세계대전 중에 발표된 리차드 니버(H. Richard Niebuhr)의 글을 염두에 두면서 20세기 중반, 윤리학에서 가장 주목할 만한 변화는 "특수한 역사적 상황 속에 행동하시는 하나님(God who acts) 혹은 말씀하시는 하나님(God who speaks)에 대한 윤리적 사유를 도입했다는 것이다. … 이제 중심 의제는 우리가 이 사건을 어떻게 판단해야 하는가? 혹은 이 사건에서 우리는 무엇을 해야만 하는가가 아닌, '하나님은 이 사건에서 무엇을 행하시는가? 하나님은 이 사건을 통해 우리에게 무엇을 말

씀하시는가?'"라고 평했다.[16]

구스타프슨은 윤리의 문제를 다루었지만, 설교자 편에서 그것은 성경의 '보다 깊은 문자적 의미'를 읽기 위해 설교자가 본문을 향해 던지는 **"하나님은 이 본문에서 무엇을 행하고 계신가?"** 또한 이와 관련해서 "이 본문에서 하나님은 무엇을 말씀하시는가?"라는 물음과 겹친다. 이러한 물음이 초기와 중세 주석의 중심축이었다. 그러나 오늘날 이러한 신학적 물음을 언급하는 것은 쉽지 않다. 솔직히 말해, 본문의 역사적 배경이 추적될 수 없거나 모호하거나, 있다 하더라도 그것과 무관한 시대에 살고 있다면 그러한 질문이 훨씬 쉬울 것이다. 아마도 초기 교회나 중세시대가 그러했을 것이다. 혹은 하나님의 계시가 본문의 글과 문법에 묻어 있고 구원의 메시지와 같이 드러난다면, 그러한 신학적 물음을 다루기가 더욱 용이할 것이다. 그럼에도 우리는 역사로부터 충분히 배우고 있기에, 오리겐이 인간 저자의 음성이 아닌 오직 하나님의 음성만을 들을 수 있다고 했지만, 오늘 우리는 주석의 필수적이며 본질적인 부분인 인간 저자와 원 저자이신 하나님의 음성 모두를 들을 수 있다.

본문의 '보다 깊은 뜻'을 위한 또 다른 핵심 질문은 **"하나님이 이 본문의 배후에서 무엇을 행하고 계신가?"**이다. 삼위의 하나님(성부, 성자, 성령)이 본문에서 언급되지 않는다면, 설교자는 본문의 배후에 있는 보다 넓은 이야기를 고려해야 한다. 그것이 하나님의 말씀으로 인식되고 그렇게 알려진 이유는 무엇인가? 하나님의 정체성은 그분의 행동을 통해 드러난다. 하나님에 관한 물음은 일반적으로 역사적 사실에서 제기되지 않는다. 왜냐하면 역사는 하나님에 관해 물리적 시·공간 차원에서 알 수 있는 것과 초자연적인 것과 하나님에 관한 신앙적 고백을 의

심하는 것과 가장 잘 어울린다. 그럼에도 역사는 설교자를 도와 하나님에 관한 물음에 답을 할 수 있게 한다. 왜냐하면 역사 없이 설교자는 성경 배후에 무엇이 있었는지 말할 수 있는 것이 많지 않기 때문이다.

설교자가 **"하나님이 이 본문에서 혹은 본문 배후에서 무엇을 하고 있는가?"**라고 묻는 것은 객관적인 시각으로 분석하려 한다거나, 하나님에 대해 주관적으로 느껴지는 모든 것을 인정한다는 것도 아니다. 오히려 설교자는 교회를 대표해서, 그리고 이미 삼위 하나님을 믿고 고백하는 신앙인으로서 묻는 것이며, 그렇기에 설교자는 다른 어떤 것이 아닌 그 하나님에 대해 알 수 있는 것을 찾는 것이다. 성경을 통해 드러나는 하나님은 성경 안에서 가장 합당하게 발견된다. 그렇기에 **"하나님은 누구신가? 하나님이 무엇을 말씀하시는가? 하나님이 행하시는 것이 무엇인가?"**에 대한 성경본문의 대답은 성경본문의 타당한 문자적 의미 (a legitimate literal sense), 곧 본문이 성경으로 읽힐 때 그것이 의도하는 '보다 깊은 뜻'에 도달하는 것이다. 성경본문은 일관되게 삼위일체이신 '하나님'을 중심에 둔다. 따라서 설교자는 본문의 보다 깊은 문자적 읽기를 '하나님 읽기'(God sense)라고 부를 수 있다.

탕자의 이야기같이 교회가 애독하는 많은 성경본문은 하나님을 직접적으로 언급하지 않는다. 그러한 본문을 다룰 때, 설교자는 본문을 문맥이나 역사적 상황 속에서 읽게 된다. 그럴 때 설교자는 하나님을 묵상하고 숙고하게 된다. 또한 설교자가 본문의 사건이나 사안에 하나님이 어떻게 관련되어 있는지를 발견하고자 하면, 비록 설교자가 이러한 부분에 대한 해석적 역량이 부족해서 어느 정도의 교육이 더 필요할지라도 사실 본문은 그에 대한 답을 준다. 따라서 우리는 설교를 위해 교회의 모든 삶을 위하여 있는 '주석'(exegesis)의 참된 의미를 되살려야 한다. 주석은 신학비평을 포함하는데, 그것이 성경본문이 바람직하게 '이끌고'(lead) 가는 곳이다. 이러한 본문의 선두진행(leading)은 자연적인 자유 연상기법(free-association) 혹은 본문이나 교회의 가르침을 비논리적으로, 혹은 비역사적으로 연결하는 방식에 반대된다. 본문에 대한 신학의 선두진행은 신학적 자료의 안내를 받는데, 이 점은 본문 외부의 역사적·문학적 자료를 사용하는 역사비평의 선두진행과 흡사하다. 이 둘은 모두 정당하게 주석적 과정에 자신들의 위치를 주장한다.

어떤 설교자는 이러한 과학적 방식을 주장할 수 있다. 우리가 제기하는 물음은 우리가 조사하는 자료에 영향을 준다. 사라 스미스(Sarah Smith)는 설교학 전공자로서 여러 교단 교회들을 방문해 각 교회들이 설교 준비를 위해 성경을 읽는 데 있어서 저마다 나름의 방식이 있음을 발견했다. "남침례 교회들은 개인의 구원을 위한 메시지를 찾으려 본문을 읽는 반면, 메노나이트 교회들은 평화도모(peacemaking)의 메시지를 위해 본문을 읽는다. 로마 가톨릭교회는 윤리적인 삶의 메시지를 위해, 감독주의교회는 성찬을 위해, 감리교회들은 사회정의의 메시지를 찾으려고 성경을 읽는다."[17] 그녀는 다양한 현장을 일반화한 이러한 분석을 사용해 설교자가 성경본문을 다룰 때 그가 읽어내고 싶고 설교하고 싶은 내용에 대한 선 이해를 가지고 본문에 접근한다는 것을 보여주려 했다. 이러한 설교자의 무의식적 행위는 성경이 진실로 말하는 바를 들을 수 있는 설교자의 능력을 제한할 수 있다. 따라서 설교자가 본문을 향하여 물음을 던지는 것은 매우 중요하다. 성경본문에서 발견한 하나님에 대한 물음은 하나님의 말씀인 성경의 고유한 세계로 이끌고 간다.

신학의 다른 분야에서 볼 때, 성경본문의 '보다 깊은 문자적 의미'를 규정하는 것은 위험하게도 성경해석에 대한 단일한 방법에 갇히는 것으로 생각할 수 있다. 베르너 쟝론드(Werner Jeanrond)는 성경을 읽기 위해 다양한 방식이 필요함을 역설했다. 특별히 "고대 기독교 전통의 신학적 읽기를 근대, 그리고 후기 근대의 해석적 전략인 재구성(retrieval)과 의심(suspicion)의 해석과 통합시키는 방식의 필요성을 강조했다."[18] 이러한 다양한 방식으로의 개방성은 설교를 위한 예리한 조언에 필요하다. 더군다나 설교는 성경본문이 해석될 수 있고, 설교자가 적용하기에 유익한 여러 방식들을 제한하지 않는다. 그럼에도 설교학은 주일 설교를 위한 분명한 목적을 제안해야 하기에 정밀한 방법론에 대한 제안을 필요로 한다. 이러한 제안은 설교자들이 신앙 공동체를 위해 성경본문의 어디에 집중해야 하는지, 왜 어떤 설교는 설득력이 있고(하나님이 하시는 것에 초점을 두는 설교), 다른 설교는 그렇지 않은지(하나님에 이르지 못하는 설교), 또한 왜 다른 설교는 이유 없이 호소력 있게 보이는지(오직 웅변적인 카리스마에 의존하는 설교)를 판단하는 데 도움을 준다.

북미 설교학자들 가운데는 "하나님에 관한 물음"(God question)에 관심을 갖는 자들이 있다.[19] 본문의 '주제문장'(혹은 필자가 다른 곳에서 '본문의 주요 관심사'라고 부르는 것)은 '하나님의 행동'에 관심을 갖는 하나의 표현 방식이다. 그리고 일반적으로 그 주제문장은 하나님을 문장의 주어(subject)로 삼아야 한다. 문장은 외우기 쉽게 짧아야 하고, 하나의 절로 작성되어야 하고, 성경본문이 증언하는 하나님에 관한 하나의 선언을 해야 한다. 주제문장은 본문의 보다 깊은 문자적 의미를 온전히 담아내지 못할 수 있다. 그러나 하나님 중심 관점으로 본문을 보고 그것을 설교에서 발전시켜 나갈 때 하나님이 증언되는 설교의 길이 열리게 된다. 설교자는 신학적 물음을 던짐으로써 본문이 품고 있는 보다 깊은 세계와 만나게 된다. 이것이 우리가 다음 장에서 다루게 될 내용이다.

본 장을 마무리하면서 하나의 정의를 소개한다. 성경본문에 대한 하나님 읽기는 본문이 말하는 하나님의 성품과 행동, 그리고 인간과 피조세계와 맺으시는 관계 등과 같은 차원이며, 또한 그것은 성경이 교회의 책인 성경으로 읽힐 수 있도록 하는 성경 읽기 방식이다. '하나님' 중심 관점으로 읽는 읽기는 단일한 의미가 아닌 다양한 뜻을 포착할 수 있다. 협의적으로, 하나님 읽기는 하나님께 초점한 구체적인 진술, 곧 설교의 주제문장과 동일시되는 하나님에 대한 진술을 읽어낸다. 반면, 광의적으로 하나님 읽기는 설교에서 그러한 진술을 발전시키는 것과 더불어 본문에 대한 역사적, 문학적, 그리고 신학적 주석의 과정을 통해 발견하게 된 성경본문의 참된 신학적 의미를 읽어내는 읽기이다. 그렇다면 신학적 주석 과정은 어떤 과정이며, 어떻게 수행되는가?

5장
신학적 주석과 문자적 의미

　　본 장은 문자의 이중읽기를 위한 네 개의 실천 방안을 소개하고자 한다. 이 방안들은 신학적 주석을 어떻게 실행하고, 하나님의 말씀이 어떻게 설교작성 과정에 영향을 끼치며, 설교에서 어떻게 하나님을 생생하게 드러낼 수 있으며, 설교가 어떻게 성경본문을 보다 효과적으로 이야기할 수 있는가에 대한 실제적인 방식을 제안할 것이다.

　　'신학적 주석'이라는 말은 여러 학자들 사이에서 논란이 되는 영역인데, 그들은 여전히 역사비평만을 성경주석으로 간주하려 하기 때문이다. 그러나 설교자는 성경본문에 신학적 의미가 내재되어 있고, 그것으로 인해 성경이 '교회의 책'으로 읽힌다고 믿고 있다. 그러므로 우리는 본문의 신학적 의미를 가장 잘 읽어낼 수 있는 실제적인 방법을 모색해야 한다. 주석은 성경본문을 향해 질문을 던지는 과정이다. 가령, 설교자가 성경본문의 역사적 사실에 관한 물음을 던지기 위해 성경본문을 역사적 관점으로 읽어야 하는 필요성을 갖게 될 경우, 그는 경전 외의 자료도 사용하게 된다. 이러한 과정은 신학적 주석에 동일하게 적용된다. 설교자는 본문에 던질 신학적 물음, 곧 설교의 주제문장을 위해 묻게 되는 하나님의 행하신 일과 지금도 행하고 계신 일, 그리고 앞으로 행하시기로 약속하신 일이 무엇인지를 정해야 한다. 그리고 이러한 물음은 설교를 위한 유익한 정보와 자료를 제공하게 된다.

신학적 주석

아래에 제시되는 질문은 설교자가 설교본문을 주석하면서 본문이 담고 있는 신학적 메시지를 포착하는 데 도움이 될 수 있는 물음이다. 이 물음은 신학적 주석에 있어서 핵심적인 것들이다. 몇 가지 질문은 중복되기도 하지만, 모든 본문이 모든 물음에 답을 제시할 수 있는 것은 아니다.

1. 하나님(성부, 성자, 성령)은 이 본문에서 무엇을 행하고 계신가?
2. 하나님은 보다 넓은 맥락인 본문의 배후에서 무엇을 하고 계신가?
3. 본문에서 하나님을 나타내는 인물이나 그룹은 누구인가?
4. 본문이 하나님의 정체성에 대해 말하는 바는 무엇인가?
5. 본문이 인간의 정체성에 대해 말하는 바는 무엇인가?
6. 본문이 하나님의 목적에 이르지 못한 인간의 타락에 대해 말하

는 바는 무엇인가?

7. 본문이 드러내는 죄는 어떤 것인가?

8. 본문은 그 죄에 대한 하나님의 심판에 대해 말하는가?

9. 본문에서 드러나는 인간의 깨어짐과 연약함은 무엇인가?

10. 본문은 약한 자들에게 고통을 주고 그들의 연약함을 이용해 이득을 취하는 자들에게 하나님의 심판이 어떻게 임하는지 말하고 있는가?

11. 본문은 사람들이 어떻게 변해야 한다고 말하는가?

12. 하나님이 행동하기로 한 이유는 무엇인가?

13. 본문이 제시하거나 약속하는 소망은 무엇인가?

14. 하나님의 어떤 행동이 그러한 소망을 약속하는가?

15. 본문은 인류를 향한 하나님의 뜻에 관해 무엇을 말하는가?

16. 본문에서 하나님은 어떤 방식으로 인간성을 회복하시겠다고 말하는가?

17. 본문은 하나님의 사랑에 대해 무엇을 말하는가?

18. 본문에서 하나님은 필요를 채우기 위해 무엇을 행하시는가?

19. 본문의 배후에서 하나님은 필요한 상황에 어떻게 응답하시는가?

20. 본문에서 하나님은 사람들이 무엇을 할 수 있게 하시는가?

21. 본문은 하나님이 약속하는 미래가 무엇이라고 말하는가?

22. 이 구절의 어떤 동사(verb)가 하나님의 구원을 가장 잘 묘사하고 있는가?

23. 하나님을 주어로 하면서 '하나님의 중심성'을 가장 잘 담아내

는 문장은 무엇인가?

24. 본문에서 사람들의 어떤 행동이 하나님으로 하여금 그런 방식으로 행동하시게 만드는가?

25. 본문이 말하는 하나님의 행동을 동일하게 보여주는 다른 핵심 본문은 무엇인가?

26. 본문의 하나님과 가장 밀접하게 상응하는 교회의 가르침이나 교리는 무엇인가?

27. 그 교리의 어떤 면이 적용되고 있는가?

28. 예수 그리스도에 관해 본문이 말하거나 암시 혹은 약속하고 있는 것은 무엇인가?

29. 본문은 십자가, 부활, 그리고 승천과 어떻게 연결되는가?

30. 그리스도의 부활 사건이 이 본문에서 말하는 바는 무엇인가?

설교자는 역사비평적 해석이 완료되기 전 혹은 진행되는 와중에도 이상의 물음들을 던질 수 있다. 설교자는 불완전한 인간일지라도 두 개의 과정을 동시에 진행하면서도 각각을 분리해서 진행할 수 있다. 즉, 역사비평에서의 역사-문학적 물음을 신학적 물음과 함께 제기하는 것은 설교자에게 적지 않은 유익을 준다. 예를 들어, **"본문에서 권세를 쥔 자는 누구인가?"**라는 물음은 하나님 앞에서 막중한 책임을 져야 하는 자가 누구인지 확인해 줄 것이다. **"본문에서 억압당하는 자는 누구인가?"**라는 물음은 **하나님의 은총을 받을 자가 누구인지**를 알게 할 것이다. 신학적 물음은 본문해석의 다른 차원에서, 가령 역사적 사건의 차원이나 편집자에 의해 해석되어 온 수준에서 제기될 수 있다. 예를 들어, 설교자가 예수님의 비유 가운데 한 본문을 해석함에 있어서 복음서 저자가 자신의 언어로 예수님의 말씀을 수정했다고 판단한다면, 그렇게 결정한 신학적 이유를 다음과 같이 분명히 해야 한다. "편집자의 그러한 수정을 가능케 한 예수 그리스도의 인격은 무엇인가?" "편집자는 하나님과 그분을 향한 신앙에 대해 무엇을 말하는가?"

한계적 상황과 은혜, 그리고 하나님

신학적 읽기는 성경본문이 하나님을 간과하지 않으며, 하나님에 관한 폭넓은 시각을 제공하고 있다는 이해에서 출발한다. 어거스틴은 그의 *On the Spirit and the Letter*(c. 6)(영과 문자에 관해 – 역자주)에서 율법(law)과 은혜(grace)를 성경의 상반된 두 개의 의미로 분리했다. 바울 이래 루터의 보완이 있기까지 성경이 말하는 하나님은 이중 초점(bifocal)을 가진 의미로 이해되었는데, 그것은 율법(law)과 복음(gospel), 심판(judgement)과 소망(hope), 한계적 상황(trouble)과 은혜(grace) 등 하나가 두 개의 상반된 의미를 동시에 담고 있다고 보았다.[1] 인간의 한계적 상황은 인간에게 그 문제를 만회하도록, 하나님의 뜻에 따르도록, 하나님의 계명에 응답하도록, 자신의 약함과 서로 간, 그리고 피조세계에게 행한 죄의 값을 지도록 짐을 지운다. 결국, 회개로 돌아서 하나님의 구원을 의지할 것을 요구한다. 반면, 은혜는 인간의 한계적 상황에 대한 하나님의 주권적 행동이다. 이 은총의 행위는 예수 그리스도의 삶, 죽음, 부활, 그리고 승천에서 가장 온전히 나타났고, 성령님 안에서, 그리고 그분을 통한 하나님의 현재와 미래의 약속된 행동 안에서 경험되는 은총이다.

한 성경학자는 이러한 이중적 해석에 대해 심각한 불만을 표출하면서, "우리는 모든 본문에 대해 '하나님이 그의 백성들에게 무슨 말씀을 하시는가?'라고 묻기보다는 '어느 것이 율법이고, 어느 것이 복음인가?'라고 묻는, 결국 같은 문양(stencil)을 반복해서 찍는 것과 같게 된다. 이러한 접근법은 경직되어서 어떤 특정 본문이 하나님의 심판과 은혜를 제공하든 그렇지 않든 상관없이 회중이 그것을 받아들이게 한다"[2]라고 목소리를 높였다. 그의 주장은 정당한데, 이에 대한 답변은 두 가지로 제시된다. 먼저, 설교자는 신학비평을 시도하면서 복음의 빛 하에서 개별 본문을 읽어냄과 동시에 모든 개별 본문들의 시각에서 경전 전체가 말하는 바를 해석하게 된다. 역사 속의 하나님은 한계적 상황의 하나님만이 아닌 은총의 하나님이기도 하다. 성경의 본문을 읽으면서 심판 속에 어떤 은총이 있고, 은혜를 갈망하는 인간의 문제적 상황이 무엇인지에 관한 식별이 없을 때 하나님을 너무 제한적으로 해석하게 된다. 둘째로, 한계적 상황과 은혜는 동전의 양면과도 같다. 양쪽이 동시에 상존한다. 바르트가 주지한 대로 정죄하는 말씀은 곧 구원하는 말씀이기도 하다. 설교자가 둘을 따로 분리할 때마다 그는 하나님의 말씀을 오역하는 위험을 범하게 된다.

많은 설교자와 설교학자들은 "한계적 상황(trouble)과 은혜(grace)"를 마치 문제적 상황에서 해결의 상황으로 나아가는 설교와 혼동하곤 한다. 그러나 복음을 문제적 상황에 대한 단순한 해결로 동일화하는 실수와는 별개로, 설교의 형태와 기독교 신앙의 기본 구성법은 구분되어야 한다. 그러면서도 이 둘의 관계는 설교의 많은 형태들 가운데 하나의 형태로 발전될 수 있다. 사실, 설교자가 어떤 설교 형태를 취하고 어떤 본문으로 설교하든지 간에 그가 정확하게 인식해야 하는 바는 한계적 상황과 은혜가 기독교 신학과 선포가 다루어야 하는 하나님의 심판과 구원에 대한 기초 교리라는 점이다. 이러한 양면의 동전은 설교자가 임의로 만든 것이 아니다. 그 양면은 분리될 수 없는 것으로 예수님의 십자가와 부활로 드러난 하나님의 사랑의 표현 방식이다. 만일 성경본문이 하나님의 행동을 언급하고 있다면, 설교자는 한계적 상황과 하나님의 주권적 은혜를 읽어낼 수 있다. 왜냐하면 그것은 같은 하나의 말씀을 읽어내는 두 개의 시각이기 때문이다. 설교자는 본문을 주석하면서 한계적 상황 혹은 은혜의 관점에서 주제문장을 작성할 수도 있다. 그러나 설교자가 둘 가운데 오직 하나 혹은 다른 쪽을 읽어낸다면, 그것은 본문이 말하는 바라기보다는 많은 경우 그러한 문제를 다루는 데 있어서 설교자의 역량이 제한된 데서 기인한다고 볼 수 있다. 비록 본문이 문자적으로 인간의 무거운 책임과 소망, 둘 중에 하나만을 이야기하더라도, 설교자는 그 둘이 온전히 표현되도록 주제문장을 작성해야 한다.

설교는 원리상 은총을 나타내는 하나님의 주권적인 구원의 행동을 설교의 주제문장에 기술해야 한다. 그렇지 않다면 설교는 결코 복음을 말하게 된다. 인간의 한계적 상황(trouble)에 대해서 반복적으로 언급하고 강조하고 확인하면서 하나님의 주권적인 은총의 행동에 대해서 강조하지 않는다면, 이는 이미 세계의 여러 많은 설교들에서 볼 수 있는 것처럼 본질적으로 하나님을 빼버린 도덕주의적(moralistic)이고 인간 중심적(anthropocentric)인 설교로 전락하고 만다. 그런 설교는 궁극적으로 하나님에 대한 선포로 나아가지 못한다. 그런 설교의 주된 관심은 하나님께서 십자가에서 우리를 위해 이루신 것이 무엇인지가 아닌, 우리 자신의 힘으로 무엇을 해야만 하는지를 강조하는 데 있다. 그러나 설교자가 명심해야 하는 것은 이 세상의 권세자와 주관자들은 정죄를 일삼고 절망으로 몰아가지만, 하나님은 그리스도 안에서 성령님을 통해 조건 없는 사랑을 주시고, 세우지 않은 것을 허물지 않으시고, 공급함 없이 일으켜 세우지 않으신다는 것이다. 설교에서의 은혜는 그것의 선행 상황으로서 인간의 곤경이나 죄의 상황이 전제되는데, 이는 그 은혜가 엉뚱하거나 본회퍼가 역설한 '값싼 은혜', 곧 하나님은 언제나 공짜라는 식으로 오인되지 않도록 하기 위함이다. 그렇기에 설교학적인 관점에서 성경본문의 주제문장이 하나님의 은혜의 행동에 초점을 두면 둘수록 설교자는 더욱 그와 반대되는 문제적 상황, 곧 하나님이 구원을 행사하지 않으면 안 되는 상황에 대한 내용을 다루게 된다. 그러므로 설교자는 성경본문에서 '하나님'에 집중하는 것뿐만 아니라, 하나님의 어떤 행동을 강조해야 하는지를 선택해야 한다. 시편 120편 ("내가 환난 중에 여호와께 부르짖었더니 내게 응답하셨도다 여호와여 거짓된 입술과 속이는 혀에서 내 생명을 건져 주소서")도 하나님의 은혜의 행동에 대한 언급이 없다. 그럼에도 본문은 "하나님은 그를 찾는 자를 구원하시는 분이다"라는 하나님의 은혜를 함의하고 있다. 필자의 신학 전통은 하나님이 삶의 모든 상황 속에서 일하시는 분이며, 그 상황 속에서 찾을 수 있는 분이 하나님이심을 고백한다. 그리고 이러한 신학은 성경본문 내의 삶의 상황에 필자가 가진 하나님에 대한 기대를 대입하게 한다. 성경본문의 모든 부분은 인간의 곤경의 상황과 하나님의 은혜의 행동 모두를 직·간접적으로 드러낸다.

일반적으로 성경본문이 곤경의 상황과 은혜의 행동을 드러내기에, 설교 또한 일반적인 차원에서 그 둘 모두를 이야기하게 된다. 설교자는 성경해석을 통해 본문의 이미지를 발전시켜 나간다. 사람들이 교회에 나와 옳음과 바른 교훈을 원하고, 자신들이 치러야 할 대가를 확인받고 싶어 하고, 율법이 자신들에게 적용되기를 바라는 마음은 막을 수는 없다. 그러나 그들에게 필요한 것이 은혜임을 깨닫지 못한다면, 은혜는 그들에게 큰 의미로 다가가지 않게 된다. 그러나 성도들은 또한 부활하신 그리스도와의 만남을 통해 믿음을 새롭게 하고, 또다시 그리스도의 멍에가 비추는 빛을 경험해야 하는 마땅한 권리도 있다. 그렇기에 설교가 도덕적 교훈이나 성도들에게 그들 자신의 힘으로 해야만 하는 것이 무엇인지를 가르치는 것으로 끝난다거나, 그들 개인의 헌신과 봉사를 완수하기 위한 하나님의 은혜가 이미 충분함을 그들에게 확신시키지 못한다면 설교는 미완성으로 끝나고 만다. 이것이 대부분의 비평적 읽기가 갖는 한계이다. 이러한 이유로 설교자는 신학비평을 통해 성경본문과의 보다 깊은 대화와 만남을 시도해야 한다.

설교가 실제로 하나님을 말하는가?

설교자는 설교를 작성하면서 다음과 같은 질문을 던져야 한다. "이 설교에 하나님(a real God)이 실제로 있는가?" 이 질문은 보다 발전된 신학비평의 수행과제 중에 하나이다. 설교에서 하나님은 삼위일체 되신 한 분 하나님으로 그분은 '진리'나 '사랑' 같은 추상적 개념에 대한 은유나 직유, 또는 청중을 인위적으로 설득시키기 위해 사용하는 수사적 기술 혹은 회중을 이해시키기 위한 사상이나 언어라는 감옥 안에서만 존재하는 언어적 하나님으로 표현되는 하나님이 아니다. 오히려 설교가 말하는 하나님은 액면 그대로 실재하시는 하나님이다. 교회가 믿고 고백하는 하나님은 모든 만물을 지으신 하나님이며, 그리스도 예수 안에서 고난 받으시고 십자가에서 죽으시고 우리의 구원을 위해 다시 살아나신 분이며, 살아계셔서 모든 만물 위에 통치하시며 성령의 권능 안에서 일하시며 교회를 모으시고 세워 가시는 분이며, 교회를 통해 세상에 계시며 그분의 자녀들이 믿음과 섬김과 사랑의 삶을 살아가도록 강건케 하시고 준비시키시는 하나님이다. 이러한 인격적인 하나님은 설교의 말씀과 성례를 통해 사람들에게 자신을 나타내시기를 기뻐하신다. 하나님은 창조된 세계의 질서를 통해 자신을 드러내시고 다함없는 은혜의 표식으로 자신의 사람들을 결코 떠나지 않으신다.

많은 설교자들은 자신들이 열정의 소유자가 되기를 소원한다. 그러나 설교의 열정은 감정적인 차원이 아닌 신학적인 차원의 것이다. 그것은 하나님의 능력에 대한 설교자의 확고한 인식에서 나오며 하나님은 설교를 통해 일을 이루시기를 기뻐하신다는 확신에서 출발한다. 이와 같은 차원에서 만일 설교가 사건이 되어 설교를 통해 회중이 세상을 심판하시고 회복하시는 하나님을 경험하게 된다면, 회중도 하나님과 믿음에 대해 열정적이게 될 수 있다. 따라서 설교는 단순히 하나님에 관한 이론, 곧 하나님에 관해 골똘히 씨름해야 하는 사상이나 지식정보, 암기해야 하는 교리를 제시하는 것이 아니다. 이런 것들은 모두 유익한 목적과 용도가 있지만, 가장 우선적으로 설교가 말해야 하는 것은 하나님과의 관계이다. 왜냐하면 그것이 하나님이 우리에게 행하시는 것이기 때문이다.

앞서 우리는 설교자가 역사비평가로서 성경본문에 대한 역사적 상상력을 갖기 위해 본문과 본문의 인물들에 대한 역사적 정황을 파악해야 할 필요성이 있다고 언급했다. 이와 같은 방식으로 설교자는 신학적 해석자로서 본문에 대한 신학적 상상력을 키워 성경본문과 그 배후에서 일하시는 하나님의 역사하심을 말할 수 있어야 한다. 보다 실제적인 차원에서 성경본문에 대한 신학적 이해는 본문에 대한 '하나님 읽기'를 통해 가능하고, 본문의 주제문장에 의해 표현된다. 그리고 설교자는 본문의 장면들을 새롭게 재구성함에 있어서 세상과 인간을 향한 하나님의 심판과 은혜에 주목하게 된다. 바꿔 말해, 설교의 내용을 제공하는 본문의 문자적 의미는 하나님의 본성과 인격에 대한 교회의 이해가 확장될 때 함께 확장된다. 보다 넓은 이해와 대화하면서 발전하게 된다. 따라서 설교자의 신학적 주석의 목표는 성경에서 발견한 것과 같은 하나님에 대한 생생함을 회중에게 전달하는 것이다.

본문과 그 배후에서 일하는 하나님의 역사를 묘사하는 것과 더불어, 살아있는 하나님을 전달하기에 가장 좋은 통로 중에 하나가 하나님을 지금 말씀하고 계시는 분으로 제시하는 것이다. 만일 하나님이 침묵하고 있는 것처럼 설교한다면, 회중이 어떻게 하나님의 말씀하시는 뜻을 들을 수 있겠는가? 그러므로 주의해야 할 것은, 설교자의 말과 하나님의 말씀 간의 관계가 항상 일치하지 않는다는 것과 성령님이 설교자의 말을 사용하는 방식은 설교자에게 달린 것이 아니라는 점이다. 그럼에도 여전히 설교자는 신앙과 이성의 관점으로 설교할 수밖에 없다. 그렇기에 설교자는 담대할 필요가 있고, 하나님을 말하기 위해서 그런 위험을 감수해야만 한다.

설교자는 다양한 도구를 사용해서 하나님이 말씀하시는 진리로 회중을 일깨울 수 있다.

1. 만일 성경본문에서 하나님이 직접적으로 하시는 말씀이 있다면, 그것은 설교에서 특별히 반복되어야 할 중요한 말이다. 그러므로 그 부분은 본문의 표현대로 인용해야 한다. 그것이 하나님이 실제로 하신 말씀이든 그렇지 않든, 설교자는 성경의 어느 부분에서든 하나님이 하신 말씀을 항상 그대로 인용하여 반복할 수 있다. 특별히 같은 책에서 나오거나 분명하게 본문과 관련된 말씀인 경우에는 더욱 그렇다. 예를 들어, 요한복음의 마지막 장인 베드로의 파송 본문에 대한 설교의 경우, 설교의 결론에서 설교자는 설교본문에서는 벗어나지만 요한복음의 여러 곳에서 나오는 주님의 말씀이나 그것과 관련된 성경의 다른 곳에서의 말씀을 인용하면서 다음과 같이 설교를 마무리할 수 있다. "예수님께서 말씀하십니다. 나를 따라 오너라, 나를 떠나서는 너희가 아무것도 할 수 없느니라"(요 15:5). "나를 따라 오너라, 나는 생명의 떡이니 내게 오는 자는 결코 주리지 아니할 터이요 나를 믿는 자는 영원히 목마르지 아니하리라"(요 6:35). "나를 따라 오너라, 너희는 마음에 근심하지도 말고 두려워하지도 말라"(요 14:27). "나를 따라 오너라, 너에게 능력 주시는 자 안에서 네가 모든 것을 할 수 있느니라"(빌 4:13).

2. 설교자는 마치 하나님이 친히 말씀하시는 것처럼 하나님의 말씀을 대신해서 전할 수 있다. 다시 말해, 하나님이 본문과 본문의 인물 혹은 본문의 상황을 통해 말씀하신다는 생각이 들 때 그렇게 할 수 있다. 그렇기에 하나님은 불의에 반대하신다고 말하는 대신, 설교자는 보다

강하게 힘을 주어서, "하나님이 말씀하십니다. '그만하면 됐다. 그동안의 불의만으로도 족하다. 이제는 나의 뜻이 이루어질 시간이 됐다'"라고 말할 수 있다. 성경의 선지자들은 여러 차례 하나님이 하시는 말씀을 그대로 인용하면서 다음과 같이 전했다. "그러므로 주께서 말씀하시기를…." 달리 말해, 설교자는 성경본문의 하나님(성부, 성자 혹은 성령)을 문자가 표현하는 모습보다 더 역동적인 구원자로 말할 수 있다.

3. 설교자는 설교에서 짧은 대화의 형식을 빌어 하나님께 말을 건넬 수 있다. "글쎄요. 하나님, 당신은 우리에게 궁핍한 자들을 돌보라고 말씀하셨습니다. 이제 우리는 그에 대한 당신의 신호가 필요한 순간에 있습니다." 이러한 대화는 친밀한 기도나 시편의 형태를 따라 할 수 있다.

4. 설교자는 또한 하나님의 음성을 들은 사람처럼 말할 수 있다. 가령, "깊은 절망의 시간에 하나님께 부르짖어 본 사람이라면 누구라도 알 것입니다…." 이러한 방식은 설교자의 내면적 태도(ethos)나 진정성 혹은 흔히 설교자의 경건이라고 말하는 것과 관련된다. 설교가 듣지 않으면 안 되는 말씀이 되기 위해서, 설교자는 하나님과의 살아있는 관계를 이야기해야 한다. 그러나 대중을 향해 스스로 의인인 척하는 이야기를 하는 바리새인이 되어서는 안 된다.

신학적 상상력의 예

설교자가 신학적 읽기를 수행하지만, 설교에서 신학적 상상력을 충분히 발휘하지 못해 그 내용이 생동하지 못할 수 있다. 설교에서 신학적 상상력이 효과적으로 소통되지 못한다면, 설교에 신학이 설 자리는 없어진다. 아래는 설교에 필요한 신학적 상상력이 무엇인지에 대한 예시로 창세기 3장을 본문으로 한 설교의 일부이다.

에덴에서 추방되어 나가는 길에서, 이브는 하나님과 이런 대화를 했을 것입니다. "오, 하나님, 이 모든 일은 우리 때문에 벌어졌습니다. 그런데 주님, 우리가 이곳에 머물 수 있는 길이 정말 없는 건가요? 우리 자신을 위해서가 아니라 우리 아이들을 위해서 말입니다." 우리는 그녀가 무슨 말을 하고 있는지 아직은 잘 모릅니다. 그러나 우리는 하나님이 어떻게 대답하셨을지 짐작할 수 있습니다. "이브야, 너희가 이곳을 떠나야 한다는 것이 내게도 아픈 일이다. 그런데 이렇게 하는 것이 너와 아담, 그리고 너희의 자녀들을 위한 계획이다. 네가 그 열매를 깨물었을 때 네 발은 동산에 있었지만, 네 마음은 이미 그곳을 떠났단다. 왜냐하면 네가 그 열매를 깨물었을 때 너는 너의 순수함을 잃어버렸기 때문이다. 이제 너는 무엇이 선하고 무엇이 악한지 알게 되었다. 네가 순수함을 잃어버리게 되면 에덴은 더 이상 존재하지 않는다." 이브는 하나님의 말씀을 마음으로 곰곰이 생각했습니다. 그리고 말했습니다. "글쎄요, 하나님. 이곳을 떠나야만 한다면 떠날 수 있어요. 앞으로 닥칠 어려움도 견뎌야 한다면 견딜 수 있어요. 제가 주님을 떠나는 것이 아니라는 그 사실만 확실하다면 저는 그 어떤 일도 견딜 수 있어요." 자신의 삶을 망쳐버렸지만, 이브는 그녀의 삶에 무엇이 필요한지를 알고 있었고, 그것은 하나님이었습니다. 그녀는 그들 부부가 세상으로 나갈 때 하나님께서 자신들과 함께 동행해 주셔야 한다고 생각했습니다. 자신들은 하나님을 저버렸더라도,

하나님께서는 자신들을 버리지 않기만을 바랐습니다. 그녀는 기도할 수 있는 하나님이 여전히 필요했고, 깊은 밤 자녀들의 일로 고민하며 기도하는 기도에 응답해 주실 하나님이 필요했습니다. 이브에게 세상의 주인은 하나님이어야만 했습니다. 하나님은 여전히 그녀의 부르짖음을 들으시는 분이기 때문입니다.

물론, 그녀의 요구는 정확히 하나님이 생각하시던 바였습니다. 성경을 통틀어 우리가 발견할 수 있는 하나님에 관해 가장 주목할 만한 장면 가운데 하나는 바로 하나님께서 아담과 이브에게 에덴동산 밖에서 그들을 기다리고 있는 것이 무엇인지를 말씀하시는 장면입니다. 그것은 하나님의 특별한 사랑과 헌신의 모습입니다. 그 구절은 다음과 같습니다. "여호와 하나님이 아담과 그의 아내를 위하여 가죽 옷을 지어 입히시니라." 이 얼마나 사랑스런 모습입니까? 고된 학교생활을 위해 부모 집을 떠나는 자녀의 옷을 손수 짓고 있는 하나님을 생각해 보세요. 하나님은 우리가 삶을 망쳐놓았을 때, 이브에게 하시듯 저와 여러분에게 말씀하십니다. "이브야, 이제는 단순한 삶으로 되돌아올 수는 없어. 너는 지금 에덴을 떠나지만 그렇다고 나의 사랑의 품안에서 떠나는 것은 아니란다. **네가 주의 영을 떠나 어디로 가며 주의 앞에서 어디로 피할 수 있으랴? 네가 새벽 날개를 치며 바다 끝에 가서 거주할지라도 거기서도 나의 손이 너를 붙들리라.** 나는 너를 포기하지 않는단다. 네가 삶을 엉망으로 만들었을지라도 나는 여전히 너를 위한 계획이 있단다. 너에 대한 나의 용서는 영원부터 영원까지란다. 나를 사랑하는 자들을 위해 내가 좋은 일을 할 수 없다는 것은 너의 잘못이 아니야. 나는 네가 생명을 얻고 풍성히 얻도록 하기 위해 왔다는 것을 기억해 다오."

본문의 문자성과 문학성

"이 설교에 과연 성경본문이 존재하는가?" 이 질문은 중요하지만 처음에는 진부하거나 뻔하게 들릴지 모른다. 설교가 성경본문에 기초한 것이라면 그것이 응당 설교에 나타난다고 생각하기 때문이다. 그러나 설교에 단순히 본문의 주제문장만 등장한다면 설교에 성경본문이 있다고 말할 수 없다. 그리고 설교가 성경본문을 인용하면서 다른 방향으로 흐른다면 성경본문은 설교를 이끌어 가는 데 효과적으로 기능하지 못한다. 만일 설교가 성경본문과 우리의 삶의 자리를 연결하는 다리가 되지 못한다면, 성경본문은 있을지라도 필요한 방식으로 사용되지 않는 것이다. 설교를 위한 성경읽기에 있어 본문이 설교에 어떻게 자리하는가는 핵심적인 사안이다. 궁극적으로 설교는 해석적 실천이다. 성경주석 과정에서 읽어낸 '하나님'은 설교를 위한 것이다. 설교자가 주석에 신중하고자 할 때 본문읽기는 즉흥적으로 수행될 수 없다. 설교자가 성경본문을 신학적으로 신실하게 다루지 않는 이상 설교에서 해석은 발생하지 않는다.

성경본문의 주제문장(theme sentence) 혹은 주요관심사(major concern)는 중요한데, 그 이유는 첫째, 그것이 성경본문의 핵심에 이르는 하나의 지름길이기 때문이다. 둘째, 설교자는 그것을 설교의 중심사상으로 발전시키기 때문이다. 이를 위해 설교자는 설교가 본문에 대한 바람직한 이해를 담아낼 수 있도록 본문을 재구성해야만 한다. 설교자에 대한 막연한 추측(그들은 목회가 너무 바쁘기에 심도 있는 본문연구를 할 수 없다)만이 아닌, 회중에 대한(그들의 관심사), 그리고 설교에 대한 막연한 추측(성경을 다루는 데는 많은 시간이 필요하다)이 있기 십상이다. 설교자는 성경본문을 단일한 하나의 방식으로만 다루어서는 안 된다. 오히려 여기에는 다양한 이점과 단점을 가진 가능한 방식들이 있다.

1. 본문의 주제를 설교에 가져오는 방식으로 본문을 사용하라. 이 방법을 통해 설교는 주로 본문을 오늘의 삶에 적용시키는 데 역점을 둘 수 있다. 설교자는 본문의 주제문장, 가령 "바울은 그의 설교에 장애가 되는 약점 외에 다른 모든 것을 견디려 한다"(고전 9:12-27 참조)를 설교에 도입할 수 있다. 이 문장은 연역식 설교의 도입부나, 혹은 귀납식 설교의 결말부에서 사용될 수 있다. 그러므로 설교에 앞서 성경본문이 봉독되는 것은 회중이 성경을 이해하는 데 도움을 준다. 다시 말해, 설교 시작 전 회중은 그들의 머리에 성경본문과 설교를 연결 짓고, 설교에서 그 본문이 언급될 때 본문을 이해할 준비를 할 수 있다. 그런데 이런 경우는 드물다. 이런 방식이 가장 잘 들어맞을 때는 본문의 역사나 배경적 정황을 다루지 않아도 되는 본문, 가령 잠언의 "아비의 훈계를 업신여기는 자는 미련한 자요 경계를 받는 자는 슬기를 얻을 자니라"(잠 15:5)와 같은 본문인 경우이다.

2. 본문의 단어와 사건에 대한 분석과 주해를 곁들여라. 여기서 본문에 대한 분석은 장면을 설정한 후에 이어지는데, 누가복음 18장 35절의 경우 회중은 여리고 가까이에서 예수님과 함께 걸으면서 소경된 자의 부르는 소리를 듣게 된다. 이런 경우 한 절 한 절 강해해 가는 설교가 될 수도 있고, 줄거리나 주장의 각 장면을 발전시켜 가는 서사설교가 될 수도 있다. 그럼에도 이상적으로 설교가 논의해 나가는 각 부분들은 주석 과정에서 창안된 본문의 주제문장를 지원할 수 있어야 한

다. 주의할 것은 설교가 강조하려는 요지나 대지가 많아질수록 설교는 주제문장과 통일성 모두를 상실함으로써 따라가기 어려운 산만한 설교가 될 수 있다.

    3. 몇 개의 본문에서 일부 구절을 취하여 그것들을 설교에 사용하라. 같은 주제를 지닌 다른 본문은 한 편의 설교에서 설교본문과 한데 어우러질 수 있다. 이럴 경우 인용되는 각 본문이나 구절은 나름의 주해와 적용을 동반한다. 여기서 다른 본문이 사용될 수 있는 것은 그것들이 지닌 설교본문과의 동일한 주제나 중심사상 때문이다. 그리고 그것들이 많은 주해적 설명을 필요로 하지 않는 경우에 그 사용이 효과적인데, 일반적으로 회중은 실제로 하나의 본문만을 다루는 데 익숙하다. (이러한 주제에 기초한 설교는 많은 본문들을 언급하면서도 그 어느 본문에도 오래 머무르지 않을 수 있는 방식을 보여준다.) 여기서 가장 큰 위험은 사용되는 다른 본문들 간의 불일치와 그것들을 혼합시켜 설교자 자신이 말하려는 바를 지지하기 위한 본문(proof texts)으로 오용할 수 있다는 점이다. 그렇기에 이 방식은 많은 주의가 요구된다. 왜냐하면 다른 본문이 제시될 때마다 설교의 주제가 바뀌는 것처럼 들릴 수 있기 때문이다.

    설교가 다루는 것은 성경본문 그 자체만이 아닌, 성경본문이 그리는 장면(image)이나 그것의 재현(representation)이다. 여기에는 다양한 요인이 작용해 왔는데, 설교가 본문의 구절을 사용할 때 그것들은 그것이 속한 문맥에서 분리되고, 쪼개지고, 재배치되고, 재결합되며, 특정 방향으로 해석되고, 분석되고, 적용된다. 그래서 설교가 성경본문을 다룰 때마다 본문은 탈바꿈한다. 가령, 설교자가 성경본문을 택하여 그것을 한 단어, 한 단어씩 읽는다 해도, 그 본문은 그것이 언급되는 설교라는 새로운 상황 속에서, 그리고 설교자가 본문을 읽는 방식에 의해, 또한 그것을 적용하는 의도에 따라 그 모습을 새롭게 한다. 설교는 성경본문과 관련해서 그것과 유사한 내용 – 더 혹 덜 유사한 장면, 또는 흔적(Derrida/Sausseur) – 을 담아내는 것이다. 엄격하게 말해, 설교의 내용은 오로지 성경본문 안에서만 발견된다.

이렇게 성경본문을 세밀하게 다루는 것은 본문을 머리카락처럼 잘게 나누려는 것이 아니다. 대부분의 설교는 본문에서 창안해 낸 중심사상에 기초한다. 따라서 성경본문에 대한 정밀한 이해는 설교자가 다루는 것이 본문의 장면임을 강조하기 위함이다. 그리고 본문의 어떤 장면은 다른 어느 것보다 설교자가 본문의 신학적 의미를 포착하는 데 더욱 적합하다. 가령, 신학교에서 배우는 성경주석은 몇몇 학생들에게 이에 대해 잘 설명해 줄 수 있다. 본문이 가진 이야기의 구성과 그 전개는 그와 관련된 다양한 장면을 제공해 준다. 그렇기에 본문에 대해 동일한 주제를 설정했다 하더라도 설교는 완전히 다르게 나올 수 있다. 이처럼 성경해석은 설교 준비의 시작에서 끝나는 것이 아니다. 그것은 설교 작성의 전 과정을 이끌고 간다. 그런데 오늘날 설교자는 해석이 비로소 중요한 역할을 시작하는 단계에서 어떤 도움도 받지 못하고 있다.

우리는 지금까지 설교에서 성경본문이 언급될 수 있는 몇 가지 방법을 제시했다. 본 장을 마무리하면서 우리는 설교에서 성경본문의 이미지를 가장 효과적으로 발전시키기 위한 몇 가지 방안을 추천하고자 한다.

1. 우선적으로 하나의 성경본문에 대한 이미지를 발전시켜라. 설교가 하나 이상의 본문을 심도 있게 다루려 할 때, 설교자의 필요는 채

워질지 몰라도 회중에게는 그렇지 않다.

2. 설교의 절반을 본문의 이미지를 발전시키는 데 할애하라. 회중에게 필요한 것은 본문을 오늘의 상황에서 이해 가능하도록 재구성하는 것이다. 특별히 설교자가 회중에게 본문의 세계를 확고히 심어주고자 할 때 더욱 그렇다. 따라서 설교자는 본문을 역사에 관한 보고서가 아닌 영화의 장면처럼 접근할 수 있다. 설교에서 이 부분에 도움이 되는 구절이나 표현을 인용하라.

3. 본문의 역사나 사건을 현실적인 방식으로 일상화하라. 회중을 생각한다고 하면서 주석의 분석 과정을 보고하거나 알릴 필요는 없다.

4. 가능한 한 본문의 내러티브를 많이 활용하되 본문에 관한 내용이나 그 배후의 사건을 발전시켜라. 내러티브는 길고 논증적 문장으로 구성된 추상적 산문과는 반대되는 글로서, 설교자는 본문의 내러티브를 온전히 파악하기 위해 필요한 해설서나 교리, 주석집을 참고해야 한다. 설교에서 난해한 추상적 개념은 최대한 줄이되, 필요한 경우는 회중이 설교에 대한 주의를 잃지 않는 방식으로 해야 한다.

5. 본문의 장면을 그림처럼 묘사하되 그것은 실생활에 있는 묘사여야 한다. 심지어 교리를 설명할 때도 그것을 삶의 일상적 경험으로 풀어서 제시해야 한다. 왜냐하면 설교는 본질적으로 뉴턴의 물리이론을 발표하는 것과 같은 성격의 실천이 아니라, 삶의 진실된 문제와 경험에 대한 진정어린 성찰이기 때문이다. 북미의 흑인 설교가 지닌 주목할 만한 특징 가운데 하나는 미리암이나 모세와 같은 성경의 인물들을 묘사하는 데 매우 뛰어나다는 점이다. 그들의 설교를 듣고 있노라면 성경 속의 그들이 마치 지금 살아서 옆에 있는 것처럼 느껴진다.

6. 설교에서 본문의 주제문장을 반복적으로 구술함으로써 본문의 이미지를 회중의 의식 속에 심어주라.

설교를 위해 본문의 문학적 요소를 되살려라

교회는 종교개혁과 계몽운동을 통해 성경의 문학적 요소를 회복시켜 왔다. 우선 각 본문은 그것들이 속한 보다 넓은 맥락 속에서 이해되었다. 이 과정은 프레드리히 슐라이어마허(Friedrich Schleiermacher)나 사무엘 테일러 콜러리지(Samuel Taylor Coleridge)가 주창한 유럽의 낭만주의 운동(Romantic movement)에 의해 더욱 촉진되었다. 낭만주의 운동은 19세기 말의 호레이스 부쉬넬(Horace Bushnell), 필립스 브룩스(Phillips Brooks), 프레드릭 로버트슨(Frederick W. Robertson)과 같은 북미의 설교자들에게 영향을 주었으나 그 영향세가 두드러지지 못했다. 그러다가 1960년대 후반부터 1980년대에 걸쳐 등장한 이야기 설교(narrative preaching)의 등장을 통해 그 영향력을 본격화했다. 그 당시 각 대학의 언어학과 문학 분야는 낭만주의 운동의 제2의 전성기를 구가했는데, 여기에 결정적인 역할을 한 인물이 문학비평가인 I. A. 리차즈(I. A. Richards)이다. 그는 오늘날 현대 예술의 많은 영역에서 필수 요소가 된 콜러리지의 은유, 상상력, 통합적 예술성 등을 확산시킨 대표적인 학자이다. 낭만주의의 부활 속에서 역사비평은 성경본문을 하나의 완전한 문학작품으로 재발견하게 되었는데, 역설적이게도 그들은 성경본문을 하나의 연결된 작품으로 읽기보다는 여러 갈래로 분할하는 데 역점을 둔다. 반면, 문학비평은 성경학자들이 성경본문에 보다 충실할 수 있도록 도와준다. 즉, 문학비평은 본문접근을 보다 용이하게 해 주는데, 문학비평은 역사비평의 관심사인 본문의 '과거'와 회중의 '오늘'이라는 해석적 거리를 극복하는 길도 제공해 준다.

문학으로서의 성경본문의 재발견은 성경 이야기의 재발견을 통해 더욱 분명해진다. 적어도 한스 프라이의 말에 따르면, 성경의 많은 본문은 '역사 같은'(history-like) 이야기, 다시 말해 각 본문은 뜻하는 의미가 있기에 본문이 지닌 이야기는 무시되어서는 안 된다.[3] 여기서 '이야기'라는 말은 좁은 의미로 이해되어 이야기로만 구성된 내용을 가리키는 용어일 필요는 없다. 왜냐하면 우리는 이야기의 표면이 아닌 깊이, 곧 그것이 지혜(wisdom)이든 격언(saying), 서신(epistle) 혹은 기도(psalm)이든 상관없이 그 이야기의 삶의 상황과 그 이야기의 주변 혹은 배후의 삶에 관심을 두기 때문이다. 설교는 회중에게 성경 속의 역사적 인물을 소개하는 것이 아니다. 왜냐하면 설교자는 성경이라는 과거의 세계로 곧바로 들어갈 수 있는 것이 아니기 때문이다. 대신 설교는 최소한 성경본문의 인물이나 저자, 편집자 혹은 원 청중에 대한 신중하면서도 상상력으로 새롭게 구성된 이야기를 들려줄 수 있다.

우리는 자주 본문의 역사 사실의 배경을 확인할 수 없다. 성경의 모든 본문이 역사라고 볼 수 없다. 계시록과 비교해 볼 때, 창세기의 창조 이야기는 역사라고 해도 다른 느낌을 주고 다른 종류의 역사성을 갖고 있다. 어떤 설교자는 이사야를 한 명의 선지자로 설교할 수도, 혹세 명의 선지자 - 제1, 제2, 제3 이사야로 보는 관점은 오늘날 논쟁 중에 있다 - 혹은 성경의 규범화 과정으로 (이사야를 한 명의 선지자라고 단정하지 않으면서도 3명의 이사야를 설득적으로 주장할 수 있었다는 것은 상상하기 어렵다. 그럼에도 아마도 규범화 과정에서 복수의 이사야 설이 등장했을 수 있다) 설교할 수 있다. 설교의 회중은 성경의 모호한 역사적 문제들에 대한 명쾌한 해명을 듣고자 교회에 오는 것이 아니다. 오히려 그들은 그들이 하나님께 속하여 있다는 것을 확인하고자 온다. 그럼에도 성경이 이야기하는 사건은 역사 속에 실재했던 사람들의 삶에 뿌리하고 있으며, 그들은 역사적 하나님을 증언한 자들이었다.

역사가 좋은 영화의 소재를 제공하듯이 설교에게도 그렇다. 영화는 역사적 사건을 생생하면서도 우리 삶에 관여하는 방식으로 재구성한다. 물론, 설교자는 역사 왜곡을 주의해야 한다(할리우드도 이 부분을 중요하게 여긴다). 감각적 언어를 풍부하게 사용하되 절제미를 갖는 것은 실제 카메라로 할 수 없는 것을 보완해 준다. 설교자가 설교를 어떤 새로운 장면으로 시작하려 할 때 해야 하는 첫째 과제는 그 장면의 시각적인 세부 요소를 묘사하면서 시작하는 것이다. 이것이 완성되면, 가능하다면 관계된 인물들에게 초점을 맞춰야 한다. 주의해야 할 것은 사건의 시간순서 흐름에 매이지 않는 것이다. 즉, 이야기의 시작에서 출발해서 결말에 이르는 시간 흐름상의 전 과정을 따라서는 안 된다. 오히려 가장 중요한 행동과 사건이 발생한 장소와 시간에 초점을 두어야 한다. 만일 의도한 장면으로 시작이 되었다면, 그보다 앞선 사건에 관한 중요한 정보는 인물이 회상하는 방식을 통해 소개될 수 있다. 성경의 교리와 명제적 가르침은 이야기 속의 사건과 행동을 통해 드러나도록 해야 한다. 설교는 본문의 이야기 속의 날씨나 옷차림, 시간 등과 같은 사실적인 것에 관심을 두지 않는 것이 좋다. 왜냐하면 설교자가 그 것들에 대해 확신할 수 없기 때문이다. 설령, 설교자가 역사와 본문을 성실히 설명하려 한다 해도 그의 주된 관심은 모든 역사적 사실이 아닌, 신학적 진리로 이끌어 주는 역사에 있다.

본문 내의 역사적 사건이 설교를 위한 관심의 주제가 되어서는 안 된다. 가령, 단순히 노아의 방주가 실제로 가능했는지 어떤지 따지기 위해 노아와 방주를 분리시켜서는 안 된다. 그렇게 되면 설교는 방주와 함께 가라앉게 된다. 설교자는 물 위를 떠다니는 방주를 설교해야 한다. 갈라진 홍해나 광야의 만나 등에 대한 합리적인 설명이 만족스럽게 들릴지는 모르지만, 그렇다고 그것들이 본문에 대한 신학적 이해를 가져다주는 것은 아니다. 오히려 그들은 설교라는 그림에서 하나님을 제거하는 일이 될 수도 있다. 어떤 설교자는 예수님의 기적이 갖는 초자연성을 약화시키면서 눈 뜬 소경을 오늘날 계산대 앞에서 미소와 좋은 하루 되라는 인사를 받는 손님에 비유한다. 설령, 설교자가 그 미소를 짓게 하신 분이 하나님이라고 주장한다 해도 그러한 비유는 성경 본문을 하찮은 책으로 만들어 버리고 만다. 이와 비슷하게, 어떤 설교는 부활을 기독교의 세계관의 한 중심에 있는 사건이 아닌, 단지 어떤 무엇인가를 뜻하는 하나의 은유로 해석한다. 설교자는 기적의 발생 여부를 판단하는 대신에 기적을 설교함으로써 기적이 설교에서 설교를 통해 발생하도록 할 수 있다. 이러한 방식으로 회중은 예수님을 자신들에게 찾아오시는 주님으로 고백할 것인지 아닌지를 결단해야 하는 실존적 상황 앞에 놓이게 된다.

본 장에서 우리는 성경의 문자적 읽기와 그 의미를 살펴보았다. 다음 장에서는 고대의 영적 읽기(spiritual interpretation) 방식에 대해서 살펴보고자 한다. 고대의 영적 읽기는 본문의 신학적 의미와 함께 오늘의 신학적 해석을 위한 모범을 제공해 준다. 그런데 다음 장의 과제는 영적 읽기를 되살리려는 것이 아니다. 왜냐하면 영적 읽기는 한때 거부되거나 외면받은 적은 있었지만 사라진 적은 결코 없었기 때문이다. 따라서 영적 읽기에 대한 우리의 과제는 설교자가 영적 읽기를 통해 어떻게 신학적인 방식에 따른 성경읽기를 강화할 수 있을지에 대해 배우고자 함이다. 이제 본 장에서 본문의 보다 깊은 문자적 의미에 관한 논의가 마무리 되지만, 본서는 계속해서 성경의 의미인 '하나님 읽기'(God sense)를 찾아가고자 한다.

2부

영적 읽기: 설교비평

.

"알레고리는 우리의 믿음이
어디에 감추어져 있는지를 보여주며,
도덕적 의미는 우리에게 매일의 삶의 규칙을 제공하며,
신비해석은 우리의 내적 분투가 어디에서 끝나는지를 보여준다."

- 다시아의 어거스틴(Augustine of Dacia)

6장
영적 읽기: 서론

고대의 영적 읽기(spiritual senses)는 성경본문의 신학적 요소, 곧 '하나님'을 읽어내는 보다 발전된 방식이다. 오늘날에 있어 성경의 영적 읽기는 진정한 의미에서 신학적 읽기로 간주되고는 하는데, 그것은 성경본문을 회중의 필요와 실제적 삶에 연결지어 주기 때문이다. 옛 설교자들은 신학적 읽기에 관해 우리에게 많은 것을 가르쳐 준다. 그럼에도 우리는 그들의 지혜에 깊이 주목하지 않았다. 왜냐하면 그들이 말하는 영적 읽기는 이미 효력을 다했고 사라졌다고 생각하기 때문이다. 사실, 문자적 읽기가 성경을 해석하는 유일한 방식으로 간주되던 때, 영적 읽기는 단순히 대중적 관심 아래로 가라앉은 것뿐이었다. 그러나 설교에 있어서 신앙과 삶을 긴밀하게 다루는 데 도움이 되는 것이 영적 읽기이다. 도덕적 읽기는 복음의 말씀에서 삶의 변화로 이끄는 교훈을 찾게 해 주고, 알레고리는 교리의 본질적인 의미와 역할을 알려주고, 예언적 읽기는 종말의 때를 위해 필요한 것을 말함으로써 현재의 삶에 대해 깨닫게 한다. 이들 모두는 설교자가 성경본문을 읽으면서 이러한 부분들을 다루지 않고서는 본문에 대한 온전한 이해를 가질 수 없음을 말해 준다. 그러나 설교자는 옛 설교자들이 추구했던 방식을 그대로 모방할 필요는 없다.

우리는 지금 '영적'(spiritual)이라는 말이 뜻하는 바와 오리겐이 본문의 문자적 의미를 육체에, 다른 의미들은 영과 연결했을 때 의도했던 것과는 다른 종류의 영적 읽기를 말하려는 게 아니다. 성경읽기에 '영적'이라는 말이 쓰인 것은 신학이 발전하지 못했을 때로 거슬러 올라간다. 오늘날 "무엇이 영적이다"라는 것은 무엇인가 드러나고 직관되는 것을 뜻하기도 하고, 이성적으로 쉽게 설명이 되지 않는 내적인 영역을 가리킨다. 그럼에도 영적 주석은 이성에 기초한 읽기였다. 세인트 빅터의 휴(Hugh of St. Victor)가 주지한 대로, 문자적 의미는 서로 반대되거나, 혹은 불합리적이고 모순된 뜻을 나타낼 수 있다. 그러나 영적 읽기는 내적 대립이나 모순이 없다. 영적 의미 안에는 많은 것들이 서로 상이할 수 있지만, 그렇다고 어느 것도 대립이나 상반되지 않는다.[1] 성경의 영적 읽기는 옛 설교자들이 성경의 내용을 신앙적으로 체계 있게 설명하기 위해 고안해 낸 가장 합리적인 규칙을 가지고 있다. 오늘날 이를 연구함으로써 설교에 활력과 깊이가 더해질 수 있다.

영적 읽기는 서로 중복되기도 하지만, 성경본문을 이해하는 데 있어 세 가지 측면의 해석렌즈를 제공한다. 다음의 그레고리 대제(Gregory the Great)의 글을 참조하자면, 그들은 영적 읽기에 따라 특정 주제를 유연하고 자연적인 방식으로 다루었다.

> 거룩한 말씀을 다루는 강해자는 강물의 방식을 따라야 한다. 왜냐하면
> 강물이 물길을 따라 흐르면서 널따란 계곡을 만나면, 그것과 합류하면
> 서 즉시 물 흐름의 방향이 바뀌게 된다. 계곡에 많은 물이 갑자기 유입이
> 되면, 순식간에 물줄기는 계곡 바닥으로 돌아 들어간다. 의문의 여지없
> 이 이러한 일은 성경의 말씀을 다루는 모두에게도 동일하다. 그가 어떤
> 주제를 논의하든지 그는 언제라도 시의적절한 교훈을 깨닫게 된다. 다시
> 말해, 그의 대화의 흐름은 근접한 계곡 쪽으로 향하게 되고, 준비한 교훈
> 의 가르침이 충분한 수준에 도달하면 자신이 의도했던 대화의 흐름으로
> 다시 돌아가게 된다.[2]

영적 읽기는 오늘날에도 유효한 것으로, 성경비평의 세 가지 읽기
중에 세 번째 방식으로 발전되었다. 이것이 오늘날 설교학(homiletics),
곧 설교비평(homiletical criticism)이다. 설교비평은 역사비평과 신학비
평처럼 설교를 위해 성경을 해석하는 학문적 실천이다. 설교비평은 성
경본문에서 창안해 낸 복음을 발전시켜 나가는 과정이다. 즉, 본문의
복음을 오늘의 삶의 자리에 위치시키고, 수사학과 시학의 도움을 받아
그 복음의 내용을 회중에게 효과적으로 전달하는 것이다. 본문에 대한
영적 읽기는 성경본문이 정통 교리를 풍부하게 지니고 있으면서 설교
사역을 통해 그것들을 전 세대에 드러내 왔음을 새롭게 상기시켜 준
다. 비록 오늘날 우리가 옛 설교자들의 영적 읽기의 모든 유산을 가질
수는 없어도 설교자들이 찾는 신학적 의미(보다 깊은 문자적 의미를 포함

하여)는 본문 자체에 담겨 있다.

성경해석은 이미 데이빗 스타인메츠(David Steinmetz)가 1980년에 제시했던 조건과 몇 가지에서 차이가 있다. 그때 그는 역사비평이 주장하는 성경본문의 일의성에 실망했고, 그에 대한 대안으로 다음과 같이 중세의 다의적 해석의 우월성을 주장했다.

> 1150년 프랑스의 한 교구의 사제가 시편 137편, 곧 바벨론의 포로가 된 처지를 탄식하면서 에돔 백성들의 멸망을 기원하고, 예루살렘에 대한 다함없는 갈망을 노래하면서 성전을 파괴한 자들에게 복수하기 위해 바벨론의 아이들을 바위에 메어치는 자들을 축복한다는 성경의 내용을 어떻게 풀이했을까? 그 사제는 바벨론이 아닌 콘칼레(Concale)에 살면서 개인적으로 에돔 사람들과 다퉈본 적도 없고, 게다가 휴가 때 파리라면 모를까 예루살렘을 방문하고픈 바람도 없고, 원수를 갚지 말라는 예수님의 가르침도 알고 있다. 만일 시편 137편이 오직 하나의 뜻만을 갖고 있다면 그 시는 교회에서 사용될 수 없는 기도일 뿐만 아니라, 오로지 고대 이스라엘의 경건에만 관련되는 탄식의 노래여야만 한다.[3]

스타인메츠가 위에서 염두에 둔 것은 통시적으로 접근하면서 하나의 뜻만을 제공하는 역사비평이었다. 오늘날(1980년 당시만 해도), 문학적·수사학적 분석은 성경본문을 오늘이라는 공시성 안에서 접근할 뿐만 아니라, 역사비평 안에서도 다양한 의미를 찾아내고 있다. 그리고 이후 20년간 이와 관련하여 주목할 만한 진전을 이루고 있다.

그럼에도 설교자는 영적 읽기를 마치 본문을 교회의 목적에 맞게

'적용'하는 정도로 제한적으로 이해하기 쉽다. 그러나 영적 읽기는 일반적으로 본문을 통시적보다는 공시적으로 읽어나가면서 이르게 되는 성경본문에 대한 진실된 읽기이다. 성경본문이 오늘 회중의 상황으로 적용될 때, 이해를 위한 인식작용에 의해 비교와 유비가 만들어진다. 예를 들어, 설교자가 "성경의 인물들은 완고했다. 그런데 오늘 우리도 그렇다"고 말하는 식이다. 역사는 우리가 사용하는 유비의 근거가 타당하다는 것과 역사적 상황이 명백한 차이점을 보일 때는 둘 간의 유사성을 상정할 수 없음을 분명히 해야만 한다. 역사비평은 성경본문을 적절히 확장하면서 본문의 의미를 확립하는 데 적합하다고 판단되는 역사적 자료는 무엇이든지 사용한다. 그러나 그러한 자료들은 본문이라는 줄기에 접목된 가지와 같아서 마치 원래의 본문에는 그러한 자료들이 없었던 것처럼 잘못 읽게 된다.

역사비평이 본문읽기에서 역사를 사용하는 방식은 신학비평이 전통과 교리, 특별히 하나님 말씀으로서의 성경과 관련한 교리를 사용하는 방식과 흡사하다. 이와 동일하게, 설교비평은 현대적 영적 읽기를 활용해서 본문을 확장해 가고 오늘을 살아가는 신앙 공동체의 믿음과 삶이 제기하는 물음뿐만 아니라, 종종 상황신학(contextual theologies)을 다루기도 한다. 물론, 이러한 세 가지의 비평적 읽기는 여러 부분 중복되기도 하나, 저마다의 고유한 상상력을 필요로 한다. 먼저, 역사적 상상력은 성경시대에 대한 생생한 감각을 필요로 하고, 신학적 상상력은 하나님에 대한 살아있는 감각을, 설교적 상상력은 현대의 다양한 환경 속에서 살아가는 현대인들에 대한 예리한 감각을 필요로 한다. 따라서 설교적 상상력은 도덕적이고 사회적 정의의 문제, 구원과 하나님의 나라와 관련된 주제, 그리고 상황에 요청되는 교리에 관한 주제를 다루게 된다. 그런데 세 가지의 비평 방식은 또한 위험성도 가지고 있다. 역사비평은 스스로 본문을 비신학화(a-theological)하거나 성경을 역사책으로 전락시킬 수 있다. 반면, 신학비평은 본문을 비역사화(a-historical)하거나 성경을 교리서로 전락시킬 수 있다. 설교비평은 자칫 성경을 특정 이데올로기나 치유법 혹은 제의적 매뉴얼의 관점으로 읽는 것에 제한될 수 있다. 이처럼 세 가지의 비평적 읽기는 큰 틀에서 서로 상반된 특성을 갖고 있다.

그러나 이들은 공통적으로 일관된 특성이 있는데, 그들은 성경본문을 방향지시등으로 삼아 성경의 안내를 따라 나아가면서 저마다의 목적을 이룬다는 점이다. 그러므로 역사비평은 신학교의 성경주석 교실에만 유용하다든지, 신학비평은 교리신학 교실에서만 필요한 읽기라고 생각하는 것은 바람직하지 못하다. 왜냐하면 그러한 신학교의 강의는 종종 자신들의 책임과 목적을 설교 사역과 분리시키기 때문이다. 신학교의 교과목들이 전공별로 세분화되어 있는 상황에서 설교는 더 이상 신학교에서 중심과목이 될 수 없게 되었다. 더군다나 그들 각각의 분야는 불가피하게 자체적으로 역사와 신학, 그리고 자신들만의 방식으로 오늘의 현장을 통합하면서 자신들만의 목적과 방향성을 갖고 있다. 그러나 설교학에서는 이 세 가지의 상이한 읽기방식이 서로 분리되지 않는다. 분명히 역사적 읽기에서 한 걸음 전진하는 성과가 있지만, 동시에 세 가지 읽기가 동시에 어우러져 진행되는 것이 설교비평이다. 가장 최악의 설교자는 세 가지 방식 중에 어느 하나의 방식을 전부인양 착각하는 사람인 반면, 최고의 설교자는 세 가지 모두를 조화롭게 활용하는 사람이다.

여기서 한 가지가 명확해져야 한다. 그것은 중세문학은 성경을 도덕적이고 알레고리적 관점으로 읽는 데 익숙한 반면, 세 번째인 성경의 영적 차원 – 예언적 읽기(prophetic sense)-에 대해서는 그렇지 못했다. 영적 읽기는 또한 이상적(anagogical-'이끌고 가다'의 뜻) 혹은 신비적(mystical) 읽기라고도 불리는데, 그것은 종말론(eschatology)과 구원론(soteriology), 그리스도와의 연합을 위한 영혼의 승천 등과 연관을 갖는다. 이와 관련한 다시아의 어거스틴의 해석은 다음과 같다. 신비적 읽기(the anagogy)라고 불리는 영적 읽기는 우리의 삶의 여정이 어디에서 끝나는지를 알려준다. 많은 고대의 시와 대화는 이 영적 읽기를 언급했다. 그것은 늘상 성경의 4중 의미 중의 하나에 포함되었지만, 고대나 현대에서나 몇몇 문학가들 사이에서만 주목을 받고 있다. 그러나 설교의 경우는 다른데, 설교자의 대부분은 성경본문에 대한 영적 읽기에 의존하고 있으며, 믿음의 퇴보와 불신앙적 삶의 결과에 대해 권계하기 위한 하나의 방편으로 사용하고 있다.

영적 읽기가 상대적으로 관심을 적게 받는 이유는 납득하기가 쉽지 않다. 왜냐하면 예언적 읽기(prophetic sense)는 성경을 읽어내는 데 있어서 본질적인 방식이기 때문이다. 우리는 이 영적 읽기인 예언적 읽기를 두 가지 차원으로 이해할 수 있다. (1) 구약의 본문을 율법을 완성하신 그리스도에 관한 말씀(마 5:17)으로 이해하도록 안내하는 모든 구절과 (2) 신·구약 중에서 우리가 기대하는 세상의 마지막에 일어날 일들을 가리키는 신비의 말씀(anagogy)이 그것이다. 이 둘 사이에는 명확한 차이가 있는데, 이 차이로 인해 옛 설교자들이 왜 두 번째를 강조하지 않았는지에 대한 그 이유를 알아내기가 어렵다. 첫째 이유는 아마 다음과 같을 것이다. 표면적으로 종말적 의미를 언급하지 않는 본문에서 종말의 때에 관련한 의미를 읽어내기 위해 영적 읽기를 시도하려 할 때 알레고리가 전제되어야만 했는데, 이 과정에서 알레고리가 영적 해석의 자리를 차지해 버렸다는 것이다.

이와 관련한 또 다른 이유는, 많은 성경본문들이 표면적으로도 마지막 때에 일어날 일들을 직접적으로 말하고 있다는 것이다. 곧, 인생의 마지막, 그리스도 안에서의 소망, 하나님의 통치, 구원, 정죄, 어린 양과 함께 누워 있는 늑대 – 종말론 교리의 범주 안에서 언급되는 주제 – 그리고 다른 많은 본문들이 이와 관련한 주제를 말한다. 기독교 역사에 걸쳐, 모든 장례예배가 이러한 주제를 중심에 두었고, 회개와 성찰의 절기인 대림절과 사순절뿐만 아니라 전도집회에도 사람들을 회심으로 이끌기 위해 보다 무서운 종말의 장면을 담은 성경구절을 애용했다.[4] 성경과 교회의 삶에서 '예언'(prophecy)의 말씀이 차지하는 비중이 크기에 성경읽기의 방식에 '예언적 의미'를 포함하는 것은 자명하며 불가피하다. 그럼에도 여러 세기에 걸쳐, 모든 이들이 영적 의미를 언급하거나 그것에 특별한 관심을 갖고 사용했다고 확실히 말할 수는 없다. 오리겐은 성경이 3중 의미 – 몸, 혼, 영 – 만을 갖는다고 주장했고, 아퀴나스는 어거스틴이 4중 의미를 주창했지만 그 중 세 가지(역사, 원인론〈행동과 실천의 원인〉, 다른 본문과의 유비)는 문자적 의미라고 말하면서, "4가지 중에서 … 알레고리만이 우리가 해석하는 세 가지 영적 의미를 나타낸다"고 주장했다.[5] 세인트 빅터의 휴 역시 3중 의미(역사, 알레고리, 도덕)만을 읽어냈다.[6] 드 뤼박(De Lubac)에 따르면 이상의 세

가지 읽기가 중세기까지 일반적으로 불리고 통용된 성경해석이었다.[7]

우리가 알다시피 알레고리는 교리(doctrine)와 관련되는데, 특히 그리스도와 믿음의 대상과 관련된다. 파리의 가일즈(Giles of Paris)는 3중 의미와 관련해서 알레고리를 언급하면서 "이 성경의 포도주잔을 마시는 자는 누구라도 예수님을 찾으려 하고, 찾게 되며, 나무에 높이 달린 그에게 손을 내밀 것이다"라고 말하고 있다.[8] 여기서 "나무에 높이 달린 예수님께 손을 뻗다"(알레고리)와 "마지막 때에 예수님께 손을 내민다"(예언) 사이에 있는 해석적 전략(interpretative strategy)의 차이는 무엇인가? 곧 알게 되겠지만, 예언적 의미는 알레고리와 매우 유사해서 이론적으로나 실천적으로 둘을 구분하는 것이 쉽지 않을 수 있다. 그렇다면 과연 도덕적 의미도 예언적 의미와 분리될 수 있는가라는 의문이 생긴다. 왜냐하면 삶의 도덕적 교훈도 결과적으로 심판 혹은 구원과 관련해서 해석되기 때문이다. 이런 방식으로 이해한다면 알레고리는 하나의 해석기술로서, 예언적이며 도덕적 의미 역시 알레고리로서 기능한다.

만일 이러한 것들이 옛 설교자들이 던졌던 물음이 아니라면, 적어도 우리가 던져야 하는 물음은 그들보다 더 확신을 갖고 알레고리와 차별화된 예언적 의미를 읽어내되 우리가 갖는 한계가 무엇인지를 묻는 것이다. 중세문학은 집요하게 성경의 4중 해석을 붙들었다. 그 이유는 한편으로 전통 때문이었는데, 4중 읽기는 당시의 문화와 정신세계에 뿌리 깊게 자리했다. 다른 한편으로, 죽음과 인생의 마지막이 성경을 읽는 주제나 렌즈가 되어야 할 때마다 예언적 읽기가 빈번히 실행되었기 때문이다. 이러한 이유로, 신비적 의미는 다른 영적 의미보다 많은 관심을 받지 못했지만, 오늘의 회중을 위해 그것은 알레고리로서, 그리고 실제적인 설교학적 관점 하에서 다루어진다.

4중 의미의 서열순서에 있어서 중세기의 여러 자료는 문자적 의미에서 알레고리로, 그 다음에 도덕적 의미로 진행해 갈 것을 주장한다. 그렇지만 다른 여러 자료는 여전히 도덕적 의미를 알레고리 앞에 두기도 한다. 이제 지금까지 해 오던 대로 설교자의 가장 난해한 과제는 마지막 장으로 미뤄두고, 그에 앞서 일반적으로 알고 있는 것처럼 알레고리가 도덕이나 교리 설교만을 위한 해석 장치가 아님을 확인하고자 한다.

7장

도덕적 읽기

　계몽주의 시대의 개막은 곧 4중 해석의 폐막을 알렸다. 그럼에도 영적 읽기는 비록 예전처럼 주목받지 못하고 잊혔지만, 여전히 다른 이름으로 살아남았다. 도덕적 읽기도 예외가 아니었다. 하지만 설교가 체질적으로 지닌 도덕적 권면의 성격 때문에 도덕적 읽기는 영적 읽기와 달리 오늘날에도 살아남아 유용하게 사용되고 있다. 설교는 청중의 삶에 변화를 추구하거나 그들이 특정한 방식으로 행동하도록 독려하는 교회의 실천이다. 그렇기에 다시아의 어거스틴이 "도덕적 의미는 매일의 삶을 위한 규칙을 제공한다"고 말한 것에서 알 수 있듯이, 설교는 기독교인의 삶을 위한 안내자 역할을 한다. 도덕적 읽기는 '교훈적 읽기'(tropological sense)로도 부르는데, 영어의 'trope'는 '~로 회전하다' 혹은 '~로의 변환'이라는 뜻이다. 여기서 '교훈적 읽기'는 성경본문을 도덕적 교훈의 목적으로 바꿔 읽는다는 뜻이다.

중세 사회는 '교훈적 읽기'를 도덕(morality)만이 아닌 삶의 목적과 관련해 사용했다. 중세교회가 추구한 기독교인의 삶의 목적은 예수 그리스도의 말씀과 일치하는 삶으로 성장해 가는 것이었다. 그렇기에 '교훈적 읽기'는 또한 '영혼을 위한 읽기'(soul sense)라고도 불렸다. 요한 카시안(John Cassian)은 '예루살렘'을 주석하면서, 이는 문자적으로(literally) 특정 '도시'를 뜻하고, 영적으로는(allegorically) '교회'를, 도덕적으로는(morally) '인간의 영혼'을, 예언적으로는(prophetically) 하나님의 '하늘도성'을 뜻한다고 해석했다. '만나'에 대한 중세의 해석은 영적 의미를 보다 부각시켰는데, "만나는 문자적으로 광야에서 이스라엘 백성들에게 제공된 기적적인 음식으로 풀이될 수 있지만, 영적으로는 성찬에서 축성된 떡으로, 교훈적으로는 내주하시는 성령님의 권능을 통해 매일 매일 영을 강건케 하는 영혼의 양식으로, 신비적으로는 그리스도와의 완전한 일치가 아름답게 실현될 하늘의 축복받은 영혼들을 위한 음식으로 이해될 수 있다"고 제시한다.[1] 여기서 도덕적 읽기와 영적 읽기가 서로 연관되는 것은 부도덕한 행위가 영혼을 위태롭게 만들기에 도덕적인 삶을 위해 영혼의 돌봄이 필요하다는 데 있다.

사도 바울을 비롯한 교회의 옛 설교자들에게 주어진 과제는 구약성경을 그리스도의 관점으로 읽어내는 것이었다. 우리는 이것을 바울이 로마 교회에게 보내는 편지에서 확인할 수 있다. 거기서 그는 구약의 율법을 그리스도와 연결하여 율법의 타당성을 새롭게 소개한다. 결국, 바울을 비롯한 옛 설교자들은 구약의 율법에서 그리스도를 발견했고, 구약으로 그리스도를 증명했으며, 모든 유대교의 전통이 그리스도를 가리키고 있음도 알게 되었다. 이를 통해 그들은 두 가지 목적을 이루었다. 하나는 구약을 교회의 교리를 위한 토대로 삼을 수 있게 되었다는 것이고, 다른 하나는 교회가 유대교 율법이 가르치는 도덕적 규범을 수용할 수 있게 되었다는 것이다.

우리는 그들이 단순하게 '율법'(law)으로 분류되는 성경의 도덕적 계명에서만 성경의 도덕적 읽기를 찾아냈다고 생각할 수 있다. 예를 들어, 십계명, 산상설교, 로마서 12장, 골로새서 3장 18-25절, 그리고 베드로전서 2장 1-17절 등은 성도의 바른 삶을 위한 도덕적 강화와 교훈적 권면의 내용을 다루고 있다. 오늘날 설교자들은 성경본문을 도덕적 교훈으로 읽는 것을 그리 깊이 있는 해석으로 여기지 않고, 모든 본문에 적용 가능한 해석으로도 보지 않는다. 그러나 옛 설교자들의 생각은 달랐다. 왜냐하면 그들에게 성경의 가장 일차적인 목적은 하나님의 사랑에 대한 지식을 가지고 교회와 성도들을 도덕적으로 가르치고, 그들의 삶을 교화시키는 것이었기 때문이다. 따라서 그러한 성경의 목적에 부합되지 않게 성경을 읽는 것은 악한 행위로 간주되었다. 다시 말하지만 중세교회는 고린도후서 3장 6절, "율법조문은 죽이는 것이요 영은 살리는 것이니라"를 성경해석의 기본원칙으로 삼았다. 어거스틴은 그의 『그리스도교 교양』(On Christian Doctrine) 3권에서 성경의 상징적인 표현을 문자적으로 풀지 않도록 주의시킨다. 그는 본문이 문자적 차원에서 교훈적 가르침이 아니라면 비유적으로 해석해야 한다고 말한다. 또한 그는 고린도전서 13장 13절이 성경주석의 목적을 제시하고 있다고 보았는데, 그것은 믿음(믿어야 할 바, 곧 알레고리)을 가르치고, 소망(삶의 목적과 이유, 곧 예언)을 가르치며, 자비와 사랑(실행되어야 할 바, 곧 도덕적 삶)을 가르치기 위함인데 이들 중에 가장 큰 것이 사랑이다.[2] 어거스틴은 설교자들에게 "성경해석이 자선의 실천(reign of charity)과 관련된 의미를 도출해 낼 때까지" 본문을 연구할 것을 조언한다.[3] 그렇기에 그에게 성경구절은 '사랑의 법'(rule of love)에 기여하는 도덕적 해석을 지닐 때 비로소 정당하게 다루어지게 된다.

본문이 문자적으로 믿음, 소망, 그리고 사랑의 의미를 뜻할 때, 그것은 보다 심원한 해석인 영적 읽기가 읽어내는 방식과 유사하게 된다. 믿음, 소망, 사랑이라는 성경의 주제는 본문의 문자적 차원에서 이해될 수 있으며(II, 9), 비록 성경본문이 그것들을 언급하지 않을 때라도 설교자는 본문의 "상징적인 행위의 … 매듭"을 풀어서 그러한 의미를 찾아내야 한다(II, 14). 왜냐하면 성경의 문자는 때때로 생명의 성령의 법이 주시는 것(롬 8:2)에 반대하여 죽이는 내용을 언급할 수 있기 때문이다. 율법의 목적은 분명 사랑이기 때문에 해석자들은 구약의 의미를 신약성경, 곧 십자가에서 죽으시고 다시 부활하신 그리스도의 사랑 안에서 찾는 것이다.

성경에 대한 도덕적 읽기는 다른 읽기들과 차별되는데, 도덕적 읽기는 말씀묵상과 성찰, 기도와 선행을 통해 윤리적인 행동으로 이끈다. 반대로 다른 읽기들은 지식(앎)과 관련한다. 여기서 제기되는 한 가지 물음은 오늘날의 도덕적 읽기가 그런 것처럼 고대의 도덕적 읽기가 개인만이 아닌 공동체의 도덕적 책임성도 포함했는가 하는 것이다. 많은 경우, 당시 도덕적 읽기는 개인의 하나님 앞에서의 올바름과 그를 통한 그리스도와의 연합에 집중되었다. 그러나 이러한 모든 것은 오늘의 사회보다 공동체 중심적인 당시의 사회 상황에서 설교되었음을 명심해야 한다. 요한 크리소스톰(ca. 347-407)의 많은 설교들은 그 형식에 있어서 1부-2부로 나뉘어 있다. 특별히 55편에 이르는 그의 사도행전 설교가 그렇다. 그것들의 전반부는 성경본문에 대한 주석의 내용이고, 이어지는 후반부는 도덕적 권면의 내용이다. 그러나 때때로 후반부의 도덕적 적용이 앞선 주석의 내용과 불일치하는 경우가 있는데, 예를 들어 맹세와 관련한 그의 일곱 편의 설교가 그렇다. 그럼에도 아만다 배리 윌리(Amanda Berry Wylie)는 많은 다른 연구들보다 그 설교들의 내적 일관성을 발견했는데, 그는 다음과 같이 분석한다. "각 설교의 전반부에서 … [요한]은 사도들의 행동과 성품을 모든 그리스도인들이 따라야 할 모범적 삶의 모형으로 강조한다. 그런 후에 이어지는 각 설교의 후반부는 특정한 도덕적 태도와 우리가 살아야만 하는 삶의 자세를 제시한다. 결국, 설교의 절반은 모범을 보여주고, 다른 절반은 그것을 직접적으로 우리의 삶에 제시해 준다."[4] 크리소스톰의 설교들은 회중이 본받아야 하는 지식과 규범을 제시하면서 궁극적으로 도덕적 삶을 요청한다.

옛 설교자들은 거의 모든 성경본문을 그리스도와 연결시키면서도 도덕적 교훈을 제시했다. 한 예로, 밀란의 암브로스(ca. 340-397)는 시편을 읽으면서 순결함을 독려하기 위해 다음과 같이 그리스도 중심적인 해석을 사용했다.

주님의 순결한 자매들이여, 날개를 달고 날아라. 성령의 날개로 날아라. 그래서 그리스도께 이를 수 있도록 모든 악덕 위로 날아올라라. "주님은 높은 곳에 앉으셨으나 낮은 자를 굽어보신다"(시 113:5). 그분의 나타나심은 레바논의 백향목과 같아서 그 잎은 구름에 뻗쳐 있고, 그 뿌리는 땅에 닿아 있도다. 그 시작은 하늘로부터 내려오고 끝은 땅 아래에까지 미치며, 하늘에 가장 가까운 곳에 열매를 내신다. 그러므로 모든 힘을 다해 주님이 피우신 그토록 아름다운 꽃을 찾아야만 한다.[5]

그레고리 1세 대제(540-604)는 도덕적 실천을 강조하는 방대한 글을 남겼다. 이는 모든 교회를 위한 교훈집인 그의 『목회규범』(Pastoral Rule)만이 아닌, 『욥기에 대한 도덕적 성찰』(Moral Reflections on the Book of Job)에서도 확인할 수 있다. 그는 욥기에서 '7대 죄악'을 찾아 열거했는데, 교만, 탐욕, 욕정, 질투, 식탐, 분노, 그리고 태만이 그것이다. 그는 또한 개인의 영혼에 대한 돌봄에 관심을 가짐과 동시에 성경의 문자적 의미에 의존하는 위험에 대해 경계했다. 왜냐하면 때때로 문자적 의미는 "성경 독자에게 유익한 가르침을 주지 못하고 오직 성경에 대한 오해만을 야기할 뿐"이라고 보았다(Moral Reflections, 1:7). 나아가 그레고리 1세는 비슷한 영적 교훈을 주는 다른 본문들을 서로 비교했는데, 그는 그러한 방법으로 성도가 본받아야 하는 올바른 행실과 삶이 무엇인지를 식별했다. 욥기서(욥은 그리스도의 모형으로 읽힌다)는 중세기 도덕적 교훈에 있어서 중요한 책으로 주목받았다. 아퀴나스 역시 이 점에 관해 언급했는데, 그는 "신약성경에서 그리스도와 연관되거나 그를 가리키는 일이 명확하게 우리 자신이 해야만 하는 것에 대한 표식으로 인지될 때마다" 도덕적 읽기가 요청된다고 보았다.[6] 본문이 지닌 역사적 의미는 그것이 지닌 예언적인 특성으로 그동안 감추어진 것이 분명한 그리스도의 시대를 포함해 후세대에 알려질 사건을 가리킨다.

따라서 구약성경은 다른 어떤 것이 아닌 신약성경과 관련해 해석되고 이해되어야 한다.

통상적으로 중세교회의 도덕적 읽기는 성경이 강조하는 명령이나 계명, 그리고 그리스도를 알고 그분의 모범을 본받으려는 데서 시작되었다. 이는 토마스 아 켐피스(Thomas à Kempis)의 『그리스도를 본받아』(*Imitation of Christ*)에서 분명하게 드러난다. 『그리스도를 본받아』는 성경 다음으로 많이 읽히는 세계적인 기독교 고전으로서 기도서이면서 경건한 삶을 위한 안내서이고, 영적 성숙을 위한 묵상집이기도 하다. 이 책에서 그리스도는 본질적으로 모범(example)이다. 그리고 그분을 본받는 삶은 전적으로 인간 자신에게 달렸다. 성경의 인물들 역시 그들이 그리스도의 이상을 추구하거나 그것의 단적인 예라는 점에서 도덕적 삶을 위한 모범으로 제시된다. 중세의 도덕적 읽기는 종종 알레고리를 포함하고, 성경의 인물들은 관념적인 신앙과 삶을 대표하는 상징적 코드로 인식된다. 12세기 말엽의 촙햄의 토마스(Thomas of Chobham)는 이것이 설교에서 어떤 방식으로 작동하는지를 다음과 같이 기술한다. "이것은 또 다른 저것을 통해 설명되는데, 이는 도덕적 교훈(*moralis instructio*)을 전달하거나 전유법(*transumptio*)의 방식으로, 가령 '밤'을 죄와 연결하고, '낮'을 선으로 해석하는 식의 교훈적 방식 (tropological way)으로 설명된다."[7]

그러나 세인트 빅터의 휴는 이러한 도덕적 읽기가 지닌 신학적 위험성을 감지했다. 따라서 그는 행위와 은혜 사이의 균형을 회복하고자 다음과 같이 말했다. "이제 선행의 몫은 당신에게 달려 있습니다. 기도를 통해 하나님께 간구하는 것을 얻을 수도 있습니다. 하나님은 당신과 함께 일하기를 원하십니다. 그러나 하나님은 당신을 강제하지 않습니다. 당신을 도울 뿐입니다. 만일 당신 혼자 행한다면 아무것도 이룰수 없습니다. 그러나 하나님께서 홀로 행하시는 것으로도 충분하다면 당신에게는 그 어떤 공로도 없는 것입니다."[8] 역사상대주의(historical consciousness)가 확산되면서 구약의 인물들은 성경 이야기의 배후에서부터 조명되었는데, 그들은 이제 3차원적 형태로 이해되기 시작했다. 그들은 단순히 모방해야 할 모범이나 선과 악을 나타내는 모형이 아니었다. 적어도 루터에게 있어서 그들은 현실적인 삶을 산 사람들로 오늘 우리의 신앙과 삶에 비견되는 자들이었다. 이처럼 성경적 위인들에 대한 단순한 모방에서 그들의 분투와 오늘 우리의 분투를 견주는 유비적 읽기(analogy)로 전환되면서, 성경해석의 초점은 성경 인물들이 아닌, 그들의 영적 여정을 주도하신 하나님의 역사에 모아졌다. 루터에게 구약성경은 그 자체로 기독교 신앙에 긍정적인 기능을 수행한다. 유비적 읽기는 율법에 순종한 구약 인물들의 모범적 행위만이 아닌, 그들의 믿음이 하나님께 있었음에 주목하도록 돕는다. 루터는 예수님께서 10명의 한센병자를 모세의 율법을 이루기 위해 제사장에게 보낸 장면 (눅 17:14)에 대해, "그 이야기는 … 나와 관계된 이야기가 아니다. 하지만 그들이 보여준 신앙은 나와 상관이 있다. 나는 그들이 그랬던 것처럼 그리스도를 의지해야만 한다"라고 주해했다.[9] 이러한 믿음의 근거는 그리스도께서 우리를 위해 급진적으로 행하시고 구원을 위해 필요한 모든 것을 이루신 그분의 십자가의 죽음과 부활이다. 이처럼 한 학자의 관찰대로, 루터로 인해 성경에 대한 도덕적 읽기는 우리 **"인간이 해야만 하는 것"**(what we do)에 집중한 인간 중심적(andropocentric) 읽기에서 **"하나님께서 우리를 위해 행하시는 것"**(*what God does for us on our behalf*)에 집중하는 그리스도 중심적(Christocentric) 읽기로 전환되었다.[10] 루터는 창세기 강해의 마지막에서도 도덕적 해석에 대한 전향적 이해를 드러낸다.

도덕적 읽기와 설교

교회역사에 걸쳐 도덕적 읽기는 광범위하게 설교와 연계되어 나타난다. 왜냐하면 도덕적 읽기는 가장 신실한 사람들이라 할지라도 그들의 필요를 채워주기 때문이다. 심지어 고대 유대교의 설교에서도 '페샷'(*peshat*)이라는 말은 성경의 평이한 뜻이나 문자적 의미를, '데라쉬'(*derash*)는 설교적인 뜻이나 도덕적 의미를 가리켰다.[11] 중세 후기 교회는 본문의 문법과 역사를 문자적 읽기와, 신학을 알레고리와, 그리고 설교를 도덕적 읽기와 연결지었다. 설교는 기본적으로 신앙과 선한 행위에 관한 도덕적 교훈으로 여겨졌지만, 신학이 그랬던 것처럼 설교도 다른 방식을 사용하기 시작했다. 12-13세기의 설교 지침서들은 지역 설교자들이 설교 작성 시 신선한 이미지와 예화, 비사(祕史)와 알레고리, 교훈적 이야기와 상상력, 그리고 관련된 성경본문과 같은 다양한 요소와 함께 4중적 읽기를 활용할 수 있도록 도왔다. 그러나 당시 많은 지역 설교자들은 알레고리나 교리적 해석을 너무 어려워했기 때문에 그들이 받을 수 있는 도움은 무엇이든지 마다하지 않았다. 중세 말기에 설교는 성경연구를 위한 최상의 형식으로 간주되었다. 릴의 알렌(Allan of Lille)은 1200년에 어거스틴 이래 최초의 설교학 교본을 저술했는데,

그는 설교를 일곱 번째로 가장 높은 수준의 성경연구로 인정했다.[12] 당시 예배에서의 '독서'(*Lectio*)는 주석을 사용하여 본문을 읽는 것을 의미했고, '강론'(*Disputatio*)은 안셀름의 전형적인 강화 형태로서 문제적 성경본문에 대한 중세적 강화 혹은 토론을 의미했다. 당시 강론 방식은 일반적으로 여러 개의 질문에서 시작하여 그것에 반대하는 주장으로, 이어서 그것을 지지하는 주장으로 이어졌다. 그리고 '설교'(*Predicatio*)는 도덕적 교훈을 뜻했는데, 이는 성경본문이 뜻하는 바를 제시할 뿐만 아니라, 그 본문을 비롯해 그와 관련된 다른 본문들이 실제적인 삶과 관련해서 의미하는 바가 무엇인지를 설명하는 것이었다.

도덕적 교훈은 인물 분석을 포함해 몇 가지 형태를 취했다. 시편 3편에 대한 어거스틴의 주해는 압살롬과 유다를 동일한 인물 유형으로 묶으면서 부정적인 모범의 예를 소개한다. 반면, 그리스도는 긍정적인 도덕적 모범으로 제시되는데, 이는 그가 유다를 향해 인내와 사랑을 보였기 때문이다.

게다가 신약성경의 역사가 우리에게 주님의 위대하고 진실로 경이로운 관대하심을 보여줄 때, 마치 유다가 아무런 잘못이 없는 것처럼 그를 참으시고, 그의 계획을 이미 아셨음에도 주님은 그를 자신이 차려놓은 잔치에 허락하시고 자신의 몸과 보혈을 암시적으로 그의 제자들에게 맡기셨으며, 주님께서 또 다른 배신의 행위 앞에서도 그의 입맞춤에 응하셨을 때(마 26:49), 우리는 비록 그 배반자의 마음이 범죄의 의도에 따른 희생제물이 되었을지라도, 그리스도께서 그에게 보이신 것은 오직 평화였음을 쉽게 볼 수 있다. 그렇기에 압살롬은 '그의 아버지의 평화'로 불린다. 왜냐하

면 그의 아버지는 압살롬에게 없었던 평화를 사랑한 자였기 때문이다.[13]

세인트 빅터의 앤드류(Andrew of St. Victor, ca.1150)는 이사야의 성품을 칭송하면서 다음과 같이 기술했다.

> 만일 유대인의 전통대로라면, 이사야는 귀족 출신으로 왕가의 일원이었다는 것은 의심의 여지가 없다. 왜냐하면 그의 딸이 유다의 왕 히스기야의 아들인 므낫세와 결혼했기 때문이다. 예언자로 부름 받음으로써 이사야는 공적인 권위를 인정받았고, 그의 가치와 거룩함을 알려주는 확실한 증표는 그 자신이 증언한 대로 그가 주님을 대면했고, 그의 입술이 타는 숯불로 정결케 되었으며, 스랍의 손에 이끌려 제단으로 안내되었고, 무엇보다 하나님께서 그를 자신의 종으로 삼으셨음을 선포하셨다는 것이다. 하나님은 이사야에 대해 **"나의 종 이사야가 벗은 몸과 벗은 발로 다녔다"**라고 말씀하셨다(사 20:3).
> 그의 견고하고 흔들리지 않는 지조와 진리를 선포하려는 의지, 그리고 왕자와 백성들, 왕과 제사장들, 온 땅과 민족들, 온 지역과 도시, 마을과 동네, 곳곳을 향하여 두려움 없이 하나님의 심판을 전하는 용기는 그의 죽음에서, 아니 죽음보다 더 참혹했던 그의 고난을 통해 분명하게 빛나고 있다.[14]

도덕적 교훈과 관련하여 중세 후반기에 나타난 변화는 그것이 사회와 공적인 행위에 대한 비판으로 발전했다는 것이다. 당시 설교자들은 사회적이고 종교적인 악습을 언급했다. 유머도 '예증'(exempla)이라고 불리는 이야기를 빌어 풍자의 형식으로 행해졌다. 이는 당시 개인이나 모든 계층의 사람들을 조롱하는 전형적인 수사 방식 중에 하나였는데, 만일 오늘날 설교자가 그와 같은 풍자를 한다면 대다수의 청중은 법적 소송을 제기할 것이다. 당시 설교자들은 주변의 동료 그리스도인들과의 관계에 매이지 않았다. 수도자와 설교자들이 서로의 음탕한 행위에 대해 책망하는 것이 일반적이었고, 그러한 설교가 당시 사람들에게 인기 있고 즐거움을 제공한 설교였고, 무엇보다 그러한 방식이 도덕적 강화에 있어서 효과적인 수단으로 사용되었다.

마이스터 에크하르트(Meister Eckhart)는 누가복음 10장 38절에 대한 설교에서 기존의 마리아에 집중한 해석에서 돌아서서 마르다를 바람직한 신앙의 모범으로 제시한다. 에크하르트는 대부분의 덕행을 마르다에게 돌리는 반면, 마리아의 경우는 훗날 예수님의 승천 후 그녀가 섬김을 배운 후에야 그녀의 덕을 인정했다.

마리아는 우리가 아는 마리아가 되기 전에 마르다였다. 왜냐하면 주님의 발 앞에 앉아 있었을 때, 그녀는 마리아가 아니었기 때문이다. … 그러나 마르다는 처음부터 자신됨을 유지했다. 마르다가 "주님, 그에게 명하여 나를 도와주라 하소서"라고 말한 것은, 마치 "주님, 저는 마리아가 자신의 안락을 위해 그곳에 앉아만 있는 것을 원치 않습니다. 나는 그녀가 참된 삶을 깨달아 그것을 자기 안에 가질 수 있기를 원합니다. 그러므로 동생이 완전해질 수 있도록 그녀에게 일어나라 명하소서"라고 말하는 것과 같다. 마리아가 그리스도의 발 앞에 앉아 있을 때 그녀의 이름은 사실 마리아가 아니었다. 내가 이름하는 마리아는 지혜로운 영혼에 순종하는 잘 훈련된 몸이다. 순종은 의지(will)가 통찰(insight)이 명하는 것을 수행하는 것이다. …

이제 어떤 사람들은 많은 일들로부터 해방되는 곳에 있으려 할 것이다. 그러나 나는 그런 일은 있을 수 없다고 말하는 바이다. … "마리아는 주님의 발 앞에 앉아 있었고, 그분의 말씀을 들었다." 왜냐하면 그녀는 이제 배움의 학교에 들어왔기 때문이다. 그리고 그녀는 삶에 대해 배우는 중이었다. 하지만 시간이 지나 마리아가 배우기를 마치고, 그리스도가 하늘로 올라가시고, 그녀에게 성령님이 임하셨을 그때, 마리아는 그제야 비로소 마르다의 일을 돕는 자가 되었다.[15]

그러나 루터와 칼뱅에게 도덕적 교훈은 본문의 문자적 맥락(literal text)에서 파악되는 것이고, 그것의 초점은 하나님에 대한 믿음의 삶이었다. 칼뱅은 시편 3편에서 다윗이 믿음의 모범임과 동시에 그의 믿음이 하나님의 충만하고 풍성한 은총에 대한 믿음이었음을 읽어냈다.[16] 칼뱅은 디모데후서 2장 16-18절(특별히 "그 중에 후메내오와 빌레도가 있느니라 진리에 관하여는 그들이 그릇되었도다 부활이 이미 지나갔다 함으로 어떤 사람들의 믿음을 무너뜨리느니라")을 설교하면서 부정적인 모범에 관해 전개했다.

그가 후메내오와 빌레도를 거명할 때, 그는 우리가 그들을 용납해서는 안된다고 말한 것이다. 왜냐하면 그들은 피부병을 가진 양 같아서, 다른 무리를 전염시킬 수 있는 자들이기 때문이다. 그러나 우리는 오히려 모든이들에게 그들이 어떤 부류의 사람들인지를 말해줌으로써 사람들이 그들을 조심할 수 있도록 해야 한다. 모든 일을 그르치려고만 하는 자들은 사람들 가운데로 들어와 그들로 하나님을 경멸하도록 거짓된 교리를 심어놓을 것이다. 그들은 짖어대는 개나 불결한 염소, 굶주린 늑대들처럼 악을 행하고 교회의 믿음을 허물어버리려고만 한다. 그러나 우리는 그들로 괴로워한다. … 우리는 하나님의 양떼들이 무엇이든지 먹어치우고 파괴해 버리려는 굶주린 늑대들로 곤혹을 겪고 고통당하는 것을 안다. 그렇다면 우리는 그런 늑대들에 대해 자비의 마음을 가져야 하는가? 아니면 한편으로 우리 주님께서 특별한 애정으로 돌보시는 그 가엾고 불쌍한 양들이 죽어가도록 내버려두어야 하는가?[17]

루터는 도덕적 읽기에 많은 가치를 두지 않았다. 왜냐하면 그것이 사람들에게 완수해야 하는 행동이나 삶을 제시해 주지만, 사실 그것이 그들에게 도움이 되지 못하기 때문이다. 루터는 베드로전서 4장과 관련해 다음과 같이 해설한다. "'그리스도께서 우리를 위해 고난을 당하사 우리의 본이 되셨다.' 따라서 여러분이 주님께서 어떻게 기도하셨고 금식하셨으며 사람들을 도우셨고 사랑을 보이셨는지를 알게 될 때, 여러분도 자신과 이웃을 위해 그렇게 해야만 한다. 하지만 이것은 복음 중에서 가장 작은 부분으로, 온전한 복음의 견지에서 보자면 그것은 복음이라고도 불릴 수 없다."[18] 루터는 설교의 도덕적 권면을 율법과 동일시했고, 하나님 앞에 의롭게 되는 것은 "선행이나 공로가 아닌 믿음에 의한 것"(롬 3:28)임을 분명히 했다. 도덕적 교훈이 사람들에게 주는 주된 유익은 그들로 율법의 기능을 알게 하고 바른 삶의 길로 안내한다는 것과, 그리스도께서 십자가에서 죽으심으로써 그들을 위해 이루신 것의 의미와 그분이 아니고서는 어떤 선행도 행해질 수 없다는 것을 깨닫게 하는 것이다. 사람들이 행하는 선한 일은 오직 하나님의 인도하심 안에서 가능하다. 루터는 믿음과 선행의 관계를 다음과 같이 설명했다.

따라서 우리는 어떤 공로 없이 믿음이 의롭게 한다는 것을 믿는다. 그러나 이것은 그렇기 때문에 어떤 선행도 행할 필요가 없다고 말하는 것이 아니다. 오히려 진실된 행위는 없어지지 않을 것이다. 그러나 행위로 의롭게 된 신자는 이에 관해 아무것도 알지 못한다. 그의 행위는 거짓된 것으로 그 안에는 평화나 기쁨, 확신과 사랑, 소망이나 담대함을 비롯한 그리스도인의 참된 신앙과 행위가 지닌 면이 자리하지 않는다.

그분(그리스도)은 믿음이 마치 우리 안에 있는 죄를 청소하듯이 우리를 죄로부터 자유케 하거나 죄에 대해 나태하고 안일하며 부주의하게 하는 것이 아니라고 말씀한다. 여전히 죄는 있다. 그러나 이제 더 이상 그것으로 정죄를 받지 않는다. 왜냐하면 믿음이 죄에 대항하여 싸우기 때문이다.[19]

루터에 의해 개시된 도덕적 읽기의 새로운 국면은 (a) 먼저, 본문의 문자적 의미를 도덕적 교훈의 목적으로 바꾸는 것을 수용하지 않으며, (b) 둘째로, 복음을 인간의 행위 중심의 율법으로 왜곡시킴으로 믿음을 좌초시키는 것을 인정하지 않으며, (c) 마지막으로, 선행을 믿음이 수행하는 것과 이웃을 위한 자발적인 행동이 아닌 다른 어떤 것으로 간주하는 것을 받아들이지 않는다.[20]

도덕적 읽기 방법

오늘날 도덕적 읽기는 설교에서 어떻게 사용될 수 있을까? 성경 본문은 도덕적 교훈을 본문을 구성하는 정당한 부분으로 포함하고 있다. 헤이든 화이트(Hayden White)는 모든 역사가들은 성경이 기술하는 바가 무엇이고, 논지와 구성에 일관성을 제공하는 것이 무엇인지를 파악하기 위해 본문에 대한 이념적 고려(ideological considerations)를 중시한다고 본다. 그리고 화이트는 그 일관성을 만드는 것을 본문의 '도덕'(moral) 혹은 '미학'(aesthetic)으로 명명하면서 다음과 같이 주지한다. "주어진 역사적 주장이 가진 도덕적 함의는 역사가가 자신이 해석 중인 일련의 사건들 안에서 이루어진 것으로 보이는 관계에서 도출되어야 한다."[21] 이런 점에서 상이한 문학 양식은 상이한 이념적 입장에 기반한다. 따라서 비극적인 방식으로, 한 명의 역사가가 사회 순응적 가치의 필요성을 암시할 수 있다면, 다른 이의 영웅적 용기나 호전적인 이념이 그의 문학 양식에 반영될 수 있다. 바꿔 말해, 한 작품의 도덕적 차원은 본문을 구성해 가는 이야기 안에 자리하기에 그것은 단순히 명제적이거나 확증적 진술로 축소될 수 없다.

적합한 도덕적 읽기는 도덕적 규율을 찾아내지 않는다. 그것은 본문에 대한 폭력일 수 있다. 본문에서 정당한 도덕적 교훈을 읽어내는 것과 본문의 내용을 도덕화(moralizing), 곧 권선징악으로 귀결시키는 것은 전혀 다른 문제이다. 도덕화는 성경본문이 그렇게 의도하지도, 도덕적 교훈을 제시하지 않음에도 본문을 획일적으로 사람들이 해야만 하는 것과 말아야 할 것과 관련한 내용으로 읽도록 한다. 이 과정에서 예수 그리스도 안에서 이루신 하나님의 주권적 행동은 쉽게 간과된다.

설교자들은 일반적으로 특정 본문에서 오늘의 구체적인 상황으로 나아가고, 종종 도덕적 적용을 내린다. 윤리학자들이 성경을 신학적으로 '계시된 도덕'(revealed morality)으로 이해할 때, 그들은 성경을 그와 같은 방식으로 읽는다. 윤리학자들은 공통적으로 다양한 성경본문에서 보편적인 경향을 읽어내고, 그것들에 기초해 윤리적 원리를 정립한다. 제임스 구스타프슨(James M. Gustafson)은 윤리학자들이 성경에서 도덕적 원리를 찾아내기 위해 사용하는 4가지 표준 원리를 제시했다. 그는 이들이 설교에 적용될 때 갖게 될 문제점을 다음과 같이 주지한다.

1. 사랑의 가치를 유지하라! 어거스틴은 이 원칙을 발전시키면서 성경본문에서도 사랑의 차원을 읽어낼 것을 강조했다. 그러나 이 원칙의 문제점은 전쟁과 같은 주제로 논쟁하는 양쪽 모두가 이 원칙에 호소할 수 있다는 점이다.

2. 도덕적 이상을 주장하라! 사람들을 판단하는 것은 성경이 가르치는 도덕적 이상을 얼마나 실현하는가 하는 능력에 달렸다. 하지만 도덕적 교훈과 관련해서 성경의 문자적 진술 간의 모순에 대해 구스타프슨은 도덕적 이상과 관련한 말(language of moral ideals)이 과연 성경에 보장된 것인지 의문을 제기한다.

3. 성경이 정죄하는 행동은 피하라! 사람들과 공동체는 그들의 행동이 성경과 유사한 상황에서 성경이 정죄하는 행동과 가까울 때 도덕적으로 잘못되었다고 판단받는다. 그러나 안타깝게도 이러한 원칙은 모호하다. 만일 우리가 현재의 사건에 대해 무엇이 옳고 그른지를 판단하기 위해 성경으로 향한다면, 우리는 자신의 입장을 지지해 주는

성경본문을 찾게 될 가능성이 높다. 반대로, 성경의 기준을 가지고 현재적 사건을 판단하려 한다면, "우리는 어떤 사건이 성경적으로, 신학적으로, 도덕적으로 성경의 중심적 경향과 가장 가까운가를 판단해야 하는 지난한 물음에 봉착하게 된다. 우리는 성경적 도덕성의 중심 주제에 비춰 히브리인들의 가나안 정복 전쟁이 출애굽에 의해 성취된 해방보다 더 진실한 것이었는지를 판단해야 한다."[22] 구스타프슨은 남아프리카의 칼뱅주의자들이 19세기에 아프리카인들의 땅으로 자신들의 거주 영역을 확장해 들어올 때 선민 이스라엘 백성들이 가나안 땅에 대해 가진 권리를 자신들의 유비로 사용했다고 주지한다.

4. 성경의 특별한 규범과 원칙을 따르라! 사람들의 행동과 삶은 성경의 서로 상이하고 다양한 많은 책들에서 발견되는 선별된 도덕적 가치와 규범, 원칙에 의해 판단된다. 여기서 반복되는 문제는 성경의 규범과 표준이 다양하고 상이하기에 하나의 절대적 규범을 제시하기가 어렵다는 것이다.[23]

이상의 4가지 원칙이 갖는 한계를 인식하면서, 구스타프슨은 성경 전체의 증언을 관통하고 있는 규범적인 원칙을 찾아내고자 했는데,[24] 그가 찾아낸 것은 "행동하시는 하나님"(God who acts)이라는 원칙이다.[25] 이것은 설교학이 성경본문의 맥락적 의미로 간주하는 '하나님-진술'(God-statement)과 같은 개념이다. 다니엘 패트(Daniel Patte)는 그의 최근 저서인 『성경해석의 윤리: 재평가를 위한 한 연구』(Ethics of Biblical Interpretation: a Reevaluation)에서 윤리학자들은 더 이상 자신들의 성경해석이 객관적이거나 보편적이라고 주장하려 하지 말고, 오히려 자신들의 모순된 입장이 정당한 것임을 인식하고 인정해야 한다고 주장한다. 그는 역사비평적 읽기를 지속함으로 모순된 해석의 원인을 규명하는 것이 용이해져야 하고, 여러 가능한 해석 방식 가운데 "자신들에게 가장 적합한 하나의 방식을 선택한 책임을 그들 자신들이 지는 것"에 적극 동의한다.[26] 그의 조언은 설교자들에게, 특별히 많은 성경비평가들이 호응하지 않는 하나님 중심적 읽기 방식을 포함해서 자신들이 취한 해석 방식에 책임을 지려고 하는 설교자들에게 유용하다. 윤리적 주제에 관해 우리는 확정적이고 결정적인 답을 제시할 수 없다. 더군다나 설교자들은 자신들의 입장을 내세우더라도 대안적 시각을 제시할 수 있어야 한다. 가령, 민감한 주제에 관해 설교할 경우, 설교자는 선한 믿음의 양심에 따라 각각 자신의 입장을 고수하는 양쪽 모두의 입장을 존중해 줄 수 있어야 한다. 바꿔 말해, 규율을 제시하는 도덕적 교훈과 균형적인 방식으로 사람들에게 대안을 제시하는 윤리적 설교는 분명히 구분되어야 한다.

설교학과 윤리학 모두에게 '하나님 읽기'(God sense) 혹은 '하나님-진술'(God-statement)은 방향 제시를 위한 하나의 지침일 뿐이다. 윤리학자들은 하나님이 어떤 분이고, 무슨 말씀을 하시며, 어떤 일을 행하시는지 등과 같은 일반적 주제에 접근하는 것을 다룬다. 예를 들면, "그리스도는 해방자이다"(흑인, 비백인여성주의자, 백인여성주의자, 해방신학자들), 혹은 "하나님은 희망이다"(위르겐 몰트만), "평화주의자로서의 예수"(도로시 데이), 혹은 "주님으로서의 예수"(레슬리 뉴비긴) 등이다. 그러나 오늘날 윤리학자들의 관심은 공통적으로 이러한 주제에서 벗어나 자신들의 현재 상황에 대한 성찰로 전환되고 있다. 설교자의 경우는 때때로 그와 동일한 방향성을 갖는데, 사실 설교자는 이미 형성된 신학적이고 윤리적인 관점을 참조하면서 성경을 대한다. 설교자는 의도적으로 그러한 관점을 의식, 수립, 분석하지 않더라도 그것들은 성경을 이해하는 방식에 영향을 주고, 그것이 설교에 반영된다. 하지만 설교자는 일상적으로 또 다른 방향을 취하기도 한다. 즉, 성경본문이 직접적으로 말하거나, 그렇지 않을 경우 성경의 진리와 일관되는 삼위 하나님의 말씀이나 행위의 내용을 찾는 작업에서 그것을 공동체의 삶의 자리에 특정화, 구체화, 실제화하는 것에 보다 집중한다. 그래서 대부분의 설교 주제는 윤리 규범적 성격을 갖는다. 하나님은 그의 백성들을 위해 특정한 목적과 방식으로 일하신다. 그러므로 교회는 하나님의 뜻에 따라 살아야 할 사명이 있고, 설교는 그러한 메시지를 전할 사명이 있다. 이러한 방향성이 실현되기 위해서는 도덕적 상상력(moral imagination), 곧 기꺼이 도움을 필요로 하는 누군가의 입장이 되려는 것과 행동을 통해 윤리적 결과를 기대하는 준비된 마음이 요구된다.

도덕적 읽기의 실행

피터 고메즈(Peter J. Gomes)는 최근 「뉴욕타임즈」에 지난 천 년을 대표하는 최고의 설교 한 편을 소개했다. 이는 1630년 미국 메사추세츠 베이 지역의 식민총독인 윈드롭(Winthrop)이 행한 설교이다(고메즈의 작업은 지역 교회의 설교에 제한되었다는 근시안적인 한계를 갖고 있다). 설교 제목은 "그리스도인의 자선: 이를 위한 모델"이고, 본문은 산상설교의 한 부분인 마태복음 5장 13-16절이다. 윈드롭은 '언덕 위의 도시'를 아메리카 대륙에 대한 은유로 해석했다. 아메리카는 선행과 상호 원조에 있어서 모범이 되는 나라라고 말한다. 고메즈는 "그의 설교에 흐르는 바는 … 이기심과 욕망에 심취된 것은 기근과 역병만큼 공동의 선에 위해가 된다는 그의 정직한 인식이다"라고 말한다.[27] 이는 교회 역사에서 볼 수 있는 도덕적 설교의 전형으로 윈드롭은 덕성(morality)에 관한 본문으로 덕성에 대해 설교했다("이같이 너희 빛이 사람 앞에 비치게 하여 그들로 너희 착한 행실을 보고 하늘에 계신 너희 아버지께 영광을 돌리게 하라"-마 5:16). 이와 같은 경우 본문의 문자적 맥락이 삶을 위한 방향을 제시하게 된다.

성경에 도덕적 가르침이 직접적으로 언급될 수도 있고, 그렇지 않더라도 성경을 도덕적 교훈집으로 사용할 수도 있다. 만일 교훈적인 설교를 할 경우, 설교자는 가능하면 실생활에서 부딪히는 윤리적 문제에 상관되는 본문을 선택하는 것이 필요하다. 도덕적 읽기는 일반적으로 도덕적 삶에 대한 교훈이 없는 성경분문에서 도덕적 가르침을 읽어내려는 방식이다. 옛 설교자들은 삶의 윤리적 문제와 도덕적 교훈이 그런 내용을 직접적으로 언급하는 성경본문에 제한되지 않음을 알고 있었다. 성경의 많은 본문들은, 중세의 그리스도인들이 정확하게 인식하고 있던 것처럼, 다양한 방식으로 윤리적 문제나 도덕적 권면과 관련되어 있다. 설교가 다루는 윤리적 문제는 사랑과 관련한 어떤 행위일 수도 있고, 아파서 바깥출입을 못하는 자에게 음식을 공급하거나 입원 환자를 병문안하는 것일 수도 있다. 그러나 그것이 신앙의 삶을 위한 초대냐, 아니면 명령이냐에 따라 성경본문은 윤리적 목적으로 해석될 수도, 도덕적 규율을 제시하기 위한 목적으로 해석될 수도 있다.

설교가 하나님을 빼버린 채 도덕을 말할 때, 그것은 회중 개인으로 하여금 전적으로 자신 스스로를 의존하게 내버려두는 것이다. 그리고 자신이 가진 자원이 충분하다고 여길 경우 회중은 그리스도가 더 이상 필요치 않게 된다. 따라서 성경본문이 말하는 '하나님'을 읽어내지 못하는 설교는 도덕주의적 설교로 귀결된다. 잠언 11장 25절은 도덕적 행위를 언급한다. "구제를 좋아하는 자는 풍족하여질 것이요 남을 윤택하게 자는 자기도 윤택하여지리라." 그런데 과연 그런가? 구제를 좋아하는 사람이 가난하게 되는 경우는 없는가? 분명 문자적 차원에서 본문은 관대한 태도가 곧 부유하게 되는 길이라고 단언한다. 그런데 만일 설교자가 본문을 그렇게 주해하지 않는다면 그는 역사비평적 읽기를 넘어 신학적 읽기로 발전하는 것이고, 본문의 전후 맥락을 고려하면서 대안적 해석을 위한 실마리를 찾아가게 된다. 그런데 본문에서 알 수 있듯이, 24절은 그 실마리를 제시하지 않는다. "흩어 구제하여도 더욱 부하게 되는 일이 있나니." 하지만 28절("자기의 재물을 의지하는 자는 패망하려니와")과 30절("의인의 열매는 생명나무라")은 25절의 풍요함이 물질적 풍족함이 아님을 암시해 준다. 따라서 믿음의 관점에서 구제를 좋아하는 자는 풍족함, 곧 생명나무를 얻게 된다고 해석할 수 있다. 이런 점에서 도덕적 규율을 언급하는 본문일지라도 신학적 해석을 필요로 함을 알 수 있다.

　　반면, 본문이 도덕적 행동을 명확하게 언급하지 않더라도 설교자는 도덕적 읽기를 시도해야 할 때도 있다. 가령, 기적 이야기는 직접적으로 예수님의 권위와 능력을 가리킨다. 그러나 일례로, 중풍병에 걸려 지붕 위에서 내려진 사람을 치유한 사건(막 2:1-12)에서도 다음과 같이 도덕적 교훈을 읽어낼 수 있다. "그를 데리고 온 네 명의 친구처럼 믿음을 가져라." 혹은 "무리 속에 있는 자들의 믿음보다 더 큰 믿음을 가져라. 그들은 그가 주님께로 오는 것을 막아섰다."

그러나 신학적 읽기는 여기서 멈추지 않는다. 왜냐하면 신학적 읽기는 세상의 법 논리와 다를 바 없는 방식의 도덕적 교훈이 목적이 아니기 때문이다. 성경 인물들의 모범과 율법은 성경의 기초적 진리의 빛 하에서 다시 이해되어야 한다. 그러한 비평적인 읽기를 통해서만 그것들이 지닌 고유한 의미와 역할을 되찾을 수 있다. 그러므로 설교자는 실제적으로 매우 중요한 변화를 시도할 수 있다. 즉, 설교자는 본문을 단순한 도덕적 교훈의 말씀이 아닌, 그리스도의 진리를 드러내고 있는 신학적 가르침으로 설교할 수 있다. 그렇게 함으로써 설교자는 관심을 우리가 해야만 하는 것(가령, 우리가 구제해야만 하는 것)에서 그것을 하나님의 행동과 연관해서(그리스도를 통해 일하시는 하나님만이 완전한 공급자이시다) 이해하는 방향으로 전환해야 한다. 하나님은 우리의 은행 계좌 상에서 가난할지 모른다. 그러나 우리가 하나님과 이웃과의 관계에서 부요하다면 우리는 결코 빈곤해질 수 없다. 그리고 우리 가운데 물질적으로 풍족한 자들이 하나님을 보다 더 신뢰한다면 우리 가운데 빈곤한 자들의 고통도 줄어들 것이다.

우리는 또한 성경의 인물들이 불가피하게 긍정적이고 부정적인 삶의 모범으로 제시되는 것은 하나님께서 그렇게 의도하셨기 때문이라고 믿는다. 왜냐하면 교회는 역사에 걸쳐 성경을 바른 삶으로 이끄는 안내자로 읽어왔기 때문이다. 이에 더해 교회는 비록 최근에서야 재발견하게 되었지만, 초기 시대부터 성경본문이 가진 다의성을 인정하고 있다. 그럼에도 오늘날 설교자들은 본문에 정당한 도덕적 의미가 있는지를 판단하기 위해 도덕적 읽기라는 렌즈를 사용할 수 있다. 요컨대 신학적 읽기는 몇 가지 책임 있는 해석전략을 제공한다. 여기에는 그리스도와 성경 인물, 그리고 바울을 신앙과 삶의 모범으로 설교하기 등이 있다.

신앙과 삶의 모범으로서 그리스도

그리스도를 도덕적 모범으로 설교하기란 그리스도의 행동을 자세한 부분에까지 충분히 묘사하는 것을 포함해야 한다. 이는 설교자가 도덕적 교훈을 목적으로 하든 그렇지 않든, 그리스도가 모범으로 이해되고 경험될 수 있도록 돕는다. 이러한 도덕적 교훈은 종종 본문의 이면에서 발견된다. 예수님께서 도움을 구하는 한센병 환자들의 외침에 응답했을 때(눅 17:12-19), 본문 어디에도 사람들이 예수님을 향해 "그는 자비한 선생이다", 아니 보다 정확하게 "그는 생명을 온전히 살리는 회복과 치유를 명하는 권세를 가지신 분이다"라고 언급하는 대목이 없다. 그럼에도 주님은 사람들로부터 외면받은 병인들의 사무친 소원에 응답하셨다. 그러한 주님의 사랑은 십자가로 향하는 여정의 한 부분이 아니었다. 개별적인 본문에서 도덕적 해석을 위한 실마리는 이 같은 방식으로 발견되거나 일반화될 수 있고, 성경의 전체 맥락인 예수님의 십자가와 부활, 승천의 관점에서 확인될 수 있다.

이와 더불어 그리스도의 도덕적 교훈은 직접적으로 그의 가르침에서 도출될 수 있다. 가령, 가장 큰 계명(마 22:34-40), 제자 파송(마 28:16-20), 선한 사마리아인의 "… 이 세 사람 중에 누가 강도 만난 자의 이웃이 되겠느냐 … 가서 너도 이와 같이 하라"(눅 10:36-37), 그리고 탕자의 교훈(눅 15:11-32) 등이 그것이다. 뿐만 아니라 도덕적 교훈은 예수님의 이야기에서 간접적으로 유추되기도 한다. 한 예로, 잃어버린 동전의 비유(눅 15:8-10)를 관통하는 중심 주제는 회심한 영혼으로 인한 천국에서의 기뻐함이다. 그럼에도 비유는 청지기의 바른 자세에 대한 교훈의 말씀으로 설교될 수 있다. 흥미로운 것은 청중은 설교자가 의도하지 않았더라도 설교를 도덕적 가르침으로 듣거나 설교가 너무 추상적이고 난해해서 상대적으로 분명하고 단순한 도덕적 해석과 적용을 선호할 수 있다. 이러한 이유로 오리겐은 성경의 '육체적'(문자적) 해석을 영적 해석을 어려워하는 청중을 위한 성경읽기로 소개했다.

그러나 그리스도를 모범으로 제시하면서 거기서 도덕적 교훈을 이끌어 내는 것은 위험부담이 있다. 본문의 그리스도의 행동이 드러내는 정당한 도덕적 의미와 설교자가 오늘의 상황과 문화에서 본문으로 가지고 들어가는 것 사이는 구분되어야 한다. 이를 위해 역사비평적 읽기가 유용하다. 역사비평의 도움이 아니고서는 설교자는 본문의 객관성과 설교자의 주관성을 분리해 내기 어렵다. 다시 말해, 설교자가 그리스도의 모든 행동을 도덕적 모범의 시각으로 보려 한다면, 그렇지 않은 본문도 그러한 시각으로 해석되지 못할 것이 없다. 성경본문이 그리스도의 행실에 대한 직접적인 교훈을 언급하지 않아도 설교자의 해석적 선호도에 따라 거기에서도 도덕적 모범은 얼마든지 식별될 수 있다. 가령, 성전의 장사하는 자들의 상을 뒤엎으신 그리스도(막 11:15-19)는 변혁을 위한 긴박한 필요성의 교훈으로, 죄를 범하기보다는 한 쪽 눈을 뽑아버리라는 주님의 명령(마 5:29)은 다른 이들을 향한 정죄의 말씀으로, 평안이 아닌 검을 주러 왔다고 하심(마 10:34-36)은 그리스도께 향한 온전한 의탁에 관한 권면으로, 자신의 어머니에 대한 꾸짖음(요 2:4)은 우리의 계획을 하나님 뜻으로 둔갑시키지 말라는 경고로, 죽어가는 나사로의 상황에 이틀을 늦춰 응답하심(요 11:6)은 그와 같은 상황에 대한 말씀으로, 모든 서기관과 바리새인들을 향한 주님의 정죄(마 23)는 자기 의를 취하는 자들에 대한 책망으로, 불충한 청지기를 향한 주인의 칭찬(눅 16:1-7)은 주님의 제자가 갖추어야 할 민첩함을, 그리고 큰 아들에 대한 아버지의 태도(눅 15:11-32)는 자만함에 대한 경계의 말씀으로 읽어낼 수 있다.

그러나 그리스도를 삶의 모범으로 교훈하는 설교가 갖는 더욱 큰 위험은 그리스도께서 성취하신 구원에 대한 왜곡된 진술이다. 예수 그리스도는 성도들에게 옳은 길을 가르치거나, 그들이 더 올곧은 삶을 살아가도록, 혹은 그들이 잘못된 삶을 고치도록 세상에 오신 것이 아니다. 주님은 세상을 구원하시기 위해 오셨다. 만일 설교가 주님을 모방해야 하는 삶의 모범으로 교훈한다면, 설교자는 세상의 죄와 악의 권세를 과소평가하는 것이다. 그리스도를 본받는 성도들의 모든 행위가 세상의 죄악을 이기는 것이 아니다. 그리스도는 분명 믿음의 모델이다. 그러나 그분은 그것 이상이다. 그리스도는 세상을 지배하는 죽음의 권세 그 자체를 멸하시기 위해 죽으셨으며, 세례를 통해 성령님 안에서 부활의 생명을 우리에게 부어 주시는 우리의 구원자이다.

신앙과 삶의 모범으로서 성경 인물

설교자가 성경의 이야기를 다시 이야기하는 것은 성경이 증언하는 믿음과 그리스도인의 삶을 공유하기 위함이다. 그 과정에서 성경의 인물은 삶에 대한 긍정적이거나 부정적인 모델로 소개된다. 성경의 어떤 이야기는 자신의 딸을 소돔 사람들에게 내어주는 롯(창 19:8)이나, 충신 우리아를 교살하는 다윗(삼하 11:14-27) 혹은 강간당하는 다말(삼하 13:1-14) 등과 같이 끔찍한 내용을 담고 있다. 그밖에도 성경에는 '폭력적 본문'(texts of terror)들이 많아서 그 내용이 남성 중심적이거나 여성 혐오주의적인 가치관을 드러낸다. 오늘 우리 사회만이 아닌 성경도 여성을 부정적인 시각으로 기술하는 상황에서, 현대 많은 여성 작가들은 성경의 이야기를 여성의 관점으로 재구성하고, 나아가 성경의 여성을 역할모델(role models)로 소개하고 있다. 앞선 성경의 예들은 성경에 등장하는 단적인 예로서 그러한 많은 성경의 이야기가 설교에서 쉽게 다루어진다.

성경에 나오는 도덕적 모범을 직접적으로 오늘의 삶과 신앙의 현장에 적용할 때 즉시적인 효과가 있을 수 있다. 가령, 설교자는 아담과 하와의 이야기에서 하나님이 선고한 인간의 유한함(창 3장)을 고백해야 할 필요성을, 혹은 불의한 재판관과 과부의 이야기(눅 18:1-5)에서 무심하고 불의한 권세자들에 대한 인내가 필요함을, 또는 수태고지 본문(눅 1:26-38)에서는 삶의 위급한 도전 앞에서 하나님에 대한 신뢰가 필요함을 감지할 수 있다. 물론, 성경은 오늘 성도들이 마주하는 실업, 약물중독, 인종차별, 환경파괴와 세계화 등과 같은 다양한 사회적 문제에 대해 직접적으로 대답하지 않는다. 그럼에도 설교자는 설교에서 그러한 주제들을 다루어야 하는 필요를 느낀다. 나아가 성경이 사회적 문제들을 인식하는 방식은 오늘의 설교자와 성도들에게 낯설게 다가온다. 왜냐하면 오늘날은 과학기술이 보편화되어서 성경이 인간의 특정한 행동을 도덕적 기준으로 평가하는 데 반해, 의학, 심리학, 사회학과 같은 현대 과학은 그런 인간의 행동 유형의 원인을 분석하고 진단하기 때문이다(그러나 오늘날에도 강한 믿음이 있으면 우울증과 같은 심리정서적인 질병을 불필요하게 겪지 않을 수 있다고 믿는 성도들이 적지 않다). 그러나 그러한 성경의 그때와 오늘의 성도들 간의 괴리에도 불구하고, 설교는 오늘의 도덕적 위기의 상황 한가운데서 성경의 사람들을 믿음의 선한 싸움을 싸우는 모범으로 소개하고 적용할 수 있다.

예수님 자신은 모범적 교훈을 가르치거나 도덕적 위인을 소개하는 데 주저하지 않으셨다. 설교 역시 도덕적 읽기가 필요하고, 성도들은 설교가 자신들의 삶을 하나님의 말씀 앞에서 비춰보도록 돕는 것임을 알아야 한다. 따라서 설교의 도덕적 읽기는 피할 수 없다. 왜냐하면 설교자가 이야기하는 성경의 거의 모든 이야기는 믿음의 이야기로서 교회와 성도들이 본받아야 하는 삶의 바른 모범을 제시하고 그러한 목적으로 설교되어 왔기 때문이다. 사람들은 언제나 도덕적 가르침을 필요로 한다. 일상에서 나누는 이야기의 결국은 언제나 옳고 그른 행위 간의 판단이다. 여기서 설교는 바로 그런 도덕에 대한 욕구와 기대감을 고조시킨다. 왜냐하면 설교라는 장르가 일반적으로 사람들의 행동을 변화시키는 행위로 인식되기 때문이다. 따라서 설교자는 의도치 않게 도덕적 심판자라는 말을 듣지 않도록 각별한 주의를 기울여야 한다. 한 번은 예수님께서 성전을 정화하신 사건에 대한 설교를 들은 적이 있는데, 몇몇 청중은 그 설교를 하나님의 집에서 합당치 않은 행위에 대한 가르침으로 들었다고 했다. 설교의 청중은 설교를 들으면서 반복적으로 도덕적 교훈을 생각한다. 그들은 기도를 통해 하나님의 도움을 구하지만, 특별히 설교를 통해서 말씀하시는 하나님의 음성을 듣기를 바란다. 그러므로 숙련된 설교자는 결론을 성도들에게 맡기는 열린 결론 대신 의도적으로 삶에 대한 분명한 성찰과 방향을 제시해야 한다.

프레드릭 로버트슨(Frederick W. Robertson, 1816-1853)은 성경 인물을 신앙의 모범으로 소개하곤 했다.[28] 그의 설교는 오늘날의 설교와 거의 차이가 없이 들린다. 왜냐하면 프로이드 심리학(Freudian psychology)이 설교강단에 영향을 끼치기 이미 훨씬 전에 그가 성경의 이야기를 활용하면서 성경 인물에 대한 흥미를 불러일으켰기 때문이다. 설교 중에 느헤미야 13장 26절을 본문으로 한 솔로몬 설교는 일반적인 인간 중심적 관점을 극복하고 있는데, 설교는 솔로몬의 죄에서 시작하지만 하나님에 대한 그의 변절의 한가운데서도 그를 이끌어 가시는 하나님의 사랑으로 진행해 간다.[29] 그러나 설교자가 성경 인물을 성도들이 소망하는 대상으로 그린다면, 그 인물을 도덕적 모범으로 제시하는 것은 위험한 일이다. 우리가 아무리 룻이나 마리아, 에스라, 바울을 존경한다 해도 그들은 오늘의 설교자나 성도들과 같은 평범한 사람이지 하나님과 같은 존재는 아니다. 성경 인물은 성도들에게 신앙과 삶에 도전을 주는 자이지 소망의 근원이 아니다. 오히려 설교가 성경 인물의 삶 안에서, 그들의 삶을 통해 일하시는 하나님을 주목할 때만이 하나님은 성도들의 소망이 되셔서 하나님이 그와 같은 방식으로 자신들도 사용하실 거라는 소망을 갖게 된다. 모든 설교는 이러한 이중적 도전을 받고 있다.

도덕 선생으로서의 바울

신약의 서신서의 저자인 바울과 다른 사도들은 각각 분리해서 조명될 필요가 있다. 왜냐하면 그들 간에 설교 사역에 대한 인식의 차이가 있기 때문이다. 설교자들은 서신서 본문을 가지고 설교하기를 즐겨 하곤 한다. 왜냐하면 오늘의 삶에 적용하기가 상대적으로 쉽기 때문이다. 에베소서 2장 11-22절은 "그러므로 이제부터 너희는 외인도 아니요 나그네도 아니요 오직 성도들과 동일한 시민이요 하나님의 권속이라"(19절)고 말한다. 바울의 설교는 당시 외인이나 나그네로 간주된 이방인들에 관한 내용이었다. 비록 지금은 그리스도 안에서 하나가 되었다 해도 그들은 본래 이스라엘의 신앙 공동체에서 배제된 자들이었다. 여기서 설교자는 역사비평을 통해 에베소 교회의 구성원들이 어떤 특성과 배경을 갖고 있는지, 저자가 사용하는 용어들은 어떤 의미이고, 에베소서 전체에서 19절이 갖는 기능은 무엇인지 등을 파악할 수 있다. 리차드 헤이즈(Richard Hays)는 신약의 다양한 서신들을 이야기로 읽을 수 있도록 안내하는데, 그는 사도들의 서신들을 1세기 교회들의 이야기에 관한 대화의 한 형태로 소개한다.[30]

그러나 신학적이며 설교학적인 비평은 여기서 몇 걸음 더 나아간다. 즉, 설교자는 본문의 안내("그리스도 예수께서 친히 모퉁잇돌이 되셨느니라"-엡 2:20)에 따라 정당하게 그리스도를 우리를 위해 외인과 나그네가 되신 분으로 해석할 수 있다. 이와 동시에 설교자는 바울의 가르침의 관점에서 성도들이 오늘의 외인과 나그네된 자들을 향하여 가져야 하는 윤리적 응답이 무엇인지도 생각할 수 있다. 달리 말해, 복음은 우리를 자유케 하면서도, 동시에 우리에게 도덕적이고 윤리적 책임을 요청한다. 비록 본문이 그러한 요청을 명시하지 않고 주해적 연구로도 그에 대한 실마리가 발견되지 않더라도, 설교자는 본문의 언어와 맥락, 비유적 표현을 통해 복음의 요청을 감지할 수 있다. 그리고 그것이 성경본문의 문맥적 의미에 의존하는 한에 있어서, 그것은 마땅히 주관적 주해(eisegesis)나 적용(application)이 아닌, 객관적 주해(exegesis)로 간주되어야 한다. 왜냐하면 객관적 주해는 본문이 '이끌고 가는'(leads out) 바를 따르는 읽기로서, 이는 본문의 문맥적 읽기를 하는 설교적 읽기(homiletical criticism)에서도 발생된다. 역사비평도 성경본문에 대해 그와 같은 자유를 발휘할 수 있다.

바울은 그리스도의 은총을 제시한 후 편지의 거의 모든 마지막 부분에서 도덕적 권면을 제시한다. 그러나 그가 말하고자 하는 내용은 그것으로 축소되지 않는다. 반복하지만 바울 서신을 읽으면서 설교자는 그가 말하는 바를 신뢰해야 한다. 바울의 윤리적 교훈은 그가 말하려는 최종 결론도, 복음의 진리도 아니다. 로마서를 비롯한 다른 여러 서신들에서 바울은 그의 신학적 내용(예를 들어, "그리스도께서 우리와 맺는 관계가 여기에 있습니다")을 앞서 진술하고, 그런 다음 그에 따른 윤리적 행동의 결과를 제시했다. 따라서 설교자는 바울의 설교를 추진하고 이끌고 가는 신학적 진술을 살펴볼 필요가 있다.

도덕적 읽기와 설교의 사명

설교는 단순히 들려지기 위한 것이 아니다. 설교는 "성도를 온전하게 하며 봉사의 일을 하게 하며 그리스도의 몸을 세우기 위함"(엡 4:12)이다. 달리 말해, 설교의 목적은 성도들이 복음의 정신으로 일을 하고, 그들의 삶이 변화되며, 계산하지 않고 타인을 섬기며, 보다 깊은 믿음과 지식으로 자라가도록 이끄는 데 있다. 다음은 캐나다연합교회 (the United Church of Canada)의 최근 신앙고백서에 담긴 윤리적 구문 (moral clause)의 한 용례이다. 다른 교회에서도 활용 가능한 예이다.

> 우리는 교회가 되도록 부름 받았습니다.
> 하나님의 임재를 축하하고,
> 창조된 세계를 존중하며,
> 이웃을 사랑하고 섬기며,
> 정의를 구하고 악을 물리치며,
> 십자가에서 죽으시고 부활하셨으며,
> 우리의 심판자와 소망이 되시는 예수님을 선포하며 살도록 부름 받았
> 습니다.[31]

위와 같은 선언에서 설교자는 "설교에 대한 적합한 응답은 무엇인 가?"라고 제안할 수 있다. 나는 이것을 설교의 사명이라고 부른다. 헨리 미첼(Henry H. Mitchell)은 이것을 설교의 '실천적 목적'으로,[32] 토마스 롱(Thomas G. Long)은 설교자가 설교를 통해 청중에게 무엇인가 야기되고 발생되기를 바라는 바를 정의하는 설교의 '기능적 진술'[33]로 부른다. 앞서 출간된 『설교학: 이론과 실천』(The Practice of Preaching)[34]에서 논의한 바와 같이, 설교의 사명은 반드시 본문에서 직접적으로 도출

될 필요는 없고, 설교자가 찾아낸 본문이 의미하는 방향성 안에 설정될 수 있다. 가령, 설교의 사명이 본문에서 나온다면, 그와 관련된 몇 가지 대지들이 제시될 수 있다.

설교자는 본문의 문맥을 통해 **"하나님이 본문에서 혹은 그 배후에서 말씀하시거나 행동하시는 바는 무엇인가?"**라고 묻거나, 도덕적 읽기의 측면에서 **"우리 인간은 하나님의 말씀에 비춰 무엇을 해야 하는가?"**라고 질문할 수 있다. 그러나 설교자는 "여러분은 **~해야만**(must), **그래야만**(should), **할 수 있어야만**(have to) 합니다"라는 식으로 복음을 축소시키지 않으면서도 어떻게 도덕적 교훈과 실천적 지침을 제시할 수 있는가를 진지하게 고민해야 한다. 왜냐하면 그러한 방식의 권면과 요청은 의문의 여지없이 인본주의적이기 때문이다. 그것은 곧 "이 모든 것이 우리에게 달려 있다"라는 뜻이면서, 하나님께서 우리를 위해서 예수 그리스도의 죽음과 부활, 승천을 통해 행하신 일을 배제한다고 말하는 것이 된다. 따라서 설교에서 하나님의 주권하심과 인간의 책임 간의 긴장을 균형적으로 언명할 수 있는 유일한 방법이 필요한데, 이는 실존적 위기에 처한 인간의 '문제상황'(trouble)과 하나님의 '은총행동'(grace)을 구분하는 것이다. 설교자는 먼저 본문이 이야기하는 '문제상황'을 기술한 후 그것을 오늘 삶에서의 '문제상황'으로 발전시키고, 이어서 본문이 들려주는 '하나님의 은총행동'을 기술한 후 그것을 다시 오늘 삶에서의 하나님의 은총행동으로 발전시켜야 한다. 이를 위해 설교자는 설교를 네 부분으로 구성하거나, '네 페이지 설교'(four-page)라는 이름의 특정한 설교 형태로 만들 수 있다. 오늘날 설교의 많은 전개 방식이 여전히 역사비평과 설교비평적 읽기에 의존하고 있는 상황에서 네 페이지 설교는 신학적 설교를 위한 구체적인 모델로서, 신학비평적 읽기뿐만 아니라 하나님 말씀의 목적과 기능에 부합하는 설교이다. 먼저, 설교의 '페이지'(pages)란 설교 작성의 효율성을 위해서 책의 페이지와 같은 개념으로 이해할 수 있다. 기본적으로 설교의 두 번째 페이지(오늘의 문제상황)는 성도들이 '해야만 하는'(must, have to, should) 것임에도 불구하고 그렇게 행하지 못한 상황이나, 어떤 방식으로든 율법 하에 있는 성도들의 삶의 상황을 다루는 곳이다. 이어서 설교자는 세 번째 페이지로 옮겨와 하나님이 본문이나 본문 배후에서 구원을 위해 주권적으로 말씀하시고 행동하시는 바를 조명하고 다루게 된다. 이것이 마쳐지면 마지막 네 번째 페이지로 나아가게 되는데, 네 번째 페이지의 관심 주제는 오늘 우리의 삶에서 들리고 경험되는 복음으로서 하나님의 은총적 행동에 있다. 이와 같이 설교의 사명이 네 번째 페이지에서 확인되면('은총행동'에 상응되는 것은 두 번째 페이지이다), 설교는 이제 인간의 문제상황(율법)이 아닌 하나님의 은총행동(복음)으로, 내가 '해야만 하는'(have to)이 아닌 하나님 안에서 '할 수 있는'(may)으로, 정답이 아닌 권유로, 더 이상 명령이 아닌 초대의 소식으로 발언되게 된다. 그러므로 이제 성도들의 결단을 요청할 때도 우리보다 앞서 행하시며 우리를 만나주시는 그리스도와 모든 것을 가능케 하시는 성령님의 권능에 의지하여 결단을 요청할 수 있다.

설교적(도덕적) 주해를 위한 정리와 질문들

1. 본문과 본문 배후에서 발견되는 하나님의 행동이 오늘 우리의

행동과 관련해서 주는 의미는 무엇인가?

2. 삼위의 한 분이신 하나님의 행동은 우리가 실행해야만 하는 행동을 지시하는 것인가?

3. 본문은 우리의 영적인 삶과 하나님과의 관계를 위해 어떤 행동을 제시하고 있는가?

4. 본문은 우리 공동체의 생활과 우리 이웃과의 바른 관계를 위해 어떤 행동을 제시하고 있는가?

5. 본문이 명확하게 기술하는 하나님의 명령(들)은 무엇인가?

6. 본문이 함의하고 있는 하나님의 명령들은 무엇인가?

7. 본문이 명확하게 말하는 도덕률은 무엇인가?(하나님의 말씀과 대비되는 인간적 명령)

8. 본문이 함의하고 있는 도덕률은 무엇인가?(하나님과 대립하는 세상적 질서와 가치)

9. 성경의 사건들은 오늘 우리 교회의 어떤 상황과 관련되어 있는가? 그것이 약한 자들에 관한 것인가? 아니면 병든 자, 투옥된 자, 배고픈 자, 곤고한 자, 과로한 자, 권세 있는 자 혹은 부자들과 관련한 것인가?

10. 본문의 사건은 우리의 도시나 나라의 어떤 상황을 가리키고 있는가?

11. 본문의 사건은 이 세계의 어떤 사건에 적용되는가?

12. 본문에서 '죽이는 문자'(고후 3:6)는 무엇인가?

13. 본문에서 '살리는 영'(고후 3:6)은 무엇인가?

14. 본문은 우리가 하나님으로부터 필요로 하고 기대하는 도움에

관해 무엇을 말하고 있는가?

15. 본문의 인물이 보이는 행동은 오늘 우리를 위한 모델인가?

16. 본문의 인물이 보이는 믿음은 오늘 우리가 따라야 하는 모범 인가?

17. 하나님은 본문에서 발견하는 모범적 인물들의 믿음과 행동을 통해 역사하신다고 말할 수 있는가?

18. 본문이나 본문 내의 상황에서 하나님은 인류를 위해 기꺼이 고통 받으시는 분으로 나타나는가?

19. 본문에서 하나님은 세상의 고통을 뒤엎으시는가?

20. 그리스도께서 우리를 위해 부활하셨다는 사실이 본문의 상황과 우리가 사는 세상에서 어떤 차이를 만드는가?

21. 그리스도의 부활과 승천의 사실이 오늘의 구체적인 상황에 주는 의미는 무엇인가?

22. 본문이 말하는 도덕적 책무는 내가 본문에 부과한 것인가, 아니면 본문이 자체적으로 말하는 것인가?

23. 나의 도덕적 잣대는 인간 중심적(anthropocentric)이었는가?

24. 나의 선한 행위는 하나님의 은혜로 인한 것이라고 생각하는가?

25. 나는 그동안 우리가 해야만 하는 것(가령, "당신은 관대해야만 한다") 과 하나님께서 이미 행하신 것(가령, "하나님은 완전한 공급자이시다") 사이의 어떤 관계를 설정해 왔는가?

26. 본문을 해석하기 위해 오늘 우리의 삶의 이야기를 사용함에 있어서 나는 도덕적 행동양식을 제시했는가?

27. 본문을 해석하기 위해 이야기를 활용함에 있어서 나는 다양한

그룹의 다양한 경험에 수용적이었는가?

28. 나는 하나님에 관한 무엇인가를 말하기 위해 현대의 이야기들도 사용될 수 있다고 보는가?

29. 나는 본문이나 삶의 자리에서 만나는 최악의 상태에 있는 사람에 대한 공감을 보여 왔는가?

30. 나는 개인이나 공동체의 신앙과 삶의 성숙을 위해 실제적인 실천의 예를 제안한 적이 있는가?

31. 나는 내가 제안한 모범이 또 다른 율법이 아닌 신앙의 삶으로의 초대로 작용했다고 확신하고 있는가?

32. 이 설교에서 그리스도는 우리의 구원자인가, 아니면 단순히 모범적 위인인가?

8장
역사와 알레고리

    역사비평은 성경해석에 대한 굳건하고 표준적인 토대를 제공한다는 점에서 안정적인 방법론이다. 그렇기에 현대의 새로운 해석적 시도는 역사비평을 디딤돌로 삼는다. 게다가 역사비평은 알레고리(allegory)를 방지하는 중요한 역할을 한다. 알레고리는 역사적 이해가 없었던 시대에 번창했다. 알레고리는 본문에서 원하는 의미를 얼마든지 찾을 수 있고, 합의 가능한 본문해석을 거부하기도 한다. 알레고리의 위험성은 복합적인데, 알레고리 역시 역사를 무시하고 성경이 역사적 사건 안에서 그것을 통해 자기를 드러내시는 하나님에 대한 증언이라는 성경의 권위를 위협하기 때문이다. 그러나 알레고리는 우리가 생각하는 것 이상으로 성경 곳곳에, 그리고 성경해석의 역사 안에 만연해 있으며, 단순히 알레고리의 사용을 금한다고 해서 그 부정적인 영향을 막을 수 있는 것도 아니다. 성경학자들이 알레고리에 대한 상시적 경계를 늦추지 않는 한 가지 이유는 역사비평이 일반화된 오랜 후에도 좀처럼 사라지지 않은 알레고리의 복원력과 생존력 때문이다. 마치 화단에서 잡초를 뽑아내도 옆 채소밭에서 다시 싹트는 것처럼, 신학교 학생들에게 알레고리를 금해도 그것은 목회현장의 설교에서 다시 나타난다. 게다가 알레고리의 위험성은 역사를 통해 학습되었는데, 가령 반유대주의(anti-Semitism)는 알레고리에 의해 자행된 폭력적이며 부끄러운 역사 가운데 하나이다. 또한 성경본문에 대한 비상식적인 해석을 여과 없이 보여주는 교회의 저술들은 매우 당혹스럽고, 신학교에서 해당 과목을 가르치는 교수들은 알레고리를 가급적 피하려 하고 그것에 관해 좀처럼 언급하지 않지만, 그러한 노력이 무색할 정도로 알레고리의 생명력은 끈질기다. 결국, 우리는 알레고리가 되살아나지 않도록 그것의 신학적 근거가 될 만한 모든 것들에 지적(知的) 제초제를 뿌리기까지 한다.

그러나 역설적이게도 알레고리를 원천적으로 박멸하면 할수록, 교회의 성경해석은 더욱 빈곤해진다. 왜냐하면 모든 담쟁이덩굴이 독성을 가진 것이 아닌 것처럼, 우리가 배운 것과는 달리 모든 알레고리가 나쁜 것이 아니기 때문이다. 본서에서 다루는 알레고리는 많은 경우 놀라울 정도로 유익한 것들이다. 게다가 알레고리가 아니고서는 설교는 그 어떤 신학적 해석과 연관될 수가 없다. 앞으로 다루겠지만, 설교자는 성경의 뜻을 설명하려 하거나, 실제적으로 성경의 세계를 오늘 청중의 삶의 자리에 적용하려 할 때마다 불가피하게 알레고리를 의존할 수밖에 없다. 그러나 이처럼 성경해석 일반을 알레고리와 연결해서 이해하려는 것은 마치 성냥과 휘발유를 같이 들고 장난을 치는 것을 볼 때처럼 많은 설교자들을 긴장하게 한다. 아마도 오늘날 많은 설교자들에게 '알레고리'라는 용어는 그 자체가 언급될 수도, 그래서도 안 되는 것이 된 듯하다. 교회와 설교자들 사이에서 알레고리는 위험한 해석의 다른 말이라는 인식이 뿌리 깊게 굳어져 있고, 그러한 인식을 유지하는 것이 설교자의 현명하고 매우 중요한 자세로 인정되고 있다.

본 장에서 우리는 알레고리가 성경과 교회의 역사에서 어떻게 사용되었는지를 살펴보고자 한다. 설교자들이 교회역사에서 듣게 되는 알레고리는 많은 경우 위험하고 그릇된 알레고리이다. 그러나 위험한 알레고리를 제외하고, '알레고리'라는 개념 자체는 성경해석의 역사적 배경을 이해함에 있어, 그리고 그간 간과되었던 종교개혁 이전의 설교와 이후 오늘에 이르는 설교 간의 연속성을 인식하는 데 필요하다. 알레고리는 단순히 교회가 원치 않으면 폐기처분할 수 있는 그런 것이 아니다. 설교자들은 성경을 읽고 설교할 때 이미 많은 알레고리를 사용하고 있다. 알레고리는 본문을 다중적으로 읽고 그것들을 비교할 수 있도록 돕는데, 설교자가 위험한 알레고리를 경계해야만 할 때에라도 그러한 기능은 유지되어야 한다. 왜냐하면 설교에서 성경본문과 다른 본문들, 그리고 오늘의 삶 간의 대화와 연결을 발생시키는 것이 알레고리이기 때문이다. 그럼에도 알레고리에 대한 지울 수 없는 우려로 인해, 본서의 마지막 장은 알레고리 고유의 기능을 공유하면서도 알레고리라고 이름하지 않는 '은유'(metaphor)와 '유비'(analogy)에 대해 간략히 다루게 된다. 이 점에서 주지의 사실은 은유나 비유는 알레고리라는 상위 범주에 속하는 하위 개념이다. 이와 같은 내용을 접하게 될 때 오늘의 설교자들은 옛 설교자들이 성경 전체를 어떻게 한 권의 경전으로 설교했으며, 그 과정에 신학을 어떻게 활용했는지를 배우게 된다. 이를 통해 설교자들은 경계해야 할 알레고리, 곧 교회 역사에 오점을 남기고 기독교와 가장 가까이 이웃한 유대교와의 괴리를 심화시킨 알레고리가 어떤 종류의 알레고리인지를 규명할 수 있다.

'알레고리'라는 말은 단순히 "어떤 것을 다른 어떤 것의 관점으로 말하거나 설명한다"는 말이다. 요한 도미닉 크로산(John Dominic Crossan)은 알레고리를 "상징 언어의 다의성을 가지고 개인이나 공동체에게 또 다른 사건을 드러내기도 하고 또다시 감추기도 하는 이야기"로 정의한다.[1] 알레고리로서 성경의 이야기가 지닌 내적 불일치나 모순은 오히려 그것이 실재에 대한 객관적 묘사가 아니며, 그렇기에 이야기를 표면적 차원으로 읽어서는 안 됨을 의미한다. 그럼에도 교회는 많은 경우 이야기의 형태를 지닌 성경의 알레고리를 그것이 구술하는 바가 마치 그것이 의도하는 실제적 의미인 듯 객관적 역사로 해석하고 있다. 그러나 설교자들에게 그 본문의 역사가 여전히 딱 들어맞지 않기에, 그들은 본문에 대한 이해를 보통 다른 곳에서 찾는데, 그것이 도덕적 교훈이나 교리로 선회하는 이유 중의 하나이다. '알레고리'라는 말의 어원적 의미는 '언명된 것과 다른'(*allos*) 무엇, 혹은 언명된 것처럼 보이는 것에 추가되는 '또한'(*allos*) 무엇을 뜻한다. 주후 4세기 이전까지 알레고리를 뜻했던 일반적인 라틴어는 '*Inversio*'였다. 이는 의미의 전도(轉倒), 곧 언명된 것과는 다른, 혹은 말의 문자적 의미와 대조되는 무엇을 가리켰다. 만일 우리가 최악의 알레고리와 유익하고 바른 알레고리를 구분하려 한다면, 바로 이 '의미의 전도'라는 개념을 유념

해야 한다. 부정적인 알레고리는 성경본문이 평이하게 말하고 주장하는 바가 딛고 있는 문맥적, 역사적 상황을 배제한 채 의미를 전도시킨다는 데 그 위험성이 있다.

알레고리는 본문의 추상적, 도덕적, 또는 종교적 개념을 실제화하기 위해 본문의 사물이나 인물 혹은 사건을 비교한다. 이런 점에서 알레고리는 단순히 유비나 은유가 아니며 그 이상이다. 알레고리의 비교는 '맞다'(yes), '틀리다'(no) 중에 하나만 있다. 유비와 유사체(analogue) 사이에서 어떤 무엇인가를 의미하는 것은 실제로는 그렇게 의도된 것이 아니다. 예를 들어, 에반스(G. R. Evans)는 다음과 같이 말한다. "알레고리에서 의미체는 – 사자처럼 자연계에 있는 어떤 물체나 존재 – 자연계의 개념을 초월하는 어떤 무엇을 나타내는 것으로 읽히곤 한다. 곧, 사자가 지닌 어떤 속성이 보다 고상하고 초자연적인 방식으로 축출되는데, 그러면서도 그것은 이해 가능하도록 사자와 동일한 속성이어야 한다. 유다가 지닌 고결함과 왕권, 그리고 기백으로 인해 이름 붙여진 '유다의 사자'(the Lion of Judah)는 그리스도를 의미한다. 그렇다고 유다가 노란 색의 네 발을 가진 모습의 그리스도라는 말이 아니다."[2]

보다 넓은 의미에서 알레고리는 하나의 사고방식으로서 설교자에게 삶의 숨겨진 신비를 열어준다. 왜냐하면 세상에 존재하는 것들은 그 보이는 것이 전부가 아니기 때문이다. 게다가 고대 사회에서 이런 사유방식은 독특해 보이지만 당시에는 보편적이었다. 플라톤(Plato)에게 물질계의 감각적 형태(예, 책상)는 천상의 이상적 형태와 연결된 영원한 진리를 나타내는 지시체였다. 이러한 플라톤적 이데아 개념이 헬라적 사유인 알레고리를 발전시킨 이상적인 사고틀을 제공했다. 왜냐하면

플라톤의 이데아 개념은 의미의 이중성-낮은 차원과 높은 차원-을 정당화해 주고, 그에 따라 본문의 '이것'(낮은 차원)은 '저것'(높은 차원)을 의미한다는 알레고리의 방식을 성립시켜 주기 때문이다. 뿐만 아니라 알레고리는 고대 사회가 신화에 기초한 문화에서 논리적 사고에 기반한 사회로 전환되는 데 일조했다. 왜냐하면 일반적으로 알레고리는 이야기(story)나 신화(myth)를 개념(concept)이나 명제(proposition)로 변환했기 때문이다. 이는 초기 교회에서도 나타나는데, 당시 교회는 구약의 율법적 교훈에서 그리스도에 관한 신학적 주장을 도출해 냈다. 따라서 긍정적 측면에서 알레고리는 이성적 사유를 위한 토대로 인정되었다. 세상의 사물은 그들이 보이는 것이 이상이며, 그렇기에 알레고리는 감각계의 확실성으로 감지하지 못하는 세계를 읽어내는 새로운 시각을 제공했다.

히브리 해석자인 필로(Philo)는 영적 해석의 우월성을 확신했다. 그는 영적 해석이 하나님께서 성경을 통해 의도하신 바를 열어준다고 믿었다. 이는 필로의 성경이해에 비춰 매우 합당한 것으로 그에게 성경의 목적은 역사적 사안이나 내용이 아니었다. 그는 다음과 같이 말하면서 성경의 역사적 사건에서 사실관계에 주목하지 않았다. "아마도 사무엘이라고 하는 사람은 실재했을 것이다. 그러나 우리는 성경이 말하는 사무엘을 영혼과 몸을 가진 어떤 사람이 아닌 하나님을 기쁨으로 섬기고 예배하는 마음가짐의 전형으로 읽으며, 그것이 성경의 사무엘이 지닌 유일한 목적이다."[3] 유대주의의 미드라쉬(주석) 전통은 처음 7세기 동안 예언서와 비유 본문을 알레고리로 읽었다. 그리고 우리의 옛 설교자들도 자연과 성경 모두에 영적 의미가 감추어져 있다고 믿었다. 그렇기에 그들은 삶의 시각에 비춰 성경을 알레고리적으로 해석하거나 성경의 관점으로 자신들의 삶을 알레고리로 풀었다.[4]

　'알레고리'라는 말은 고대 사회에서 다양한 방식으로 사용되었다. 우선 그것은 하나의 사고방식으로서, 하나에서 또 다른 의미를 읽어내는 방식이었다. 또한 알레고리는 문학기법의 한 유형으로 그 방면에 전문적 훈련을 받은 자들이 그 심연한 의미를 포착할 수 있었다. 그래서 영지주의자들(the Gnostics)이 알레고리를 즐겨 사용했다. 게다가 알레고리는 하나의 수사용법이면서, 종종 비유나 수수께끼 등과 동의어로 사용되기도 했다. 그러나 알레고리의 바른 용례는 성경에서 찾을 수 있는데, 성경의 알레고리는 왜곡을 피하기 위해 문자적 의미로 읽히지 않았다. 가령, 나단 선지자가 말한 자신의 손님을 위해 가난한 자의 양을 잡은 어떤 부자에 대한 이야기(삼하 12:1-4)가 그렇다. 뿐만 아니라 알레고리는 본문에 대한 비문자적(nonliteral) 해석으로 해석자의 주관적 영감과 그것을 경계하는 유비적 읽기가 서로 조화를 이루는 독법이다. 또한 알레고리와 가장 밀접한 관련을 갖는 성경의 부분이 바로 예언(prophecy)이다. 사실, 많은 구약의 본문들이 언어와 문자의 힘을 빌려 메시아를 예언하는 내용으로 채워져 있다. 예를 들어, 마태가 증언하는 예수님께서 베들레헴에서 처녀의 몸에서 태어난 이야기(마 1:23, 2:5-6)와 애굽으로 도망간 이야기(2:15) 등이 그렇다. 물론, 예언의 내용을 심도 있게 다루게 되면 알레고리의 성격은 바뀔 수 있다. 여기서 알레고리는 단순히 본문에 '다른' 의미도 있다는 차원이 아니다. 오히려 '다른' 그 의미가(가령, 그리스도의 예언) 본문이 말하려는 진정한 의미라는 것이다. 따라서 알레고리에 의존하지는 않더라도 설교자는 본문이 뜻하는 바를 전하기 위해 좋은 알레고리를 사용해야만 하는 때가 있다. 교회가 그리스도에 대한 예언으로 읽는 많은 성경의 본문들, 가령 이사야 53장이나 무고한 아이들의 살육(마 2:17-18), 혹은 나사렛에 정착한 예수님의 가족(마 2:23) 이야기 등은 여전히 비문자적이며 알레고리적인 읽기에 의존하고 있다.

알레고리는 교리나 오늘날 체계신학 혹은 조직신학이라고 부르는 것을 의미하기도 한다. 이 점에서 알레고리는 '교회가 믿어야 하는 바'(what we should believe)를 가르친다. 그밖에도 알레고리는 수없이 다양한 용도로 사용된다. 도덕적 읽기와 알레고리에 이은 고대교회의 3대 성경읽기 중에 하나인 영적 읽기(anagogy)는 신자들에게 "그들의 삶의 여정이 끝나는 곳이 어디인지를 말한다"는 점에서 예언적 읽기로 볼 수 있다. 그러나 예언적 읽기가 전통적으로 종말의 때를 다루지만, 사실 알레고리는 때가 아닌 성경의 깊은 뜻을 푸는 역할을 한다. 즉, 알레고리는 그리스도를 성경이 증언하는 미래의 최종적 완성자로 읽어내는 방식을 제공한다. 알레고리는 또한 모든 종류의 영적 읽기와 동음이의어로 사용되기도 한다. 그렇기에 알레고리는 본문이 불명확하거나 교훈적이지 않을 때 문자적 해석을 피하는 독법으로 사용될 수도 있다. 또한 알레고리는 교리적 가르침에서 구체적인 성경본문으로 옮기거나, 반대로 하나의 성경본문에서 교훈적 진리로 전환하는 방식으로 사용되기도 한다. 뿐만 아니라 알레고리는 구약 본문의 숨은 의미를 발견해 감을 통해 '그리스도'라는 심오한 신비를 읽어내는 도구이기도 하다. 알레고리는 과거와 현재의 사건 속에서 교회와 마지막에 될 일들의 전형(types)을 찾아내는 데 사용되기도 한다. 우리는 이것을 '유형론'(typology)이라 부르는데, 이후에 간략하게 살펴볼 것이다.

　이상의 내용을 통해 옛 설교자들에게 알레고리는 하나님께서 부여하신 방편으로 사물과 사람들, 그리고 과거의 사건 속에 스며있는 거룩한 진리를 읽어내는 방식이었음을 알 수 있다. 옛 설교자들은 자연과 역사, 성경 속에 하나님이 의도하신 뜻이 있음을 믿었고, 자신들을 지도하시는 성령님에 의지해서 그 숨겨진 뜻을 영적으로 분별해 낼 수 있다고 믿었다. 이는 마치 오늘날 우리가 시나 영화를 보면서 그것들이 전달하려는 메시지를 그 이면에서 찾으려는 것과 다르지 않다. 또한 그것은 오늘날 교회의 성경공부나 큐티 모임에서 사람들이 본문의 역사적 배경에 대한 이해 없이도 쉽게 본문이 오늘의 삶에 주는 교훈을 찾아내거나 많은 설교자들이 본문을 읽고 마치 본문과 오늘 간의 역사적 간극의 조율 없이 곧바로 "이 본문을 어떻게 설교할까?"라고 묻는 것과 같은 원리이다.

　기독교 알레고리와 그것과 사촌격인 유형론(typology)의 뿌리는 구약성경과 그 이후에 등장한 랍비전통(Rabbinic tradition)에서 발견된다. 한 예로, 랍비전통은 다가올 메시아 왕국의 전형이나 그 특징이 출애굽의 모든 장면을 통해 예언되었다고 본다. 이 점에 대해 핸슨(R. P. C. Hanson)은 다음과 같이 주지한다.

　유대교 랍비들은 도래할 메시아 왕국에서 보게 될 이스라엘의 구원이 그것의 유형인 출애굽의 모든 과정에서 예견되었다고 믿었다. 이스라엘이 어느 한 밤에 구원된 것처럼, 장차 올 메시아 시대에 그들은 그와 같이 어느 한 밤에 구원될 것이다. 메시아의 날은 이스라엘이 광야에서 40년간 연단받았던 것처럼(아키바〈Akiba〉 랍비의 견해) 40년의 시간이 될 것이다. 이스라엘이 광야에서 풍요한 음식을 먹었던 것처럼 하나님은 마지막 날에 그렇게 그들을 먹일 것이며, 출애굽 때 하나님이 애굽 사람에게 복수하신 것처럼 그분은 메시아가 도래하실 때 에돔(로마)에게 그와 같은 복수를 행하실 것이다. 하나님은 그들에게도 개구리, 파리, 모든 종류의 짐승들, 재앙, 피부병, 우박, 메뚜기, 흑암이 임하게 하실 것이며, 그들의 첫째 아이를 치실 것이다. 이스라엘은 애굽에서 급히 나가야 했지만, 메시아의 구원의 날에 이스라엘은 서두를 필요도, 도망갈 필요도 없을 것이다. 왜냐하면 하나님이 그들 앞에서 인도하실 것이기 때문이다. 첫째 구원자(모세)가 자신을 드러낸 후 또다시 숨긴 것처럼, 마지막 구원자인 메시아도 그렇게 하실 것이다. 이 구원자는 그들을 이끌어 유대라는 광야의 땅으로 인도하실 것이며, 그들로 다시금 장막에 거하게 하시고, 그를 믿는 누구든지 생명을 누리게 하실 것이다. 그러나 그를 믿지 않는 자는 누구라도 세상의 여러 나라로 흩어질 것이며, 그 나라들이 그를 잡아 죽일 것이다. 마지막 날에 하나님은 그들에게 자신을 드러낼 것이며, 그들을 위해 만나를 내리실 것이다.[5]

이상에서 보듯 성경에 대한 이중 해석은 초기와 중세 해석의 토대였다. 이스라엘 역사의 각 국면을 미래의 메시아 왕국의 각 국면과 연결하는 것은 단순한 유비라기보다는 알레고리에 가깝다. 하지만 기독교의 알레고리 전통은 그 유대교적 뿌리를 간과해 왔는데, 이것이 오리겐에게서 분명하게 나타난다. 그는 구약을 설교하면서 "누구든 이 말씀을 문자적으로 듣고 이해한다면, 그는 기독교인이 아닌 유대인들 편에 서야만 한다. 그러나 그들이 기독교인이 되고 바울의 제자가 되기를 원한다면, 그들로 '율법은 영적인 말씀이다'라고 말할 수 있도록 하자. 그리고 율법이 아브라함과 그의 아내와 아들에 관해 말할 때 이 말씀은 '알레고리이다!'라고 선언할 수 있도록 하자."[6]

성경적 알레고리

유대인과 기독교인들 모두 성경으로부터 알레고리 해석을 위한 안내와 가르침을 받았다. 초기 기독교인들은 구약 본문을 역사의 기술보다는 그리스도와 교회, 종말의 때와 관련한 계시의 내용으로 읽었다. 오늘날 우리가 구약에서 알레고리로 인정하는 본문들은 다음과 같다. 에스더서, 아가서(문자적으로는 육체적 사랑을 노래하는 시로, 알레고리로는 하나님과 교회에 대한 사랑의 시로 읽힌다-몹수스티아의 데오도르〈Theodore of Mopsuestia〉는 둘 중에 어느 쪽도 수용하지 않았고, 결국 아가서를 거부했다), 이사야 5장(뿌리째 뽑혀진 포도원이 갖는 유대인과 기독교인들과의 연관성), 이사야 53장('도수장으로 끌려가는 어린양'과 그리스도의 죽음과 박해하의 교회에 대한 예언), 에스겔 17장 2-10절(백향목의 꼭대기 가지를 꺾어 싹이 풍성히 돋는 새로운 곳에 심는 큰 독수리에 대한 수수께끼나 비유), 에스겔 24장 3-13절(녹슨 가마의 비유) 다니엘 5장('메네, 메네, 데겔, 우바르신', '므나'와 '세겔', 그리고 '2므나 반'의 언어유희로서 세어보고, 달아보고, 나누어진 바 되었다는 뜻이며, 분열될 왕국에 대한 예언이다),[7] 그리고 호세아서(믿음을 저버린 이스라엘과 맺으시는 하나님의 관계에 대한 알레고리로서의 고멜과의 결혼) 등이다.

그렇다면 알레고리는 어떤 방식으로 기능하는가? 앞서 살펴본 바와 같이 알레고리는 상응하는 두 개를 서로 비교한다. 그것은 일반적으로 구체적인 하나의 이야기나 사건을 추상적 개념과 연결시키면서 기능한다. 알레고리는 세부적으로 구분이 필요한데, 모범적 알레고리가 있고, 알레고리화(allegorization 혹은 allegoresis)가 있다. 우선, 모범적 알레고리는 성경본문 자체가 시도하는 성경의 알레고리이다. 반면, 알레고리화는 설교자가 성경본문을 읽으면서 알레고리적 방식을 사용해 해석해 내는 것이다. 존 위트만(Jon Whitman)은 알레고리는 옛부터 '서사적 세계를 개념화'하는 방법으로 사용되었다고 주지한다.[8] 알레고리가 만드는 비교는 적어도 상반된 두 개의 접촉점을 시사한다는 점에서 이중적이다(예, 호세아는 하나님 앞에 있는 이스라엘, 고멜은 배반한 이스라엘). 그러나 알레고리는 반드시 일대일로 상세하게 비교하지 않는다. 가령, 호세아의 나이는 알레고리적 의미가 없다. 반대로 "그리스도는 유다의 사자이다"라는 알레고리는 다양한 의미를 창안해 준다. 왜냐하면 사자는 품격과 왕권, 용기를 상징하기에 그것들은 각기 그리스도의 삶의 특성을 뜻하게 된다(설교자는 이것을 확장된 은유라고 부를 수 있다). 하나의 사건이나 인물 혹은 사물이 지닌 중점 특성은 또 다른 것, 가령 하나님에 비유되는 것들의 중심 요소와 상응하게 된다. 따라서 고멜의 경우 그녀의 죄는 그녀를 하나님 편에 서지 못하게 가로막는 것으로 해석될 수 있다.

신약성경에서도 상당양의 알레고리를 볼 수 있다. 신약성경에서 '알레고리'라는 말은 언어의 다중적 비유(multipoint comparison) 방식을 가리키고, 이는 앞으로 살펴보겠지만 일의적 비유(single-point) 방식인 직유(simile)와 은유(metaphor), 유비(analogy)와 유형론(typology)과 구분된다. 이러한 이해 안에서 설교자는 알레고리를 그 기본적인 구조와 형태의 차원에서 접근할 수 있고, 직유와 은유, 유비와 유형론을 다르면서도 유사한 그룹으로 포함할 수 있게 된다.[9] 그러나 우리는 임시적으로 그들을 기술적이고 설명적 차원에서 알레고리의 대체용어로 사용할 것이다. 그러나 분명한 것은, 그들은 의미의 그물(web), 망(net) 혹은 격자(grid)라고도 부를 수 있는 알레고리의 다중적 비교의 기능에 정확히 부합하지 않는다.

예수님은 우선적으로 다음과 같은 네 가지 방식으로 알레고리를 사용하셨다.

1. 그는 알레고리를 사용해 자신의 말이 그 이면의 뜻을 드러내도록 구사했는데, 가령 마태복음 13장 3-9절의 씨뿌리는 자의 비유(각기 다른 땅에 떨어진 씨들은 믿음이나 교회에 관한 알레고리로 읽히는데, 예수님은 "귀 있는 자는 들을지어다"라고 말함으로써 비유가 지닌 비문자적 혹은 '다른' 의미가 있음을 일러주었다), 누가복음 10장 30-37절의 선한 사마리아인 비유("좋은 이웃이 되라"는 식의 도덕적 교훈으로 해석되지 않을 경우), 누가복음 11장 5-8절의 밤중에 찾아온 벗(기도에 관한 알레고리), 누가복음 13장 6-9절의 열매 없는 무화과의 비유(열매를 위해 한 해를 더 유예받은 나무), 누가복음 14장 31-32절의 전쟁을 대비하는 한 임금의 이야기(제자도에 관한 알레고리), 누가복음 15장 11-32절의 탕자의 비유(신학적 관점으로 읽을 경우), 누가복음 16장 19-31절의 부자와 거지 나사로 비유(최후의 심판에 대한 알레고리), 그리고 누가복음 16장 1-7절의 불의한 재판관(지혜로운 삶에 관한 알레고리) 등이다.

예수님께서 자신의 비유들을 단순한 이야기로 들려주시면서 그것들에 대한 명확한 신앙적 교훈을 직접적으로 제시하지 않았다면, 위에서 볼 수 있듯이 그것들은 알레고리로 볼 수 있다. 하지만 "하나님의 나라는 이와 같으니…"라고 특정하게 언급할 때(혹은 마가복음 13장 33-34절의 "주의하라 깨어 있으라 그때가 언제인지 알지 못함이라 가령 사람이 집을 떠나 타국으로 갈 때에…"와 같은 경우에), 예수님은 이야기의 문자적 의미를 넘어서 하나님 나라라고 하는 당시의 사회적 상황과 종말론적 예언의 특성을 모두 담고 있는 또 '다른' 의미를 제시한 것이다. 우리는 여기서 예수님의 알레고리와 비유를 정밀하게 구분할 필요는 없다. 왜냐하면 교회는 종종 예수님의 알레고리가 비유였다고 간주하기 때문이다. 또한 예수님의 비유 역시 때때로 알레고리로 기능한다. 가령, 불의한 청지기 비유(눅 16:1-7)는 오늘의 상황에서 누가 주인이고 누가 청지기인지 알려고 할 때 알레고리가 된다. 심지어 하나님 나라나 통치와 관련한 비유들은 만일 그러한 어구(phrase)가 없었다면 분명히 비유보다는 다중적인 또 다른 의미를 창발하는 알레고리로 읽힐 수 있다. 요컨대 예수님의 비유들은 다중적인 의미로 읽힐 수 있기에(아돌프 율리셔〈Adolf Jülicher〉의 견해와 달리) 다분히 알레고리적 특성을 공유하고 있다.

2. 알레고리를 사용하는 예수님의 또 다른 방식은, 그가 성경을 인용하면서 그것들이 자신 때에 성취된 예언으로 해석하는 데서 나타난다. 사실, 이러한 방식은 성경의 옛 선지자들의 삶을 오늘 우리의 삶에서 일어나는 것들과 일대일로 연결지어 적용하는 것에서 나타난다. 예수님은 이사야 61장 1-2절을 읽으면서 "이 글이 오늘 너희 귀에 응하였느니라"(눅 4:16-21)고 선언하셨다. 이밖에도 예수님이나 초기 교회

는 "요나가 밤낮 사흘 동안 큰 물고기 뱃속에 있었던 것 같이 인자도 밤낮 사흘 동안 땅 속에 있으리라 심판 때에 니느웨 사람들이 일어나 이 세대 사람을 정죄하리니…"(마 12:40-41)라고 요나를 해석했다. 여기서 요나는 인자의 예표(type)로 제시된다. 그리고 바다의 큰 물고기는 그의 죽음을, 사흘은 부활의 예표로 읽힌다. 본서의 겉표지는 그리스도의 부활의 예표로서 그것과 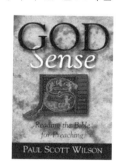 짝을 이루는 요나의 구원을 그림으로 보여준다. 그 그림은 중세 시편 기도서에 담긴 시편 69편의 내용에 기초한 실제 그림이다. 시편은 다음과 같이 요나와 그리스도의 유형적 관계를 묘사한다. "큰 물이 나를 휩쓸거나 깊음이 나를 삼키지 못하게 하시며 웅덩이가 내 위에 덮쳐 그것의 입을 닫지 못하게 하소서"(시 69:15).

3. 예수님이 사용한 세 번째 알레고리는 자신의 가르침에 대한 스스로의 알레고리적 해석에서 볼 수 있다. 이후 초기 교회는 그러한 예수님의 방식을 따랐다. 그것은 예수님 자신이 말한 바를 설명하면서 자신이 마음으로 의도한 '이면적' 의미를 평이하게 가리키는 방식이다. 이는 마태복음 13장 36-43절(가라지 비유에 대한 알레고리적 해석), 마태복음 13장 47-50절(마지막 때에 관한 알레고리로서의 각종 물고기를 모으는 비유), 요한복음 10장 1-5절(믿음의 삶에 대한 알레고리로서의 양의 우리, 강도, 문지기, 목자의 목소리), 요한복음 15장 1-10절("내 아버지는 농부라 … 나는 포도나무요 너희는 가지라") 등에서 나타난다.

4. 예수님이 가장 드물게 사용한 네 번째 알레고리는 앞선 두 가지 방식이 결합된 형태이다. 그는 성경의 구절을 인용하면서 자신이 말하

는 이야기의 논지를 해석하고 그 목적을 분명히 한다. 가령, 마태복음 21장 42절의 경우, 시편 118편 22-23절, "건축자가 버린 돌이 집 모퉁이의 머릿돌이 되었나니"를 인용하면서 악한 집주인에 대한 비유를 설명하고 있다. 따라서 악한 주인은 당시의 종교 지도자들을, 버려진 돌은 그리스도를, 그리고 그 돌이 집의 머릿돌이 되었다는 것은 교회임을 풀어준다. 물론, 설교자는 마태복음 21장 42절을 예언의 성취에 대한 단순한 비유로 해석할 수 있다. 그러나 본문은 그 구조상 알레고리로서 다중적 의미를 지니고 있다.

그밖에도 신약성경은 다른 형태의 다양하고 많은 알레고리들을 사용하고 있는데, 이는 성경 저자들이 알레고리를 얼마나 광범위하게 사용했는지를 알려주는 예이다. 복음서 저자들은 예수님의 말씀과는 별개로 대부분 예수님이 사용한 두 번째 방식을 사용하여 구약의 예언이 성취되었다고 기록했다. 가령, 마태복음 2장 13-15절(예수님의 가족이 애굽으로 피신한 사건을 호세아 11장 1절, "내 아들을 애굽에서 불러냈거늘…"에 대한 성취로 해석)에서 마태는 사실 이스라엘의 역사를 재강조하기 위해 예수님의 생애를 사용했다. 뿐만 아니라 마태복음 13장 34절(시편 78편 2절의 성취로서의 비유 제시)과 사도행전 2장 17-21절(요엘 2장 28-32절의 성취로서의 "해가 변하여 어두워지고"), 그리고 사도행전 2장 25-28절(시편 16편 8-11절의 다윗의 예언에 대한 성취) 등이 그러한 보기들이다.

알레고리에 대한 가장 일상적인 사용은 바울의 예언서 해석에서 볼 수 있다. 예를 들어, 그가 로마서 9-11장에서 인용하는 구약의 여러 예언서 본문들과 고린도전서 10장 1-5절("우리 조상들이 … 신령한 음료를 마셨으니 … 곧 그리스도시라"), 고린도전서 10장 1-22절(출애굽 서사의 기독교적 적용), 갈라디아서 4장 21-31절(두 언약의 대표로서 하갈과 사라),[10] 그리고 에베소서 5장 31-32절(창세기 2장 4절은 하나의 '큰 신비'로서 바울은 그것을 '그리스도와 교회'에 대한 말로 적용한다.) 등이 그 예이다. 또한 고린도전서 5장 7-8절("묵은 누룩〈악함과 불의〉을 내버림으로 〈순전함과 진실함의〉 새 덩어리가 되자")과 에베소서 6장 11-17절("하나님의 전신갑주를 입으라")은 바울이 설교를 위해 어떻게 알레고리를 사용하고 있는지를 보여준다.

마지막으로 계시록의 요한이 본 환상들은 보다 확장된 알레고리로 볼 수 있으며(비록 그 의미가 난해할지라도),[11] 적어도 다음의 두 곳에서 알레고리가 꽤 의미 있게 사용된다. 먼저, 11장 8절은 예루살렘을 '영적'이면서(KJV) 동시에 '예언적'으로(NRSV) 해석하여 소돔과 애굽으로 묘사한다. 다음으로 12장 1-7절은 광야에서 아들을 낳은 여자를 열방으로 흩어진 교회로 말한다. 성경의 저자들은 구약의 직접적인 예언의 말과 예언적 성격을 가진 성경의 다른 말들 사이에 큰 차이를 두지 않는 듯한데, 이는 그들에게 성경의 말씀은 모두 예언의 말씀으로 읽히기 때문이다.

비유의 고유한 구조와 문학적 기능을 인식하기 이전 교회는 오랫동안 예수님의 많은 비유들을 알레고리로 읽어 왔다. 그러나 오늘날은 역으로 예수님의 알레고리를 비유로 읽는 시대에 와 있는 듯하다.[12] 그러나 교회의 성경해석의 역사를 고려할 때, 예수님이 알레고리라는 말을 쓰지 않았다고 단정할 근거는 없다. 어느 쪽이든 가능성이 열려 있다.

교회는 그 초창기부터 알레고리를 열렬히 선호하고 받아들였다. 하지만 초기 교회가 사용한 알레고리는 그 방향과 방식에 있어 고유한 구조를 지녔다. 그들은 성경본문에 예언적 의미를 더하고자 알레고리를 사용했는데, 초기 교회의 주석과 설교는 알레고리를 통해 구약성경과 관련한 세 가지 과제를 해결하려 했다. 그것은 (1) 그들이 경험한 성령님의 능력과 예수 그리스도로 인한 구원이 구약성경이 증언하는 구원과 일치됨을 말할 수 있어야 했고, (2) 둘째, 구약성경이 그들이 그리스도이신 예수님 안에서 알게 된 하나님과 동일한 한 분이신 하나님임을 증언하는 성경임을 밝혀야 했으며, (3) 셋째, 문자적으로 난해한 구약의 많은 구절들을 이해할 수 있도록 해석해야 했다. 이처럼 알레고리 전통이 구약성경과 관련하여 그 기반이 다져진 것이라면, 설교자들은 그러한 알레고리 방식이 왜 신약성경 읽기에는 적용되지 않았는지 의문을 가질 수 있다. 왜냐하면 복음서와 서신서들은 문자 이면의 '다른' 의미를 찾는 식의 알레고리로 풀이되지 않기 때문이다. 사실, 그런 방식을 따른 자들이 영지주의자들이었다.

그러나 교회가 신약성경과 관련해 그 방식을 채택하지 않은 이유는 분명했는데, 초기 기독교인들은 구약성경의 문자 이면에 있는 역사적 사건의 예언적 의도를 믿고 받아들이는 데 어려움이 없었기 때문에 신약성경에 알레고리를 적용할 필요를 느끼지 않았다. 그들에게 신약성경은 구약 예언의 성취로서, 중세교회의 격언은 "율법은 … 영적으로 [알레고리적으로] 이해되고, 복음서와 매우 긴밀하게 관련된다"[13]고 말했다. 그러므로 초기 기독교회는 명백한 비유의 말씀이나 종말의 때와 관련한 경우를 제외하고 복음서나 서신서 외의 또 다른 성취의 말씀을 찾아야 하는 이유를 갖지 못했다.

알레고리, 유형론, 그리고 성경해석

신약성경의 유형론(typology)은 알레고리와 사촌관계라고 할 만큼 매우 닮아 있다. '유형론'(도덕적 비유인 'tropology'와 다름)은 유형(types)이나 모형(figures)과 같은 반복적인 양식에 관한 연구 분야로, 이는 한때의 인물이나 사물, 사건 혹은 사상을 비교(comparison)라는 단일 관점으로 또 다른 것과 비교하거나, 어떤 장르에 동일하게 속하도록 재해석하거나, 동일하면서도 또 다른 의미를 가질 수 있도록 해석하는 것을 뜻한다. 성경비평에서 유형론은 알레고리처럼 사용되는데, 옛 언약 대 새로운 언약이라는 포괄적인 유형에 입각해서 구약성경을 신약과 연결지어 해석하는 방법으로 사용된다. 고대 유대교 주석원리를 따르면서, 유형론은 상호간의 유사성에 기초해 외면과 내면, 명백한 것과 모호한 것, 최소와 최대 사이를 비교한다. 가령, 고대 유대교의 유형론은 약속의 땅 가나안에서부터 하나님의 나라에 이르기까지 언제나 그리스도의 구속사건과 교회, 그리고 마지막 때 안에서 예언의 성취의 의미를 찾으려 한다. 성경본문의 그 어떤 문자적 의미가 하나님과 상관없이 읽힐 수 없는 것처럼, 그 어떤 유형론도 그리스도나 교회에 부적합한 방식으로는 성립되지 않는다.

성경학자들은 일반적으로 유형론과 알레고리 간의 차이를 분명히 하면서 유형론은 좋은 반면, 알레고리는 부정적인 것으로 경계한다. 그러나 고대의 사유 체계에서는 둘 사이의 구분이 없었다. 그들에게 유형론과 알레고리는 모두 구속사에서 행하신 하나님의 단일하면서도 일관된 행동을 읽어내는 장치로 사용되었다. 가령, 바울은 오늘날 알레고리로 판단되는 것을 '유형'(*typos*)이라는 말을 사용해 불렀다(고전 10:1-12). 이처럼 초기 교회는 유형론과 알레고리 간의 차이를 두지 않았다. 게다가 유형론적 성경해석이 시작된 시점도 불명확하다.[14] 핸슨(R. P. C. Hanson)은 유형론이 팔레스틴 유대교(Palestinian Judaism)가 아닌, 외부에서 유입된 것으로 본다.[15] 그 시작은 미미한 정도로 유대적 유형론(Jewish typology)에서 유대적 알레고리(Jewish allegory)로의 전환이었다. 예를 들어, 고대 다마스커스 문서(Damascas Document)를 작성한 유대인 작가(ca. 106-70 B.C)는 민수기 21장 18절의 노래를 인용해 당시의 사건을 해석했다. 그는 알레고리적 해석을 함에 있어서 다음과 같이 몇 가지 유형을 적용시켰다.

> "이 우물은 지휘관들이 팠고
> 백성의 귀인들이 규와 지팡이로 판 것이로다."
> 여기서 우물은 율법을 말한다. 그리고 우물을 판 자들은 이스라엘의 참회자들을 말한다. … 그리고 규와 지팡이는 율법을 연구한 학자이다. … 그리고 백성의 귀인들이라 함은 규와 지팡이가 정한 규칙을 가지고 우물을 파려고 온 자들로서 그들은 죄악된 시대에서 일해야 하는 자들이다.[16]

모이세스 실바(Moisés Silva)는 유형론이 '알레고리를 의식적으로 반대하는' 기독교의 안디옥 학파 내에서 발전했다고 주장하면서, 당시 유형론은 성경이 문자적으로 말하는 역사적 사건의 의미를 찾는 하나의 기술이었다고 말한다.[17] 하지만 알레고리와 유형론이 융성하게 발전한 토대는 신약성경이 기록되기 훨씬 이전에 이미 다져졌다. 그리고 신약이 구약성경과 동등한 위치에서 읽히면서, 기독교인들은 그 둘 사이의 알레고리적 연결이 더욱 발전되어야 함을 알게 되었다.

　　유형론은 알레고리와 마찬가지로 두 시대와 두 사람, 두 사물, 두 사건 혹은 두 사상 간의 비교를 만들어 낸다. 그러나 유형론은 오직 하나의 유사점에 의존해서 양쪽을 비교한다는 점에서 알레고리와 다르다. 오늘날에도 하나의 유사점에 의거한 비교용법들이 있다. 이들 가운데 직유(simile)는 '~같이' 혹은 '~처럼'("이것은 저것과 같다")을 사용해 둘 간의 비교를 성립시킨다. 또한 은유(metaphor)는 동일성에 의거해 양당 간의 비교를 이끌어 낸다("이것은 저것이다"). 세례 요한이 예수님을 하나님의 어린양으로 불렀을 때(요 1:29), 문학적 차원으로 엄격하게 말한다면 그는 은유를 사용한 것이다. 왜냐하면 예수님이 하나님께 택함 받은 사람이었기에, 요한은 그분이 하나님의 특별한 어린양이라고 말했기 때문이다. 그렇지만 보다 정확히 말해, 요한(세례자면서 복음서 저자로서)에게 있어서 하나님의 어린양은 출애굽 시 죽임당한 유월절의 어린양을 상기시켰고, 그렇기에 그것은 예언적으로 이 땅에서의 예수님의 공생애가 결국 어떻게 마무리 될 것인지를 내다보게 만들었다. 유형론에서 앞선 사건은 후에 일어날 일의 모형(a type)으로 기능한다. 성경적 유형론은 시간적 궤도를 따라간다. 그러나 그것은 그 궤적의 상이한 양쪽 끝을 동일하게 일치시키지 않고, 후자의 사건을 전자에 대한 완성으로 해석함으로써 그 상대적 우월성을 전제한다. 따라서 그리스도는 구약에서의 앞선 유형이 가리키는 대형(對型) 혹은 그 반대되는 유형 또는 실재(reality)이다. 사르디스의 멜리토(Melito of Sardis, ca. 130-ca. 190)는 제2 클레멘트 이후에 등장한 그의 가장 오래된 기독교 설교인[18] "Peri Pascha"(유월절에 관하여)에서 이사야 53장 7절을 인용해서 유형에 관한 자신의 이해를 다음과 같이 피력했다.

> 비록 **그가 어린양으로서 죽임을 당했다 할지라도**,
> 그는 여전히 어린양이 아니었습니다.
> 비록 **어린양처럼 침묵하셨지만**,
> 여전히 그는 어린양이 아니었습니다.
> 왜냐하면 그런 모습이 있는 것이 사실이지만,
> 그 후 그분의 실재가 드러났기 때문입니다.[19]

유형론이 두 개 이상의 비교점을 가질 경우 쉽게 알레고리로 확장된다. 그리고 이러한 확장은 성경해석에서 빈번하다. 가령, 출애굽의 유월절 어린양과 관련된 이야기와 그리스도의 공생애의 이야기를 비교하게 될 때 알레고리가 모습을 드러내기 시작한다. 즉, 그리스도는 타인들을 위하여 희생양으로 죽으셨고, 그의 피로 인침 받은 자들은 다가올 죽음에서 건져냄을 받는다. 알레고리의 다양한 비교는 각기 유형(type)-대형(antitype)의 관계를 가지고 있어서, 유월절 어린양의 죽음은 예수님의 십자가의 죽음에 대한 예표이고, 문설주와 문지방에 바른 어린양의 피는 죽음이 "넘어갔다"는 뜻으로 교회가 성찬에서 마시는 보혈에 대한 예표이다. 또한 애굽의 장자들에게 닥친 죽음은 그리스도 믿기를 거부한 자들에게 준비된 심판의 예표이다.

『개정 공동성서정과』(Revised Common Lectionary)가 제공하는 주현절과 오순절 이후의 주일예배를 위한 독서들 가운데 복음서와 구약

독서는 상호 유형적이고 예표적인 짝을 이루고 있다. "구약의 본문은 복음서 본문의 평행(parallel), 대조(contrast) 혹은 예표(type)로서 복음서의 성취로 이끌고 간다."[20] 설교자들은 알레고리와 유형론이 서로 연관된 것으로 인정하려 하지 않고, 알레고리와 거리를 두려고 한다. 그러나 둘 사이의 상호작용은 분명히 존재하고, 때론 설교의 역사에서도 알레고리로 알려진 것이 유형론으로 간주될 때도 있었다. 무엇보다 알레고리는 종종 성경에 대한 '전형적' 혹은 일반적 읽기로 간주되었는데, 이유는 그것이 신학적 읽기였기 때문이었다. 나아가 우리가 설교에서의 유형론에 관해 말하게 될 때마다 빈번히 알레고리와 혼동하곤 하는데, 이유는 양당 간의 비교점을 복수로 열어놓기 때문이다.

신약성경에서 발견하는 유형론의 예들은 다음과 같다. 요한복음 6장 49-59절(예수님은 '하늘에서 내려온 생명의 떡'으로, 이 떡은 이스라엘이 먹었어도 죽은 광야의 만나와 대비됨), 로마서 5장 14절("아담은 오실 자의 모형이라"), 로마서 10장 6-10절(신명기 30장 12-14절의 모세의 말은 믿음으로 말미암는 의에 대한 예표), 고린도전서 10장 1-2절(홍해는 세례의 예표이며, 이스라엘은 고린도 교인들의 예표), 고린도후서 3장 7-17절(모세의 변형은 그리스도의 변형의 예표), 갈라디아서 3장 16절(아브라함은 그리스도의 예표), 에베소서 5장 14절(요나 1장 6절의 요나는 그리스도의 빛으로 깨어나게 될 잠자는 자들의 예표), 히브리서 9장 24절(이 땅의 성소는 하늘에 있는 그리스도의 성소의 예표), 계시록 5장 12절(그리스도는 유월절 어린 양), 계시록 19장 13-15절(이사야 63장 1-6절의 에돔에 대한 복수는 그리스도의 심판의 예표) 등이다.

알레고리와 유형론은 성경해석을 위한 도구로서, 같은 시간에 동시에 발생한 두 사건 간의 공시적 비교가 아닌, 통시적으로 순차적으로 발생한 역사의 두 사건을 비교한다. 유형론과 부정적 알레고리(알레고리론) 간의 분명한 차이는 유형론이 비교를 만들면서 각 유형이 지닌 역사적 실재성을 유지한다는 점이다. 반면, 부정적인 알레고리는 유일하고 참된 의미는 해석자(교회)에 의해 밝혀지는 영적 의미라고 주장한다.

　　알레고리와 유형론 모두 비유적 수사법, 또는 인식체계, 작문법 혹은 해석방법론 등으로 기능할 수 있다. 그렇기에 어떤 것도 이들을 통시적 역사에 제한하지 못한다. 사실, 고대 그리스인들은 유형론과 알레고리를 자신들의 드라마나 연극에서 탈시간적 방식으로 사용했다. 드라마에 등장하는 인물들은 추상적 가치나 관념적 의미를 구체화하기 위해 탈(마스크)을 쓰고 관객들의 삶의 경험을 비슷하게 연출해 냈다. 『사람들』(*Everyman*)과 같은 중세의 순회연극과 중세 영국의 성체축일 기간 중에 도시 한가운데서 공연된 『요크의 성체신비 기념극』(*York Cycle*)이라는 구속사적 대하극도 그와 같은 탈시간적 방식으로 알레고리를 연출했다. 뿐만 아니라 현대 의술은 질병을 진단하면서 환자의 증상을 무시간적 유형에 견주어 파악한다(예로, 의사는 "당신의 증상은 네 가지로 이 의학책에서 규정하는 질병의 특징에 해당합니다"라고 말하곤 한다). 간단히 말해, 성경해석에서 알레고리와 유형론이 한 사건을 다른 사건의 모형이나 예표로 읽을 때, 그 둘이 갖는 고유한 특징은 바로 '시간성'이다. 달리 말해, 성경적 알레고리와 유형론은 공히 역사의 각기 다른 시대에 등장하거나 발생한 사람들 혹은 사건들, 또는 사물들이나 사상들 간의 유사점이나 공통점, 상응점 등을 찾아서 그들 안에서 예언적인 의미를 읽어내려 한다. 이러한 독법을 가능케 하는 그들의 전제는 성경의 특정 사건이나 역사는 하나님께서 현재와 미래의 또 다른 사건을 기대하고 예상케 하며, 교회와 신자들에게 자신이 행하는 바를 알리고, 성경의 예언이 이루어질 때를 인식토록 하시는 하나님의 방편이라고 믿는 신앙이며, 이를 통해 하나님의 신실함과 미쁘심을 고백하고 주장하는 것이다.

알레고리의 역사

앞서 소개한 바와 같이, 알레고리의 기원과 사용은 매우 광범위해서 몇 개의 예시로도 알레고리에 대한 이해에 충분한 도움이 된다. 그럼에도 알레고리와 관련해 설교자가 주지해야 하는 영역은 알레고리의 역사이다. 초기 교회가 알레고리를 경계하고 금지했을 때, 그것은 알레고리 전체에 대한 금지가 아니었고, 그것을 기독교 교리의 토대로 삼는 것과 성경 예언의 참된 가르침인 그리스도의 의미에서 벗어나는 알레고리였다. 오리겐은 요한복음 4장 28절의 사마리아 여인을 알레고리로 풀이했다. 그녀는 그리스도가 전해주는 참된 가르침을 위해 거짓된 가르침과 이교 신앙이라는 우물을 버렸다.[21] 니싸의 그레고리 (Gregory of Nyssa)는 그의 『모세의 삶』(On the Life of Moses)에서 우선 모세의 삶을 역사적 시각으로 재구성하고, 이어서 그의 삶을 영혼의 고양을 통한 그리스도 안에서의 하나님과 연합이라는 알레고리로 재진술했다(즉, 불꽃 속의 떨기나무, 홍해, 광야, 만나 등을 모두 이면적 의미로 해석). 리용의 주교였던 이레니우스(Irenaeus)는 당대 학자들과 마찰했는데, 그들은 예수님의 공생애 전 30년의 침묵을 하나님의 영원한 침묵 속에

있던 3천억 년이라는 거대한 영겁의 세월이라고 주장했기 때문이다.[22]

칼프리드 프롤리히(Karlfried Froehlich)는 7세기의 『파피루스 미시간』(*Papyrus Michigan*)에서 당시 설교자와 교사들이 잠언서와 복음서를 주석하면서 표준화한 알레고리 등식의 목록 일부를 찾아냈는데, 그것들은 당시 '학교교육의 오랜 전통'이었음을 보여준다.[23] 한 예로, 잠언 13장 14절에 대한 주석은 다음과 같다.

"지혜 있는 자의 교훈은 생명의 샘이니…"
교훈은 선포이다.
지혜 있는 자는 바울이며,
생명의 샘은 그리스도이다.

요한복음 2장 1절에 대한 주석은

"사흘째 되던 날 갈릴리 가나에 혼례가 있어…"
그날은 그리스도이다.
사흘은 믿음을 가리키고,
혼례는 이방인들을 향한 부르심이고,
가나는 교회이다.[24]

12세기의 성경주석 사전에서도 각 단어나 구의 의미를 여러 가지로 세분화(*distinctio*)하는 알레고리 방식이 유지되었다.[25] 이런 방식을 통해 설교자들은 4중 해석(fourfold exegesis)을 개별 본문을 읽는 방식으로 적용했다.

중세시대의 알레고리론은 통상적으로 교리를 세우는 도구가 아닌, 이미 확보된 신학적 진리를 실제적으로 구체화하는 방식이었다. 세인트 빅터의 앤드류(Andrew of St. Victor, 1110-1175)는 예레미야 1장 5절에 대한 알레고리적 읽기를 시도했는데, 그는 "내가 너를 모태에서 짓기 전에"에서 '모태에서'를 '회당에서'로 해석했다.[26] 스티븐 랭톤(Stephen Langton, ca. 1300)은 요엘 2장 31절("해가 어두워지고 달이 핏빛같이 변하려니와")을 교회가 자신의 가장 큰 빛을 세상에 비춰야만 하는 뜻으로 해석했다. 랭톤과 같은 중세의 신학자들은 일반적으로 신학적 주장에 있어서는 알레고리를 사용하지 않았지만, 성경주석에는 사용했다. 혹자가 그의 알레고리를 인위적이고 그렇기에 무의미하다고 했을 때, 랭톤은 그러한 생각은 부적절하고 기독교 신앙에 대한 경멸이라고 답했다. 왜냐하면 믿음의 내용이 곧 모든 알레고리의 내용이라고 믿었기 때문이다.[27]

아퀴나스에게 "'알레고리적' 읽기는 구약에 기록된 일들이 그 본래의 맥락과 상관없이 신약의 일들을 약속할 때마다 발생하는 것"이었다.[28] 루터의 문자적 읽기가 기독론적이고, 그가 알레고리에 반대적 입장에 섰지만, 자신의 해석을 문자적 의미에 정초한 후 그는 알레고리를 놓지 않았다. 예를 들어, 루터는 선한 사마리아인(눅 10:23-37)에 대한 설교의 전반부에서 율법을 고수함으로써 하나님과 인간 모두를 언짢게 하는 변호사의 이야기를 전개했다. 그러나 설교의 후반부는 다음과 같이 알레고리로 옮겨갔다.

우리는 이제 이 비유가 담고 있는 바가 무엇인지를 보게 될 것입니다. 사마리아인은 그 자리에서 우리 주 예수 그리스도에 대한 의심을 갖지 않았습니다. 그분은 하나님과 사람을 향한 사랑을 선언하셨습니다. …

이것이 바로 그 사마리아인입니다. 그는 경건한 자들의 기대를 깨고 다가와 율법을 이루었습니다. 그만이 그것을 성취했습니다. 어떤 누구도 그가 받을 찬사를 앗아갈 수 없습니다. …

제사장은 모세에 앞서서 흥했던 거룩한 조상들을 의미합니다. 레위인은 구약의 사제직을 뜻합니다. 그러나 이 모든 것들은 그들의 선한 행위로 아무것도 할 수 없었고, 단지 그 제사장과 레위인처럼 지나쳐 갈 뿐입니다.[29]

루터의 그리스도에 대한 해석은 알레고리가 종종 그런 것처럼 꽤 흥미롭다. 오늘 우리의 시각으로 볼 때, 루터의 문제는 성경본문이 실제로 의미하는 바는 그리스도라고 주장하는 그의 알레고리적 해석이다. 오늘날 대부분의 설교자들은 만일 루터가 비유를 그것 자체로 해석하고, 그 다음으로 그것을 단순하게 그리스도에 비유하면서(즉, 직유나 은유로) "본문은 바로 이것을 뜻하는 것이다"라고 주장하지만 않는다면, 그의 설교를 받아들이는 데 어려움이 없을 것이다. 루터에게 성경은 신-구약의 유형적 관계에 의해 성경 스스로가 풀이한다. 어떤 주석학자는 이것을 "성경 안에서 울리는 성경의 메아리"라고 이름했다.[30]

칼뱅은 확인되지 않은 고대의 교부들이 창세기 18장의 아브라함이 세 명의 천사에게 한 번 절한 것을 세 분이 하나로 있는 하나님으로 해석한 것을 비웃었다.[31] 칼뱅은 아담, 노아, 아브라함, 그리고 나머지 족장들은 말씀을 통한 성령님의 조명하심을 받아 "하나님은 창조

자만이 아닌 구원자"임을 깨달았기에 참된 신자라고 주장했다.[32] 그러한 성령님의 조명하심은 이성을 통한 증명보다 더욱 강력한 것으로 (7:4) 그것이 알레고리를 위한 지속적인 자양분을 공급한다고 보았다. 칼뱅은 알레고리를 반대했다. 그럼에도 그에게 있어서 구약성경의 구절들이 의도하는 참된 의미는 기독론적 읽기를 통해서 발견될 수 있다고 보았다. 칼뱅은 의미가 분명한 본문을 알레고리로 읽는 것을 사악한 행위로 보았다. 그럼에도 구약에서 교회나 그리스도, 하나님의 왕국, 또는 아직 성취되지 않은 것으로 보이는 예언을 언급하는 구절들에 대해서는 알레고리적 해석을 용인했다. 나아가 그는 유형론적 해석을 충분히 사용했다.[33]

루터와 칼뱅은 공히 구약과 신약성경이 실제적인 차원에서 통일성을 지니고 있다고 보았다. 그 통일성은 단순히 최종적 방향에 있어서의 일치가 아니다. 루터는 율법과 복음의 관계를 하나님의 동일한 하나의 말씀의 차원에서 이해했는데, 이는 구-신약 간의 긴밀한 통일성을 설명하기 위함이었다. 칼뱅은 유사한 목적으로 기독론을 사용했는데, 그는 구약성경이 신약 못지않게 상이한 방식을 통해 그리스도를 증언한다고 보았다. 그 상이한 방식은 예표(foreshadowing)와 모형들(types)의 사용이다.

멜랑히톤(Melanchthon)에게, 성경 안에서 울리는 성경의 메아리는 특정한 공통 주장 혹은 신학의 일반적 논제(loci communes)로 구성된 성경적 교리에 의해 분류되었다. 그것들은 알레고리에 토대하면서 죄, 율법, 구원, 은혜와 같은 기독교의 중심 주제에서 자연스레 파생된 것들이다. 성경의 인물은 역사적 인물일 뿐만 아니라, 개인의 이야기와 성경 전체의 이야기가 만나도록 하는 기독교의 예형(豫型)이다. 이는 성경이 통일성 안에서 하나의 일관된 주제로 엮어져 있기 때문이다.

알레고리는 기독교 설교에서 지속적으로 등장한다. 이에 대한 가장 대표적인 예는 탕자에 대한 바르트(Barth)의 해석인데, 바르트는 탕자를 인간의 죄악성이라는 먼 나라를 향해 떠난 예수 그리스도와 연결시킨다. 그리스도는 그 먼 나라에서 죽으시고, 그 죽음에서 일어나 승천하여 아버지 집인 하나님께로 돌아오셨다. 그리스도는 이를 통해 인류가 아버지의 집으로 돌아갈 수 있도록 하신 분이다. "그 먼 나라로 가신 분이 바로 하나님이셨습니다. 그리고 집으로 돌아온 자는 인간입니다. 이 두 가지 사건이 그리스도이신 예수님 안에서 일어났습니다."[34]

알레고리는 설교에만 제한되지 않는다. 알려진 유명한 문학들이 확장된 형태의 알레고리인 경우가 많다. 랭랜드의 『농부 피어서』(Piers Plowman), 스펜서의 『페어리 여왕』(Faerie Queen), 단테의 『신곡』(Divine Comedy), 번연의 『천로역정』(Pilgrim's Progress), 조나단 스위프트의 『터무니없는 이야기』(a Tale of a Tub), 호돈의 『주홍글씨』(Scarlet Letter), 멜빌의 『모비딕』(Moby Dick), 조이스의 『율리시스』(Ulysses), 체스터톤의 『목요일이었던 남자』(Man Who Was Thursday), C. S. 루이스의 『나니아 연대기』(Narnia), 오웰의 『1984』(1984), 카프카의 『성』(The Castle)과 『심판』(The Trial), 그리고 밀러의 『시련』(Crucible) 등이다. 어린이 문학도 알레고리인 경우가 많은데, 가령 『아기돼지 삼형제』(hree Little Pigs)의 이야기는 동물에 관한 이야기지만, 아이들에게 그들의 세계에 대한 교훈을 들려준다. 공상과학소설 역시 그와 같은 방식으로 기능하는데, 가상적인 미래를 통해 현재의 문명에게 메시지를 전달하기도

한다. 〈펄프 픽션〉(*Pulp Fiction*), 〈매그놀리아〉(*Magnolia*), 〈존 말코비치 되기〉(*Being John Malkovich*)와 같은 최근의 많은 영화들도 확실히 알레고리이다. 아마도 우리는 우리의 문화 속에 있는 알레고리에 놀라기보다는 그리스도인으로서 그러한 현실이 우리 코앞에 있음을, 심지어 성경해석에도 여전함을 인정해야 하는 것을 꺼리고 있음에 더욱 놀랄 것이다. 사실, 오늘의 포스트모던 시대는 일반적으로 권위를 인정하지 않으려는 시대로서 주변의 많은 알레고리적 해석에 대해 이제는 그것들이 너무 무례하고, 너무 지시적이며, 소통에 있어서 너무 우회적이고, 가슴에 대고 말하기보다는 머리에 대고 너무 많은 말을 하고 있다는 것을 알게 되는 시대이다. "이것은 저것을 뜻하고, … 저것은 이것을 의미하며, 또한 이것은 이것을 가리킨다"라고 가르치는 알레고리식의 교육을 경험하면서, 포스트모던 시대의 개인들은 이렇게 물을 것이다. "그것은 과연 누구의 해석인가?"

알레고리와 교리

알레고리적 읽기는 "당신이 무엇을 믿어야 하는지"를 발견토록 한다. 그리고 이것이 오랜 기독교 역사에서 불려온 '교리적' 읽기(the doctrinal sense)이다. 여기서 우리는 교리적 읽기가 이레니우스 때부터 수행되었던 바, 곧 알레고리가 아닌 성경본문의 평이한 문자적 의미(literal sense)가 도덕(morality)과 믿음(faith), 교리(doctrine)를 담고 있는 성경의 유일한 의미라는 사실과 어떻게 조화되는지 의문을 갖게 된다.

이에 대한 대답으로, 우리는 성경문자의 이중적 의미(double-literal

8장 역사와 알레고리 · 233

sense)로 돌아가야 한다. 초기와 중세교회에서 역사-문법적 차원의 문자적 읽기는 반드시 이해되거나 계시적 의미를 찾아내는 읽기일 필요가 없었다. 당시 교회가 존중하고 지켜온 문자적 읽기는 신학적 이해를 제공하는 읽기였고, 그것은 알레고리를 사용함으로써 특별히 구약성경과 관계하여 실행되었다. 초기 교회가 알레고리를 교리의 원천으로 삼는 것을 금지했을 때, 그들은 그리스도에 집중하여 참된 의미를 드러내는 알레고리를 금한 것이 아니었다. 그들이 금한 것은 오히려 (1) 교회가 '믿음의 법'(rule of faith)을 통해 승인한 본문의 평이한 의미를 침해하는 알레고리였고, (2) 믿음에 대한 핵심 가르침을 드러내지 않거나 하나님께 부합하지 않는 유형론을 사용한 알레고리였다. 그들은 구약성경을 도덕적 교훈과 교리를 위해, 그리고 성경에 숨어 있는 영적인 참된 의미를 발견하기 위한 근원으로 읽었는데, 그들에게 구약성경의 의미는 신약시대와 동일한 문화를 공유하면서 신약성경에 의해 확인되거나, 그것들과 일관성을 지닌 것들이었다. 앤드류 루쓰(Andrew Louth)가 주지한 대로, "알레고리(*allegoria*)는 라틴 교부들이 4세기 이후부터 사용한 흔한 말로 성경에서 찾아내는 보다 심오한 의미를 뜻한다. 그러나 어떤 교부들은 그들이 알레고리라고 부르는 것과 그것에 대한 사용을 반박했는데, 그들이 경계했던 것은 해석의 결과(특별히 오리겐이 내놓은 결과)이지 그 방법과 과정이 아니었다."[35] 물론, 오늘날은 그 방법과 과정도 부적절하다고 판단한다. 하지만 어거스틴은 구약의 '거의 모든 것'들이, 심지어 역사적 내용도 포함해서 암시적이거나 알레고리적이라고 생각했다. 왜냐하면 그에게 구약은 그리스도에 관한 내용이었기 때문이다.[36] 노아와 관련해 어거스틴은 "우리는 그러한 적나라한 역사는 수용하면서 알레고리적 해석은 거부하는 자들에게 동의할 수 없을 뿐만 아니라, 비유적인 의미는 취하면서도 역사적인 의미는 외면하는 자들에게도 그렇다"고 역설했다.[37] 가족과 동물들로 가득 찬 방주에 관해 그는, "그러나 오직 논쟁을 좋아하는 사람만이 방주 내부의 그렇게 많은 부분들과 세부적인 모습에도 교회에 대한 예표는 들어 있지 않다고 생각할 것이다"라고 반박했다.[38] 그럼에도 어거스틴은 본문에 대한 문자적 읽기는 방주와 관련된 다른 본문들 간의 관계와 성경 전체를 통해 일관되게 반복되는 가르침과의 연관성 속에서 방주가 교회에 관한 핵심적인 가르침을 제공해 주고 있음을 알게 한다고 보았다.

교부들의 성경해석은 알레고리가 '믿음의 법'(rule of faith)을 따르기도, 그렇지 않기도 한 사실을 보여준다. 바람직하고 모범적인 알레고리에 해당하는 경우는 (1) 성경본문을 하나님의 직접적인 예언의 말씀으로 보면서, 본문의 문자적 맥락에서 인정된 유일한 의미로서 신학적 의미를 제시할 때와 (2) 본문이 문자적 뜻이 모호함에도 알레고리를 사용해 그 본문을 살리게 되는 경우이다. 이 경우 알레고리는 교리를 위한 토대로 쓰여서는 안 되었는데, 그럼에도 알레고리는 설교에서 종종 '논거'나 '예증', '적용', 또는 요지 문장의 수사적 장식으로까지 사용되곤 했다. 당시 바람직한 알레고리는 하나의 본문을 성경의 또 다른 본문과 연결하거나, 모호한 본문을 보다 명확한 본문으로 설명하기도 하고, 성경의 통일성이 저자이신 하나님의 의도임을 강조하며, 모든 것에 목적을 부여하고, 그 계획에 들어맞는 완전한 세상을 조성하신 하나님의 위대한 지혜를 고백하는 해석 방법이었다. 이처럼 알레고리는 본문에 대한 교리적 읽기가 되어, 성경의 유형이나 모형(type)

에 담긴 신학적 주제를, 그리고 성경의 다양하고 많은 구절들, 중세의 표현으로 "우리의 믿음이 숨겨져 있는 곳을 비춰주는 구절들"을 연결해 주는 교리적 접점을 드러내어 가르쳤다. 하지만 알레고리는 교리의 토대가 되지는 않았다. 오늘날 알레고리와 관련하여 설교가 회복해야 하는 중요한 요소는 바로 성경의 다양한 본문들을 연결해 주는 알레고리의 상호연결성(interconnectivity)이다. 이를 통해 설교자는 성경이 증언하는 복음을 보다 온전하고 풍성하게 전달할 수 있는 보다 나은 방법을 찾을 수 있다. 물론, 오늘날 설교자는 그것을 다른 이름으로 부를 수 있다. 그럼에도 알레고리는 여전히 한 본문의 의미를 보다 넓은 교회의 이야기와 비교하고 연결하는 데 필요한 기초적인 방식을 지속적으로 제공하고 있다.

알레고리의 재발견

그릇된 알레고리는 경계되어야 하고, 본문의 문자적이고 역사적인 의미를 간과하고 거부했던 과거의 실수를 되풀이해서는 안 된다. 그럼에도 오늘날 많은 교회들이 여전히 여러 가지 방식의 알레고리에 의존하고 있다는 것과 그것에 대한 선한 목적을 가지고 설교에 활력을 불어넣을 수 있는 방법을 고려하지 않는 것은 결코 설교를 이롭게 하지 못한다.

알레고리에 대한 재논의가 실패하는 이유 가운데 하나는 알레고리에 대한 사실왜곡이다. 예를 들어, 뉴욕 유니온 신학교의 성경학 석좌교수인 제임스 스마트(James D. Smart)는 1961년에 예수님은 알레고리를 기피했다고 다음과 같이 주장했다. "유대 랍비들은 알레고리를 사용하는 데 교묘했는데, 그들은 알레고리를 사용해 구약성경의 구절들에서 그들이 원하는 의미를 뽑아낼 수 있었다. 그러나 예수님은 알레고리를 사용하지 않으셨는데, 이것은 신약성경 전체를 통해 볼 때 주목할 만큼 이례적인 일이다."[39] 그의 논점은 "예수님의 복음의 진리와 함께 세상에 도래한 하나님 나라의 삶은 전적으로 새롭고, 이전에 인류에 알려지지 않은, 그리고 예수님이 아니고서는 성취될 수 없는 세상이었다. 그러나 그것은 예시되었고, 그 윤곽은 앞선 구약성경에서 상당한 정확도를 가지고 기술되었다"는 것이다.[40] 스마트는 계속해서 "알레고리는 본문에 실재하지도 않는 의미를 본문에 묶어두는 방법이다"[41]라고 말하면서, 예수님은 이전과 다른 새로운 의미를 제시했기에 그에게 알레고리는 적용되지 않았다고 주장한다. 이에 대한 한 예로, 예수님은 "주님의 날", "새로운 이스라엘", 그리고 "고난 받는 종"을 언급하는 구약의 본문을 인용하면서 그것들을 그 자신의 삶에 관한 이야기로 해석했다.[42] 달리 말해, 이는 만일 어떤 해석이 성경 저자가 본문의 본래적 의미로서 의도한 신학적 진리를 기술한다면, 그것은 알레고리가 아니라는 말이다. 그러면서 스마트는 자신을 바르트뿐만 아니라(다른 관점에서는 스마트는 바르트와 닮아 있다), 성경해석에서 알레고리는 피할 수 없다고 주장하는 당대의 많은 성경학자들의 입장과도 대비시켰다. 물론, 어떤 이들은 알레고리의 범위를 제한하려는 스마트의 입장에 동의할 수도 있다. 그러나 그의 주장은 예수님이 진실에 의거해서 "나는 참 포도나무다"(요 15:1)라고 말씀하셨을 때, 그것이 예수님의 은유였다는 사실을 부정하는 것과 같다.

성경해석사에서 알레고리가 끼친 영향과 그것이 오늘날 다양한 형태로 지속되고 있다는 것을 부정하는 것은 공허한 확신이다. 오히려 설교자는 바람직하고 모범적인 알레고리와 그렇지 못한 그릇된 알레고리가 무엇인지를 분명히 해야 한다. 브래바드 차일즈(Brevard Childs)는 알레고리를 적어도 성경해석사에서 하나님의 목적의 일관성과 구·신약성경 간의 존재론적이고 구원론적인 통일성 — 기독교 신앙 안에서 여전히 해결되지 않은 과제로 남아 있는 — 을 다룬 가장 오래된 방법론으로 인정한다.[43] 최근의 다른 주장은 더욱 놀랍다. 앤드류 루쓰는 알레고리 전통이 설교에게 드라마를 제공하고, "교회로 하여금 성경을 음미하도록 하는 것인데" 그것 없이는 설교가 "단순한 도덕적 교훈으로 전락한다"고 주장했다.[44] 프랜시스 영(Frances Young)은 알레고리적 읽기가 윤리적인 이유를 세 가지로 제시한다. 먼저, 알레고리는 "성경본문이 현재의 개인의 내면과 세상에 관여하게 한다." 또한 알레고리는 설교자가 성경의 내적 상호연결성(intertextual links)을 탐색하도록 한다. 그렇게 함으로써 하나님이 '성경이라는 세계 안에 있는 하나의 개체'로 축소되지 않도록 한다. 그러한 축소는 언어에 대한 낙관적 이해가 낳은 하나의 특징이다.[45] 데이비드 스타인메츠(David C. Steinmetz)는 교회의 필요에 응답케 하는 다중적 해석은 허용하면서도 "진리의 추구는 피하지 않는" 중세 해석의 '우월성'을 주장했다.[46]

그러나 다중 해석의 문제를 재차 언급하는 보다 직접적인 이유는 오늘날 교회의 삶에 닥친 위기와 최근 학자들의 최선의 노력에도 그것이 실제적으로 설교의 준비 과정에는 큰 도움을 주지 못할 수 있다는 우려 때문이다. 오늘 우리의 시대는 불확실성의 시대로, 후세대가 나갈 방향을 제시함에 있어서 더욱 그렇다. 예일 신학부의 두 명의 설교학 교수는 각기 (몇 년 상간으로) 이러한 가능성을 제기했다. 먼저, 린더 켁(Leander E. Keck)은 설교학 수업을 듣지 않았다면 설교를 더 잘 할 수 있었을 것이라고 불평하는 한 학생에 대해 다음과 같이 언급했다.

> 나는 그가 전에 어떻게 설교했는지는 모른다. 아마도 그가 생각하는 것만큼은 아니었을 것이다. 그런데 문제는 다음과 같다. 만일 신약성경을 배우는 것, 곧 성경이 진실로 무엇을 의미하는지를 추상적 개념으로 정리하게 하는 것이 그로 하여금 성경의 메시지를 설교하는 것을 더 어렵게 만들었다면, 비록 나의 가르침의 동기가 선하고 나의 해석에 문제가 없었다 하더라도 분명 무엇인가 잘못된 것이었다. 바꿔 말해, 성경에 대한 비평적인 공부는 설교에 보다 가까워지게 해야지, 멀어지게 해서는 안 된다.[47]

데이비드 바틀렛(David L. Bartlett)은 그와 비슷하게 한탄하면서, "우리 설교자들은 본문을 알레고리화하거나 청중의 심리를 분석하는 것을 너무 무서워해서 그것들로 문제가 되는 것을 두려워할지 모른다. … 우리는 청중의 삶이 변화되기를 바라는 것처럼 설교하지 않고, 마치 신학교의 성경학 교수들 앞에서 평가받고 있는 것처럼 설교한다"[48]라고 말한다.

알레고리와 그 다양한 형태, 그리고 경계해야 할 것에 대해 보다 정확하게 이해하게 되면, 설교자는 '좋은 알레고리'(good allegory)의 가능성을 향해 자유로워질 수 있다 - '선한 사마리아인'(good Samaritan)처럼 들리는 '좋은 알레고리'라는 말은 예수님 시대에 어울릴 법하다. 우리는 여기서 본 논의가 체계적으로 진행되기 위해 '알레고리'라는 말이 최상의 용어인지 아닌지의 문제는 당분간 뒤로 미룰 필요가 있다. 알레고리에 대한 논의에 대해 우리가 갖는 일반적인 거리낌은 당혹감과 두려움만이 아닌 알레고리에 대한 몰이해의 결과이다. 알레고리에 대한 적대감은 우리에게 매우 깊이 스며 있어서 그것을 재평가하기 전, 우리는 먼저 알레고리를 반대하는 세 가지 주요 이유를 명확히 하고, 그 후에 그에 대한 응답을 제시해야 한다.

오늘날 알레고리에 대한 반대들

1. 우리 현대인들에게 알레고리 해석은 사기행위처럼 보일 수 있다. 문제는 알레고리가 '다른' 의미를 제시한다는 게 아니다. 왜냐하면 은유와 같은 다른 비유적 표현들도 탈문자적으로 해석하기 때문이다. 그러나 알레고리가 성경을 푸는 해석 장치가 될 때, 그것은 성경이 가진 보편적이고 상식적인 의미를 포기하는 것처럼 보인다. 우리의 옛 설교자들은 알레고리를 사용하면서, "문자적 의미는 잊어라. 우리가 의지하는 것은 영적인 의미이다"라고 말하곤 했다. 알레고리의 언어들은 내면에서 무엇인가를 떠올리고 연상시키는 힘을 갖고 있는데, 그것이 동시에 알레고리의 독이 되기도 한다. 앤드류 루쓰가 말한 대로, "… 우리는 알레고리에는 거짓된 무엇인가가 있다고 느낀다. 만일 당신이 본문을 해석하면서 그것을 알레고리화하면, 당신은 마치 본문이 명백하게 의미하지 않는 무엇인가를 의미한다고 말하는 것처럼 보인다."[49] 데이비드 버트릭(David Buttrick)은 속이는 전략을 쓰는 신학에 대해 우려하

면서 다음과 같이 의문을 제기한다. "무엇이 알레고리의 문제인가? … 알레고리를 거부하는 진짜 이유는 신학적인 이유이다. 인간 자녀들에게 알려지기를 원하시는 사랑의 하나님이 과연 암호를 통해 말씀하시겠는가? 보다 솔직히 자신을 드러내시기를 원하는 사랑의 하나님이 오직 특정한 사람들만이 풀 수 있는 암호를 가지고 말씀하시겠는가?"[50]

2. 알레고리는 역사를 필요치 않는 것으로 알려져 있다. 모이세스 실바(Moisés Silva)는 장 다니엘루(Jean Daniélou)[51]와 레온하르드 고펠트(Leonhard Goppelt)[52]의 주장을 빌어 유형론과 달리, 알레고리는 "역사성을 경시하거나 때로는 거부한다"고 주장한다.[53] 후스토 곤잘레즈(Justo L. González)는 어려움 없이 이사야 53장 7절("마치 도수장으로 끌려가는 어린 양과 털 깎는 자 앞에서 잠잠한 양같이")을 유형론으로 해석하면서, 이사야의 삶과 예수님의 삶, 그리고 교회의 삶과 관련한 역사적 사건을 언급한다. 그러나 본문을 알레고리로 해석할 경우, 그는 '어린 양'과 '도수장'과 같은 개별적 단어를 추상적으로 해석해서 "양과 같은 진실한 덕은 스스로를 방어하지 않는다. 그러나 양이 타인을 따뜻하고 편안하게 해 주는 자신의 털을 내어주고자 털 깎는 자 앞으로 갈 때 기꺼이 자신을 타인에게 맡길 것이다"라고 해석한다.[54] 반면, 유형론은 역사를 살리고 역사에 기초해서 두 시대를 비교한다.

3. 그와 같은 방식으로 알레고리는 역사-비평적 해석에 도전한다. 왜냐하면 그것은 성경본문의 문법적·문자적 맥락을 와해시키고, 성경의 권위를 약화시킨다고 보기 때문이다. 그런데 실바는 오늘날 많은 성경비평학이 알레고리를 닮아가고, 본문 자체와 분리시켰던 본문의 '적용점'까지 제공하고 있다고 하면서 다음과 같이 비평학의 새로

운 도전을 적시했다.

> 고전적인 문법-역사적 해석 방법은 주석(기록 당시 성경 저자의 의도된 의미)과 적용(오늘의 독자를 향한 의미나 뜻) 간의 분명한 차이를 유지해야 한다고 엄격하게 주장한다. 이러한 구분은 실제적으로 지난 2세기 동안 만들어진 모든 해석학적 진보에 기반하며, 우리는 감히 그것을 간과해서는 안 된다.
> 하지만 불행하게도 바로 이것이 오늘날 논쟁을 야기하는 핵심이다. 과연 본문을 현재 상황에 적합하게 하지 않고 주석하는 것이 과연 가능한가? … 모든 신자들은 성경주석이 단순히 지적이고 고고학적인 작업이 되어서는 안 된다는 것을 알고 있다. 본문주석은 오늘의 상황에서 열매를 맺어야 한다. 그러나 오늘날의 쟁점은 주석이 적용되어야만 한다는 게 아니고, 응당 그러해야 하듯 주석은 언제나 적용을 기다리고 있다는 것이다. 만일 우리가 성경 저자가 의도한 뜻을 오늘 우리에게 주는 의미와 분리해서 구성할 수 있다고 생각한다면 우리는 스스로를 속이게 된다.[55]

실바는 새롭게 등장한 문학비평 학파들이 그간 고수되어 온 해석 과정의 객관성과 본문에 대한 일치된 해석, 그리고 성경의 전통적 권위에 도전하고 있다고 본다. 이와 같은 시각으로, 제임스 바(James Barr)는 현대 비평학에서 알레고리와 흡사한 또 다른 해석을 추구하는 도발적인 흐름을 발견한다고 주지했다.[56]

반대에 대한 응답

이상의 알레고리에 대한 몇 가지 비판에 맞서 알레고리를 방어하고자 하는 목적은 방어해서는 안 될 것들, 곧 그릇된 알레고리(bad allegory)를 방어하려 함이 아니다. 오히려 긍정적이고 모범적인 알레고리(good allegory)를 논의의 중심 주제로 촉진시키기 위함이다.

1. 성경해석에서 알레고리라 함은 일반적으로 알레고리로 푸는 본문주석(allegoresis)을 뜻하고 문자를 사용한 속임수라고 알려져 있다. 그러나 알레고리는 광범위해서 그렇지 않은 다른 방식과 형태도 있다. 알레고리는 많은 비유화법들처럼 단순하고 직접적인 해석 방식을 지양한다. 또한 루쓰는 본문의 문자적 의미와 저자의 원래 의도 역시 본문의 객관적인 의미라 할 수 없다고 강조하면서 다음과 같이 주장한다. "문자로 쓰인 구절의 정확한 의미를 파악할 수 없는 것은 당연하다. 그 뜻을 찾았다고 확신하는 것도 불가능할 것이다. 단, 본문이 저자가 의도하려 한 바를 의미하고 있다는 생각은 설교자에게 본문이 무엇인가 객관적이고 문제될 소지가 없는 것을 말하고 있음을 알게 해 준다."[57] 그는 설교자들의 문자적 읽기가 '검증 없이 이상화(idealization)'된 신념과 의문시하지 않은 맹목적인 선입견(biases)으로 가득 차 있다고 비평한다. 뿐만 아니라 역사비평은 성경의 문자적 의미가 곧 역사적 의미라고 가정한다. 그러나 오늘날 이러한 것들은 도전에 직면해 있다.

2. 알레고리의 탈역사적 경향성은 특정 방식이 지닌 결함으로서 모든 알레고리가 아닌 오리겐이 고안한 것과 같은 방식의 알레고리가 그러함을 확인해 주는 역할을 한다. 주의를 요하는 알레고리는 역사에

큰 의미를 두지 않는다. 왜냐하면 성경본문의 문자들을 원래 의도된 '다른' 의미를 가리키는 신호라고 전제하기 때문이다. 그 신호라는 것은 성경 언어상으로 모호하고 다의적인 경우가 많은데, 구약의 경우는 역사적 사실성과 관련하여 비유적이고 암시적인 성격이 농후하다. 보다 실제적으로 말해, 해석자는 본문이 뜻하는 바를 파악하기 위해 문자들에서 의미도출을 위한 연결망이나 연결도식을 구상한다. 여기서 의미도출을 위한 연결도식은 주로 예수님의 삶, 교회의 신학과 신앙, 그리고 종말과 관련하는 의미로 구성된다. 그러나 오늘날 성경의 언어나 문자가 가진 다의성의 문제는 설교자들을 역사-문학비평(historical and literary criticism)으로 안내하는 계기를 마련했다.

3. 역사비평적 방법은 설교에서 사용되는 알레고리를 어떤 식으로든 재확인하도록 돕는 디딤돌(platform) 역할을 한다. 역사비평은 객관적 접근법이 아니며, 설교자들은 '현재'라는 주변상황으로부터 한시라도 자유로울 수 없는 유한한 인간이기에, 설교자는 결코 역사비평 방법을 본문 해석을 위한 최종적인 해답으로 사용하거나 그렇게 주장해서는 안 된다. 본문은 다른 시대의 독자나 설교자들에게는 어떻게든 다르게 읽히고 이해될 것이다. 그럼에도 역사비평은 설교자가 성경해석 과정에서 바랄 수 있는 가장 표준적인 기준을 제공하고 있으며, 다른 여타의 해석 방법론들이 모두 역사비평에 의존하고 있다는 데는 이견이 없다. 우리는 자신의 입장을 정당화하기 위해 무엇이든지 성경을 유리한 방향으로 이용하려는 일종의 '자유'한 해석을 주장하는 개인이나 교회를 수용해서는 안 된다. 따라서 설교에 알레고리의 활용을 모색하는 것은 역사비평적 방법을 거부하는 것이 아닌 오히려 수용하는

것이다. 그러나 역사-문학적 비평은 분명 신학-설교학적 비평과 상호 의존적이며 동등한 관계 안에서 함께 사용되어야 한다. 어느 쪽도 약화되거나 간과됨 없이 설교를 도울 수 있는 선에서 각각의 유익한 기능을 극대화하는 길을 제공해야 한다.

9장
알레고리, 신비해석, 그리고 설교

본 장은 보다 실제적인 내용으로, 두 개의 영적 읽기인 알레고리와 신비해석(anagogy)을 통해 이들이 설교를 위한 해석 렌즈로서 사용될 수 있는 바람직한 방안들을 살펴보고자 한다. 우선, 이들은 설교를 위한 해석 렌즈이다. 설교자는 알레고리로 설교의 내용을 채우려 해서는 안 된다. 이는 알레고리에 대한 단순한 사용으로 설교가 하나에 관한 여러 가지 해석을 열거해 놓은 장황하고 지루한 교훈으로 만들 뿐이다. 설령, 특출한 재능이 있어서 그렇게 할 수 있는지는 몰라도, 그러한 설교는 목회적 관점에서 볼 때 청중의 삶과는 어느 정도 거리감을 갖게 된다. 설교자의 관심은 난해한 성경본문을 가지고 자신이 얼마나 명석한지를 보여주려는 것이 아니다. 설교자는 오히려 성경을 통해 하나님이 오늘 성도들의 삶에 무엇을 말씀하시고, 어떤 일을 이루어 가시는지에 관심을 가지면서 적절하게 성경을 삶의 규범으로 듣고 해석하려 해야 한다.

알레고리는 역사-문자적 읽기에 반(反)하는 해석 방법으로 사용되어서는 안 된다. 그러나 데이빗 레이드(David E. Reid)는 그러한 일들이 오늘날 여전히 여러 설교자들에게서 행해지고 있음을 발견했다. 그가 방문한 한 지역 교회의 주일 설교는 설교 본문으로 주목되지 않는 창세기 24장 63-64절에 대한 설교였는데, 그날 설교에 대해 레이드는 다음과 같이 소개한다.

> 설교자는 그날 본문의 이삭을 그리스도로, 리브가를 교회로 해석했다. 그리고 설교의 중심 내용은 리브가가 타고 온 낙타에 관한 알레고리였는데, 그는 낙타의 생김새의 특징이 하나님의 은혜를 나타낸다고 설명했다. 그런 후 설교자는 전형적인 알레고리 방식을 따라 일곱 개의 알레고리를 제시했다.
>
> 설교자는 낙타의 코는 멀리 있는 물을 감지할 수 있어서, 낙타에 탄 여행객을 그 물을 마실 수 있도록 안내해 준다고 설교했다. 그리고 이에 대한 영적 교훈으로 설교자는 하나님의 은혜는 우리를 영적인 샘물로 인도할 수 있다고 덧붙였다. 이와 같은 방식으로 해석하면서 설교자는 낙타의 특징에서 여섯 가지의 알레고리를 추가했다. 그러나 분명한 것은 그러한 모든 것들이 정작 본문에서는 언급되지 않는다.[1]

이러한 설교는 설교자의 주관적인 통찰을 보다 월등한 것으로 여기고, 본문의 이야기와 역사 모두를 쓰레기통에 던져버리는 것과 같다.

그러고 나면 설교자에게 남는 것은 과연 무엇인가? 과연 알레고리를 설교와 관련하여 오늘날 또다시 진지하게 객관적으로 고려해야 할 이유가 있는가? 설령, 알레고리가 아닌 다른 이름을 찾는다 해도 말이다. 그럼에도 알레고리는 여전히 설교와 관련하여 몇 가지 활용이 가능하다. 즉, 오늘날 알레고리는 설교를 위한 성경적 해석의 규범으로, 은유와 환유로, 성경과 오늘의 세계를 연결하는 다리로, 성경의 다른 본문들 간의 연결로, 신학적 렌즈로, 그리고 종말론적 해석과 관련한 신비 해석으로 활용 가능하다.

성경적 해석의 규범으로서 알레고리

성경적 설교는 먼저, 성경본문이 뜻하는 바를 본문이 쓰인 역사적 배경과 상황에 입각해 보다 정확하게 이해하려 하고, 이어서 하나님이 성경에서 성경을 통해 말씀하려는 바를 읽어내려 하며, 나아가 설교의 언어를 통해 성경의 뜻을 담아내는 성경적 이미지를 제시하려 한다. 뿐만 아니라 성경적 설교는 오늘의 삶을 위해 성경이 의미하는 실제적인 뜻이 무엇인지를 판단하려고 한다. 그리고 교회가 수백 년 동안 해 왔던 대로 이를 주석(혹은 주해)과 적용의 과정으로 부르는 것은, 많은 설교들의 특징을 간략하게 기술해 준다는 점에서 유용하고 교육적인 이점이 있다. 그럼에도 그것(주석-적용)은 오늘날 해석적 과정(hermeneutical process)으로서의 설교를 이해하는 데 단순하고 제한적인 기술이다. '본문주석-현장적용'의 이해는 역사의 '그때와 오늘'(then and now)이라는 독점적 시각에 기초한다. 그러나 오늘날 문학-수사적

(literary rhetorical) 해석은 보다 직접적으로 본문과 오늘 우리의 상황에 기초하여 본문을 이해하려 한다. 나아가 '주석-적용' 모델은 설교를 해석과 분리된 과정으로 이해하는데, 이는 설교를 주석(exegesis)이 끝나는 부분에서 시작하는 것으로, 설교는 성경본문의 메시지를 대중화하는 방법의 일환으로 본다. 따라서 본문-적용의 모델이 지닌 이점은 설교의 전 과정에서 앞부분과 뒷부분이 갖는 기능의 차이와 설교가 본질적으로 본문이 말하는 바(the God sense)에서 그것이 오늘 의미하는 바(God's action today)로의 움직임임을 명확하게 해 준다는 것이다. 달리 말해, 설교가 "그것은 이것을 의미한다"라고 하는 것은 우리의 설교가 어떤 면에서 본문의 뜻과 오늘의 상황을 비교하면서, 본문이 오늘의 상황과 관련하여 말하려는 바를 우리가 할 수 있는 한 가장 명확한 방식으로 회중에게 설명한다는 의미이다.

그러한 비교는 일반적으로 설교에서 '유비'(analogy) 혹은 보다 정확하게 직유("이것은 저것과 같다")와 은유("이것은 저것이다")로 실행된다. 가령, 설교자는 "우리는 제자들과 같습니다" 혹은 "우리는 바리새인과 같습니다"라고 말한다. 만일 한 번에 여러 가지를 동시에 비교한다면 - "우리는 제자들이나 바리새인, 그리고 예수님과 같습니다"-각각이 지닌 특징은 지워지고, 의미 있는 소통은 실패하게 된다. 그러므로 우리는 본문에서 한 사람, 하나의 관계, 하나의 행동, 하나의 이미지 혹은 하나의 개념에 초점을 맞출 필요가 있다. 그리고 그 의미들을 오늘 우리의 시대로 바꾸거나 옮겨와야 한다. 여기까지가 설교학에서 일반적으로 이견 없이 동의하는 부분으로 은유, 직유, 유비 혹은 유형론 등은 '성경과 오늘' 간의 설교적 연결을 용이하게 해 주는 기초 장치이다.

하지만 '성경과 오늘' 간의 다리를 놓기 위해, 설교자는 인위적이거나 비현실적인 상상력을 사용해서는 안 된다. 설교자는 우선 본문이 실제로 의미하는 바가 무엇인지를 파악해야 한다. 나는 학생들에게 성경본문에서 찾은 각각의 개념이나 사상을 하나의 완전한 문장으로 진술하도록 안내한다. 그런 후 그것들을 '본문의 관심사'(concerns of the text)로 목록화하도록 한다. 본문이 제시하는 관심사는 본문이 실제로 관심을 나타내는 어떤 사상이나 개념을 말한다. 그것은 본문의 단어들에서 유추될 수도 있고, 주석책 혹은 본문의 역사적 배경이나 신학 혹은 역사적 정보에서 파생될 수 있다. 그리고 그것은 가능한 한 짧은 문장으로 작성되어야 하고 하나의 사상만을 담아야 한다. 본문이 제공하는 관심사는 오늘의 회중의 상황과 연결될 수 있는 가능한 접점이 된다. 예를 들어, 누가복음 7장 36-50절에서 예수님은 바리새인이었던 시몬의 집에서 죄 많은 여인을 용서했다. 이 본문은 여러 가지의 관심사를 제공하는데, 그것들은 모두 오늘의 상황에 적용될 수 있는 잠재적인 접점들이다. "그녀는 죄인이다, 그녀는 참회자이다, 그녀는 구주를 알아보았다, 그녀는 용서받았다, 그녀는 많이 용서받았다, 그녀는 자신이 용서받았음을 받아들였다, 그녀는 예수님께 빚을 졌다, 그녀는 예수님께 은혜를 입었다, 그녀는 예수님께 큰 사랑으로 응답했다, 그녀는 예수님께 값비싼 향유를 드렸다, 그녀는 예수님께 자신을 드렸다, 그러나 그녀는 여러 시각에서 볼 때 모인 많은 사람들과 같지 않았다, 그녀는 예수님께 온전히 자신을 드렸다, 그녀는 전적으로 예수님께 집중했다, 그녀는 그의 발에 입맞춤했다, 그녀는 예수님의 식탁에 초대받지 못한 손님이었다, 그녀는 당시 사회에서 환영받지 못한 신분이었다, 그녀는 다른 사람들이 자신의 행동을 어떻게 생각하는지에 신경 쓰지 않았다."

본문은 하나의 관심사를 가지고 성경과 오늘 간의 단일한 연결점만을 드러내지 않는다. 분명 설교 작성 과정에서만 아니라, 설교 시에도 설교는 본문이 말하는 한 가지 중심 관심사를 적절하게 드러내고 효과적으로 전달해야 한다. 그러나 이것은 성경본문에서 단 하나의 사상이나 관심사만을 찾아내는 것으로는 이루어지지 않는다. 성경과 오늘의 삶 간의 접점을 한 가지 관심사로만 제한하는 것은 거의 불가능하다. 오히려 설교자는 본문에서 일련의 관심사들을 뽑아서 성경과 오늘 간의 연결점을 만들어 내게 된다. 본문은 한 가지 관심사만으로는 어느 것도 말하지 못한다. 누가복음 7장의 여인은 식탁에 초대받지 못했다. 그럼에도 설교는 보다 많은 이야기를 말하게 되는데, 그것들이 성경과 오늘의 회중 간의 연결을 타당하게 만든다. "그녀는 편견의 희생자였다, 그녀는 죄인이었다, 그녀는 회개했다, 그녀는 용서를 구했다." 뿐만 아니라 본문은 성경의 세계와 오늘 간의 대조점도 드러내는데, 그것은 본문과 오늘 회중의 상황 간의 역사적, 문화적 단절을 부각시키는 부정적 요소이다. 가령, 본문 당시 시몬은 사회적 지위를 가진 사람이었고, 여자는 남자와 함께 먹지 않았으며, 손님들은 식탁에서 떨어져 맨발로 누워 있었고, 초대받지 못한 사람은 여분의 공간이 있을 경우에만 방구석 어딘가에 조용히 서서 식탁에서 오가는 대화를 엿들을 수 있었다. 그러나 역사비평은 설교자가 성경과 오늘 간에 존재하는 이러한 종류의 문화적 이질감을 상쇄하도록 돕는다. 비록 설교자가 본문에서 한 개의 관심사(예-"우리는 죄 많은 여인과 같다")만을 설정한다 해도 그것은 관련된 일련의 유비들을 함께 포함하고 있다.

이러한 이유로, 본문에 대한 단일한 관심사나 연결점은 본문에서 실제로 발생한 것이 무엇인지를 묘사하는 데 부적합하다. 따라서 이를 위한 수사(修辭) 장치로 은유와 직유가 사용될 수 있는데, 사실 이것들은 보조적 장치이다. 왜냐하면 은유와 직유가 다루는 비유의 대상은 일대일의 관계인데, 이는 성경본문과 오늘 간에 얽혀 있는 복잡한 연결구조를 다루지 않기 때문이다.[2] 대신, 설교자는 확장된 형태의 은유(혹 확장된 직유)를 생각할 수 있는데, 이 경우 의미 파악에 있어 개념적으로 불명확할 수 있다. 그러나 시도해 볼 만한 또 다른 방법이 있다.[3] 그것은 유비(analogy)인데, 유비는 역사적이면서도 실제적인 유익을 제공한다. 나의 친구이면서 동료인 스티븐 패리스(Stephen Farris)는 유비를 가지고 성경이 어떻게 오늘 우리의 삶과 만나는지를 논의했는데, 그는 성경본문에 등장하는 인물 개인이나 그룹 혹은 하나님이 비유하는 잠재적 유비를 찾는 방법을 소개했다.[4] 역사적으로 '성경유비'(*analogia Scriptura*)는 성경의 모호한 구절을 그와 같은 주제나 내용을 이야기하는 보다 분명한 구절을 가지고 해석하는 기술이었다. 그러나 '믿음유비'(*analogia fides*)는 유비의 보다 정확한 형태로서, 성경의 불명료한 본문에 대해 신학적으로 보편적인 설명을 제공해 주는 기술을 가리켰다. 유비는 설교자가 사용하기에 용이한 기술이다. 그러나 고대의 방식인 성경유비를 생각할 때, 이 본문이 저 본문보다 명료하다거나 두 본문이 같은 주제를 말한다고 누가 판단하는가라는 의문이 제기된다. 본문의 의미가 어떻게 생성되고 동일한 주제 군(群)으로 묶이게 되는지를 설명하는 데에는 유비보다는 은유가 더 적합하다.

알레고리는 은유나 유비와 달리 비교 대상간의 다중적 비유가 가능한 기술이다. 알레고리는 최소한 두 개의 연결지점을 갖는 비교대상 간의 일대일 비유를 전제하면서도 모든 것들 간의 상호부합성을 절대시하지 않는다. 각 개별적인 연결지점에서 직유, 은유, 유비, 그리고 유형론은 여전히 유용하게 기능하게 된다. 이것은 새로운 방식이 아니고, 우리가 앞서 소개한 방식이 무엇인지를 가장 간략하게 정리하는 내용이다. 사실, 알레고리는 모든 성경해석을 위해 필요한 기술이다. 문학비평가인 노스롭 프라이(Northrop Frye)가 시에 관해 언급한 적이 있는데, 그는 "시에 대한 모든 해석이 알레고리적이라는 사실이 종종 간과되는데, 그것은 시적 심상(心象)에 부착되어 있는 인식의 세계이다. 만일 비평가가 어떤 시(가령, 햄릿에서 셰익스피어는 우유부단함의 비극을 묘사하려 한다)에 대해 정식으로 해설을 하려 한다면, 그는 그 순간 이미 알레고리를 시작한 셈이다"라고 말했다.[5] 단, 프라이의 알레고리는 본문 내의 개별적인 세부 내용에 대한 것이 아닌 플롯과 사건, 인물의 배역, 극의 메시지를 만드는 공연 등 복합적 맥락에 대한 알레고리임을 주의해야 한다. 설교자나 성경주석가들의 알레고리도 언제나 이러한 방식으로 만들어진다. 그들이 "이것은 곧 저것을 의미한다"라고 말하는 것은 알레고리가 성경본문의 서사(narrative)나 본문의 다른 구조에 부착되어 자연스레 유발되는 인지작용이기 때문이다. 프란시스 영은 "모든 비평적 읽기는 일정부분 알레고리와 분리될 수 없다. 해석자가 본문의 세계에 들어가려 할 때든지, 본문을 오늘의 세계를 비추고 반사하는 거울로 읽으려 할 때 어느 정도 알레고리를 포함할 수밖에 없게 된다"고 강조한다.[6] 이에 관해 존 위트만은 다음과 같이 덧붙인다.

가령, 모든 글은 어느 정도 '다른' 의미를 담고 있다고 주장할 수 있다. …
아마도 현대 비평학의 지배적 입장은 작품들에 어느 정도의 알레고리적
인 글이 있을 수밖에 없다는 것인데, 이는 작품이 지닌 이중적 경향성이
어느 정도까지 심화되어 있느냐에 따른다. 이 중 한 가지 경향성은 본문
의 구성요소를 통해 어떤 가상적인 자율성을 드러내 보이는 성향이다.
다른 경향성은 본문의 요소가 또 다른 행동과 상황 혹은 원칙을 함의하
고 있다. 이는 작품 전체에서나 다른 본문에서 감지될 수 있다. 예를 들
어, 어떤 여정에 관한 이야기는 '광야'와 '약속의 땅'을 떠올림으로써 출
애굽 이야기라는 [알레고리]로 발전될 수 있다. 그러나 그런 알레고리
의 범위는 그 '여정'이 짧게 끝나는 작가의 수사표현에 한정되느냐, 아니
면 성경 이야기에 대한 확연한 의역으로 재구성되느냐에 따라 축소 혹
은 확장되기도 한다. …

… 최근의 비평학은 알레고리라는 용어를 모든 해석에 적용하기도 하는
데, 그들은 알레고리를 본문을 다른 언어로 재구성하는 것으로 이해한다.[7]

이처럼 오늘날 알레고리가 폭넓게 적용되는 한 가지 이유는 아
리스토텔레스가 주장한 언어의 '의미등가'(semantic equivalence) 이론
이 깨졌기 때문이다. 이제는 본문(text)과 해석(interpretation)이 더 이상
의미에 있어서 동일한 정체성을 공유한다고 보지 않는다.[8] 따라서 오
늘 우리가 어떤 본문에 대한 해석을 하려 할 때, 그 본문이 자신을 감추
는 복면(언어-역자주)을 쓰고 있다고 생각하지 않는다. 그러나 아리스
토텔레스의 등가이론은 본문이 다른 언어로 옮겨진다 해도 그것은 여
전히 같은 본문이라고 주장한다. 하지만 오늘 우리는 그들 사이에 부분

적으로 서로 상응하는 부분은 있을지라도 그들은 서로 다른 본문으로 동일하지 않다고 본다. 그리고 알레고리는 그들 간의 복잡한 상호작용을 설명하기 위해 요청되는 비교 모델로 등장했다. 알레고리가 교회에서 사라진 지 오백 년 만에 다시 설교 강단에 돌아왔다는 것은 흥미롭다. 비록 이전의 흔적을 찾을 수 없을 정도로 전혀 다른 형태일지라도 이제는 성경해석을 위한 하나의 규범으로 자리하고 있다.

알레고리는 설교에 너무도 긴요해서 사라지지 않는다. 설교자가 설교라는 복합적인 실천을 이해하는 데 필요한 것이 바로 알레고리이다. 그럼에도 '알레고리'라는 말은 여전히 설교자들이 가장 경계해야 하는 위험대상이다. 알레고리는 상습적 경향성을 가지고 있어서 설교자는 규범적 차원을 넘어서 자유분방하게 사용하지 않도록 신중해야 한다. 그러므로 나는 알레고리에 대한 몇 가지 접근을 제안하고자 한다. 첫째, 알레고리를 은유(비록 만족스런 용어는 아니지만)로 이해함으로써 설교가 만드는 성경본문과 오늘 회중의 상황 간의 보다 구체적인 연결을 논의할 수 있다. 둘째, 알레고리를 유비(이 역시 만족스런 용어는 아니지만)로 이해하는 것으로, 설교가 만드는 성경본문들 간의 연결을 논의할 수 있게 된다. 이는 유비가 역사적으로 사용된 방식을 취하는 것이다.

은유로서의 알레고리: 오늘과의 연결

은유는 성경본문을 오늘 회중의 삶과 연결시키는 데 사용되는 유용한 방식이다. 회중은 설교에서 자신들의 삶에 대한 비유를 통해 그러한 연결을 인지하게 된다. 역사적으로 은유와 알레고리는 친밀한 상관관계를 갖고 있다. 칼뱅이 언급한 대로, "알레고리는 계속되고 있는 은유일 뿐이다."[9] 은유는 이중구조(two-part structure)를 지니는데, "이것은 저것이다"라고 말하면서 양쪽을 직접적으로 연결시킨다(직유의 경우는 "이것은 마치 저것과 같다"라고 함으로써 양쪽을 간접적으로 연결한다). 설교자들에게 은유의 한 쪽은 본문의 관심사(concern of the text), 곧 짧은 한 문장 형태로 진술되는 본문의 중심요지와 관련해서 만들어진다. 은유의 다른 한 쪽은 설교의 관심사(concern of the sermon)를 가지고 만들어지는데, 이는 본문의 관심사의 한두 용어를 변형시켜 만든 설교의 중심요지이다.[10] 누가복음 7장 36-50절은 이에 관한 실제적인 예를 제공한다.

본문의 관심사	설교의 관심사
여인은 죄인이다.	우리(많은 사람들)는 죄인이다.
그녀는 사회적 지위가 없다.	많은 사람들은 사회적 지위가 없다.
그녀는 초대받지 못했다.	많은 사람들은 초대받지 못한다.
그녀는 참회했다.	우리는 참회를 원한다.
그녀는 자신의 구원자를 알았다.	우리는 우리의 구원자를 안다 (혹은 많은 자들이 그분을 알지 못한다).
그녀는 예수님께 큰 사람을 보였다.	우리는 예수님께 큰 사람을 보이지 않는다 (보이고 싶어 한다).
예수님은 그녀의 사랑을 받으셨다.	예수님은 오늘 우리의 사랑을 받으신다.
예수님은 그녀를 용서하셨다.	예수님은 우리를 용서하신다.
시몬은 예수님의 호의에 대해 불만을 가졌다.	사람들은 타인을 향한 예수님의 호의에 불만을 갖는다.
그녀는 용서를 많이 받았다.	우리는 용서를 많이 받았다.

본문의 관심사	설교의 관심사
예수님은 그녀에게 값비싼 선물을 주셨다.	예수님은 우리에게 값비싼 은혜를 베푸신다.
그녀는 자신이 용서받았음을 받아들였다.	우리는 우리가 용서받았음을 인정하지 않으려 한다.
그녀는 예수님에게 빚을 졌다.	우리는 예수님께 우리의 삶을 빚지고 있다.
그녀는 예수님께 값비싼 선물을 드렸다.	우리는 우리 자신을 드리기를 꺼린다.
그녀는 전적으로 예수님께 집중했다.	우리는 온전히 그리스도만을 집중하기를 바란다.
그녀는 다른 사람들의 시선을 의식하지 않았다.	우리는 우리에 대한 다른 사람들의 시선에서 자유해지기를 원한다.

이렇게 본문의 관심사와 설교의 관심사를 한 줄 한 줄 열거하게 되면, 설교자는 이들 가운데 설교를 위해 가장 적절한 것 하나를 정하기가 용이하다. 네 페이지(four-page) 설교 형태는 다음 같은 방식으로 전개될 수 있다. 1) 첫째 페이지(본문의 관심사): 여인은 죄인이다. 2) 둘째 페이지(설교의 관심사): 우리는 모두 죄인이다. 3) 셋째 페이지(본문의 핵심관심사): 예수님은 그녀에게 값비싼 은혜를 베푼다. 4) 넷째 페이지(설교의 핵심관심사): 예수님은 우리에게 값비싼 은혜를 베푸신다. 이처럼 설교의 각 페이지를 각각의 진술문장에 기초해서 작성할 때, 본문의 다른 관심사들도 설교에 활용될 수 있다. 따라서 본문과 설교 간의 비교가 추가되거나 암시될 수 있다. 위에 제시된 진술문장의 각 쌍은 유형론적으로 본문과 오늘의 세계를 연결하는 첫 접점으로 기능하게 된다. 이는 마치 거미가 양쪽 나뭇가지를 연결하기 위해 첫 거미줄 가닥을

사용하는 것과 같다(이후 거미는 양쪽을 연결하는 전체 거미줄을 치게 된다).

본문의 모든 관심사가 설교의 관심사로 변환되는 것이 아니다. 설교학적 비평은 성경본문이 오늘의 삶을 향해 말하는 메시지를 찾는 과정으로서 설교를 구상하는 시작단계에서부터 진술문장을 작성하고, 본문과 설교를 연결하는 적합한 은유를 찾는 데 도움을 주는 과정이다. 예를 들어, 설교자가 "그녀는 참회했다"는 본문의 관심사를 설교의 관심사로 전환하려 할 때, 자신의 회중을 염두에 두면서 "우리도 참회한다"로 정하지는 않는다. 왜냐하면 회중의 입장에서 우리는 참회를 위해 도움을 필요로 할 수도 있기 때문이다. 따라서 설교자는 보다 무난하게 수용될 수 있는 표현으로, "우리는 참회하기를 바란다"로 전환하게 된다. 그러나 다른 회중의 입장에서는 "우리는 오히려 참회를 피하려 한다"라고 정할 수도 있다.

적용은 주석 과정의 마지막 단계에서 시작되는 일방적인 과정이기도 하다. 한때 설교자들은 늘상 설교를 본문 '당시의 의미'에서 '오늘의 의미'로의 움직임으로 말해 왔다[11] – 이러한 이해에서 성경본문은 독립적인 의미체로서, 마치 젖소의 우유를 기계로 뽑아내듯 그 의미를 객관적인 설교자들에게 중립적인 방식으로 전달한다고 본다. 그러나 설교학적 비평은 성경주석이 완결된 후에 시작되는 것이 아닌, 해석과 설교의 전 과정에 걸쳐, 심지어 설교자가 본문의 역사나 신학 혹은 설교학적이고 목회적인 주제에 대해 생각하는 어떤 한순간에도 발생하는 단계이다. 즉, 해석은 설교의 전 과정에 걸쳐 지속된다. 성령님이 설교자를 본문의 세계에서 믿음의 공동체를 위한 메시지로 '이끌고 나갈 때'에도 성경본문은 결코 배제되지 않는다.

본문의 관심사와 설교의 관심사 간의 연결 다리가 세워지면, 설교자는 성경의 증언을 오늘의 공동체로 옮겨오는 하나의 예형(type)으로 그 다리를 사용하게 된다. 하지만 해석은 상호적인 작용이며, 해석되는 의미는 신중하게 이 다리를 가로질러 두 방향으로 흐르게 된다. 가령, 설교자는 "예수님은 그녀를 용서하셨다/예수님은 우리를 용서하신다"로 정할 수 있고, 심도있는 성찰을 통해 그것을 "예수님은 그녀에게 값비싼 은총을 베푸셨다/예수님은 우리에게 값비싼 은총을 베푸신다"로 발전시킬 수도 있다. 역사비평은 여인이 받은 은총이 값비싼(요한복음 12장은 그 향유가 순전한 나드 한 근이었다고 이야기한다) 이유가 예수님께 향유와 그녀의 삶, 사랑, 그리고 감사를 드린 데 있다고 말해 준다. 그리고 그 여인은 시몬이 베푼 멸시의 값을 세지 않았다. 설교자는 신학비평을 통해 예수님이 베푸신 용서의 값이 얼마인지를 묻게 되고, 그러면 그 즉시 그 값이 십자가와 연결됨을 알게 된다. 물론, 본문은 그것을 말하지 않는다. 그러나 신학비평은 모든 성경의 본문을 복음의 관점으로 바르게 읽도록 안내한다. 패리스(Farris)가 주지한 대로, "그 어떤 특정한 본문일지라도 모든 설교본문이 자리한 맥락은 경전으로서의 성경 전체이며, 그 중에서도 예수 그리스도의 삶과 죽음, 부활이 그리스도인들의 삶의 중심을 차지한다. 더욱이 설교자는 성경의 그 어떤 본문도 홀로 대면하는 것이 아니다. 그는 예수 그리스도 안에 있는 모든 자들과 함께 본문을 만난다."[12] 일례로, 우리는 누가복음 7장이 외부가 아닌 그 내부에서 성경을 관통하는 복음과 연결되는 것을 쉽게 확인할 수 있다.

설교자는 알레고리의 바람직한 활용을 통해 성경본문과 성도들의 다양한 삶의 이야기가 연결될 수 있음을 확인하게 된다. 그렇다면 알레고리의 그릇된 사용과 바람직한 사용을 구분하는 것은 무엇인가? 예수 그리스도를 탕자로 읽는 바르트의 해석은 비록 설득력이 있다 해도 알레고리에 대한 그릇된 용례를 보여준다. 바르트는 분명 알레고리의 위험성에 대해 많은 설교자들보다 잘 알고 있었다. 그가 첫째 아들을 메시아의 잔치 자리를 스스로 거부한 이스라엘로 해석할 때, 객관적 주석(exegesis)과 주관적 주석(eisegesis) 사이에서 어느 것을 사용할지에 대해 고민하는 그의 생각에 유의할 필요가 있다.

> 이 본문에는 이방인들과의 관계에 관한 분명한 언급이 없다. 그러나 과연 없는가? … 우주적 구원을 표방한 바로 그 세 번째 복음서의 저자의 마음속에 그것이 확실히 없었단 말인가? 그것이 참으로 본문에서 찾은 것인가? 그것이 본문에 없기 때문에 객관적 주석이 아닌 – 그러나 객관적으로 들려진 것 안에, 그것과 함께, 그것 아래에서 – 우리가 그것에 대해 살펴보지 않고서는 본문을 진실로 설명할 수 없는 경우가 아닌가? 우리가 이 관계를 간과한다면 우리는 이 구절을 충분히 정당하게 다루는 데 실패하는 것은 아닌가?[13]

아마도 바르트는 세리와 죄인들이 예수님의 비유를 들으러 한자리에 모여든 상황인 누가복음 15장 1절에 의거해서 자신을 변호할 수 있을지 모른다. 그러나 만일 바르트의 해석이 그릇된 알레고리라고 한다면, 그는 자신의 해석이 "너는 본문이 이것에 관한 거라고 생각했는지 몰라도, 사실 그것은 다른 주제에 관한 것이다"라고 말하는 것을 들게 될 것이다. 예수님의 비유가 가진 구조는 근본적으로 알레고리에 가깝다. 따라서 설교자가 아무리 거세게 알레고리를 거부하고, 설교자의 역사비평적 연구가 아무리 발전되었고, 게다가 설교자가 아무리 그 본문이 지닌 완전한 서사성의 관점에서(즉, 문학적 차원에서 볼 때) 본문을 성공적으로 다루었다 해도, 설교자는 그 이야기가 들려주는 신학적인 몇 가지 의미를 외면할 수 없다. 그러므로 설교자는 불가피하게 탕자의 아버지와 하나님 간의 관계를 규명할 수밖에 없게 된다.

설교자가 본문의 이야기에서 벗어나지 않고, 해석의 방점을 "이 내 아들(예수가 아닌)은 죽었다가 다시 살아났으며"(누가복음 15장 24절, 32절과 비교하라)라고 말하는 아버지(하나님이 아닌)의 기쁨에 둔다면, 그는 그릇된 알레고리를 피하게 된다. 만일 설교자가 본문이 의도하는 참된 의미를 발견하게 되면, 이제 은유나 직유를 통해 해석학적 다리를 건너는 추가적인 여정을 시작하게 된다. 즉, 탕자는 그리스도가 아닌 그리스도와 같은 인물이다. 왜냐하면 하나님은 그리스도 안에서 먼 나라에 와서 죽으셨기 때문이다. 따라서 설교자는 본문이 본래 그리스도에 관한 내용이라는 말을 피할 수 있게 된다. 그러나 설교자의 목적은 본문을 통해 보다 넓은 그리스도인의 이야기에 접근하는 것이다. 설교자는 이렇게 간접적인 빛(은유 혹은 직유-역자주)을 즐겁게 사용할 수 있다. 왜냐하면 그런 해석이 본문의 역사적 의미이고, 정당한 하나님 읽기(God sense)이기 때문이 아니라, 본문이 그 자체로 이끌어 가고 그 스스로 개별적인 비교를 시도하면서 신학적 진술을 제시하고 있기 때문이다. 따라서 설교자는 탕자의 아버지를 하나님 같다고 말할 수 있다.

이러한 해석학적 다리를 건너는 여정은 신학비평에 제한되지 않는다. 오늘 우리 사회에서 두 아들이 상징하는 자가 누구인지를 판단하기 위해(가령, 둘째 아들은 죄 된 모든 삶을, 첫째 아들은 스스로를 의롭게 여기는 자를 나타낸다) 설교학적 비평은 회중의 현재적 상황에서 얻은 통찰을 사용할 수 있다. 성경본문에 대한 창의적이고 신선한 해석은 이러한 방식으로 창안되는데, 이는 뛰어난 북미의 흑인 설교자들의 설교에서 자주 나타난다. 이들 설교자들은 성경 이야기의 역사적 의미만이 아닌 그것을 자신의 이야기로서 읽으며, 그것이 주는 현재적 의미를 확증해 준다. 데이빗 바틀렛(David Bartlett)은 다음과 같이 설명한다.

> 흑인 교회들에서 회중은 "모세, 내려가세요!"라고 노래하는 소리를 들곤 한다. 그들에게 모세와 출애굽은 단지 '그곳'이나 '옛날 그때'에 있는 것이 아니다. 그것들은 '지금 여기에' 있는 사건이다. 바로와 그 아내가 집주인과 여주인인 것처럼 보였다. 마틴 루터 킹 주니어는 마지막 연설에서 높은 산 위에 서서 가나안을 내려다보는 것 같았다. 그는 자신이 모세가 아님을 알고 있었다. 그러나 그는 동시에 자신이 모세였음을 알고 있었다.[14]

이처럼 긍정과 부정을 동시에 담는 은유는 회중의 의식에 내재한 알레고리적 인식망에 강력하게 자리한다.

설교적 상상력(homiletical imagination)이 창안하는 창의적인 해석을 보여주는 두 가지의 예가 더 있다. 하나는 랜스롯 앤드류스(Lancelot Andrewes, 1555-1642)의 설교로, 그는 당대 최고의 설교자 가운데 한 사람이었다. 마태복음 12장 39-40절("… 요나가 밤낮 사흘 동안 … 있었던 것 같이…")은 그릇된 알레고리가 사용되는 본문인데, 앤드류스는 이 본문을 가지고 부활주일 설교를 했다. 그 설교에는 다음과 같은 흥미로운 내용이 있는데, 이는 물고기 뱃속의 요나에 대한 우리의 기존 생각을 설득적으로 뒤집었다.

그는 그곳에 있었지만 아무런 해도 입지 않았습니다. 1. 그는 안전했습니다. 아니, 다시스로 향하는 최고의 배 안에서 보다 더 안전했습니다. 악천후도, 냄새나는 바다도 그를 괴롭힐 수 없었습니다. 2. 그는 안전했습니다. 그리고 안전하게 육지를 밟았습니다. 배를 탔다면 그러진 못했을 것입니다. 그가 한 거라고는 단지 **교통수단**을 바꾼 것뿐입니다. 그는 옮겨졌습니다. 이 배에서 다른 배로 옮겨진 것입니다. 그렇게 그는 무난하게 바다를 건넜습니다. 3. 그는 나아갔습니다. 아니, 배가 그를 실어 나를 수 있는 것보다 잘 나아갔습니다. 배 안으로 들어갔습니다. 그러나 그 배는 그가 가야 하는 방향이 아닌 엉뚱한 곳, 다시스로 향했습니다. 물고기 배 안에 들어갔습니다. 그러나 그 물고기는 그를 바른 방향으로 데리고 가서 그가 가야 하는 곳, 그의 사명이 있는 곳, 니느웨의 맞은 편 해변에 내려주었습니다. 4. 그리고 그곳에서 요나는 마치 기도실이나 서재에 있듯이 줄곧 편안했습니다. 왜냐하면 그곳에서 다시 육지로 나갈 소망을 담은 노래(욘 2:2-9)를 지어 불렀기 때문입니다. 결국, 가장 위험하게 보이는 곳에서 요나는 가장 안전한 모습으로 서 있었습니다. 하나님은 그렇게 하실 수 있습니다.[15]

과부의 헌금(막 12:41-44)에 관한 설교를 한다면, 설교자는 그녀가 처해 있는 삶의 입장에서 본문을 읽고, 위와 동일한 시도를 할 수 있다.

설교자는 다음과 같이 말할 수 있다.

그토록 가난한 과부가 자신이 가진 전부를 드릴 수 있었을까요? 그녀에게 있는 거라고는 그 작은 두 개의 구리 동전뿐이었는데, 그녀는 그토록 적은 액수의 헌금을 들고 줄을 서서 기다리고 있었습니다. 그녀 옆에는 아무도 없었습니다. 그녀는 홀로 그곳에 와야 했습니다. 그녀의 앞과 뒤에는 고운 옷을 입고 네이비색 나는 최고의 스카프를 두른 부자들이 있었습니다. 그러나 그녀는 상대적으로 낡고 초라했습니다. 시간이 되어 그들은 헌금을 드리려고 나왔고, 그들의 무겁고 커다란 동전이 금속 헌금함에 떨어질 때 내는 소리는 그날 성전에 가득 모인 회중의 떠드는 소리 위로 크게 울려 퍼졌습니다. 그녀는 자신의 순서 시, 어느 누구도 자신의 동전 소리를 듣지 못할 것을 알고 있었습니다. 그럼에도 그녀는 자신이 가진 모든 것을 드리기 위해 앞으로 나아갔습니다. 그녀는 왜 그렇게까지 했을까요? 어떻게 그럴 수 있습니까? 그녀가 그렇게 할 수 있었던 것은 자신이 하나님을 알고 있었고, 그분을 온전히 의지하고 있었기 때문입니다. 그것만으로 그녀의 매일의 삶은 족했습니다. 그녀는 자신이 가진 동전들로 가난한 자들을 도왔습니다. 그리고 하나님은 그녀의 필요를 계속해서 공급하셨습니다. 그녀는 그 사실을 알고 있었습니다. 그녀는 그만큼의 믿음을 가졌습니다. 하나님의 사랑을 모르고서는 그녀는 그때까지 버틸 수 없었습니다. 하나님께서 그녀를 강하게 붙들어 주시기 때문에 그녀는 자신의 모든 것을 드릴 수 있었습니다. 그녀는 매일 아침 일어날 때마다 자신이 즐겨 부르는 찬양을 이렇게 불렀습니다. "주님의 높고 위대하심을 내 영혼이 찬양하네." "위대하신 여호와여 나를 인도하옵소서." 매일 저녁 잠자리에 들기 전 그녀는 평소 암송하던 성경구절을 이렇게 읊었습니다. "주님은 나의 목자시니 내게 부족함이 없으리로다." 그녀가 자신의 모든 것을 드릴 수 있었던 것은 자신의 이웃을 위해 당하는 고난을 마다하지 않고, 심지어 죽음도 주저하지 않았기 때문이었습니다. 대체 그녀는 어디서 그런 신앙을 배웠을까요? 아마도 성전에서 자신의 보잘것없는 동전의 소리를 들은 그 한 분에게서 배웠을 것입니다.

설교자들은 이러한 방식으로 성경본문을 읽도록 신학교에서 배우거나 훈련받지 않는다. 이것은 성경학자들과 설교학자들이 오랫동안 고수해 온 한 가지 확신 때문인데, 곧 역사비평만이 설교에 유용하다는 믿음 때문이다. 훌륭한 설교를 위한 조건은 세 가지 종류의 모든 해석방식을 통합적으로 활용하는 것, 역사적, 신학적, 설교학적 상상력을 사용하는 것, 그리고 그것들을 설교로 발전시키려는 설교자의 헌신 등이다.

유비와 유형으로서의 알레고리: 성경 내 다른 본문들과의 연결

고대와 중세교회는 성경본문의 역사적 의미가 난해한 경우 성경유비(*analogia Scriptura*)를 흔하게 사용했다. 그 사용 원칙은 하나의 본문을 또 다른 본문의 빛 하에서 읽는 것과 그 둘 사이의 연속성을 밝히는 것이다. 데이빗 바틀렛(David L. Bartlett)은 설교자가 성경이 성경을 해석하는 모범을 성경에서 찾는 것과 관련해서 폭넓고 매우 유용한 논의를 제안했다.[16] 두 개의 본문이 동일한 주제나 반복, 유형 혹은 동일하게 다른 본문을 가리킴으로써 상호 간 연결이 가능할 때 유비가 발생하고, 두 본문 간의 비교가 가능해진다.

성경을 하나의 통권으로 설교하는 것은 적어도 이레니우스(Iranaeus)까지 거슬러 올라가는 꽤 오래된 해석학적 원칙이며, 오늘날 로버트 젠슨(Robert Jenson)은 이를 다시 강조했다. "성경은 전체적으로 한 권의 책이다. 그것을 구성하는 그 어떤 문서나 전통 혹은 어떤 단락이나 개정본도 성경의 다른 부분들과 분리되어 해석되어서는 안 된다. … [경]전으로 형성된 성경은 그 해석에 있어서 통일된 하나의 목적을 갖는다."[17] 여기서 우리가 강조하려는 바는 설교에서 사용되는 이차적 본문에 대한 인용과 하나의 설교본문에서 성경의 보다 넓은 다른 본문으로 이동하는 방식이다. 산드라 슈나이더즈(Sandra M. Schneiders)는 성경본문에 대한 설교의 그러한 사용을 본문에 대한 설교적 '수용'(accommodation)이라 규정했다. "성경의 본문은 언제나 교회의 설교나 목회적 전통 안에서 소위 '수용적 읽기'(accommodated sense)로 사용되었으며, 신학적 실천에서도 충분히 그러했다. 성경본문에 대한 설교적 상황에의 '수용'이란 하나의 본문을 그것이 속한 맥락(con-text)에서 떼어내 설교 안에서 독립적으로 사용하는 것을 의미한다."[18]

슈나이더즈는 성경본문을 수용적으로 사용할 경우, 그것의 원래적인 맥락적 의미가 훼손된다는 주장에 반대한다. 왜냐하면 몇몇 본문들은 오히려 그러한 방식으로 사용될 때 그들이 가진 참된 의미가 전달되기 때문이다. 그녀는 한 본문에 대한 수용적 해석이 타당한지를 판단하는 두 가지 기준을 제시한다. "첫째는 그 본문의 문법적 뜻을 왜곡하거나 그것이 나타내는 의미를 파괴하지 않으면서 그것이 속한 원 맥락에서 **정당하게 분리될 수 있는가**이다. 둘째 기준은 그 본문이 삽입되는 새로운 맥락이 그 본문을 **수용하기에 적합하고** 그 본문이 새로운 맥락을 조명하는 데 적합한가이다."[19] 슈나이더즈는 요한복음 8장 31-32절을 이러한 방식으로 사용될 수 있는 본문으로 제시한다. "너희가 내 말에 거하면 참으로 내 제자가 되고 진리를 알지니 진리가 너희를 자유롭게 하리라." 설교자가 염두에 두어야 하는 역사적 배경이 적어 보이는 시편이나 서신서의 본문들 또한 슈나이더즈가 제시한 기준에 부합한다. 또한 설교를 위한 본문의 관심사 역시 오늘을 위한 동일한 관심사로 옮겨질 수 있으며, 설교자는 그것을 본문의 정당한 의미로 주장할 수 있다.

설교의 이차적 본문은 설교자가 논지를 강화하거나 논거(예화)를 추가함에 있어 보충될 구절을 신속하게 제공하기 위해 단순히 인용하는 것으로 설교는 그것을 장황하게 다루거나 발전시켜서는 안 된다. 게다가 그것은 단순히 일차적 본문에 의미를 더하는 것으로 설교를 압도하지 않도록 주의해야 한다. 그러한 이차적 본문은 그 문자적 뜻이 '믿음의 법'(rule of faith)이 인정하는 의미의 범주에 해당될 때 가장 적절하게 기능하게 된다. 따라서 그것에 대한 충분한 주해가 없거나 아예 주해가 생략되어도 적합하게 사용되는 데 문제가 없다. 만일 그렇지 않으면 그것으로 인해 설교가 산만해지게 된다. 설교를 보조하는 이차적 본문은 대개 교회와 회중의 신앙을 북돋아주는 데 기여하며, 성도들에게 잘 알려지거나 사랑받는 구절이다. 그것을 반복해서 읊고 암송하는 것은 목회적인 유익을 준다. 시드니 그레이다누스(Sidney Greidanus)는 본문 상호간의 연결로 인해, 구약을 본문으로 한 설교가 그리스도를 드러내기가 용이해진다고 본다.[20] 아래의 내용은 설교에 사용되는 성경

유비가 갖는 기본적인 기능과 역할이다.

첫째, 설교의 보충적인 본문은 설교에 관한 부가적인 정보를 제공한다. 빌라도의 "네가 유대인의 왕이냐?"(요 18:33)라는 물음은 사무엘하 7장을 간단하게 축약한 물음일 수 있다. 그 내용은 다윗과 그의 조상들과 언약을 맺는 야훼의 신탁이다. 설교자는 이를 다음과 같이 바꿔 말할 수 있다.

> 예수님은 빌라도의 물음에 다양한 방식으로 응답할 수 있습니다. 그는 베데스다 연못가에 누워 있던 남자에게 던졌던 물음으로 빌라도에게 답할 수 있습니다. "네가 낫고자 하느냐?"(요 5:6) 그는 또한 수가성 우물의 여인에게 전한 말로 답할 수 있습니다. "내가 주는 물은 … 영생하도록 솟아나는 샘물이 되리라"(요 4:14). 아니면 그는 그저 "나는 세상의 빛이니"(요 8:12)라고 말할 수 있습니다. 그는 어떤 대답도 할 수 있습니다. 그럼에도 그가 빌라도에게 준 대답은 이것입니다. "이는 네가 스스로 하는 말이냐, 다른 사람들이 나에 대하여 네게 한 말이냐?"

둘째로, 그러한 본문은 만일 신약을 본문으로 한 설교가 룻을 개인적 헌신의 모범으로 소개한다면, 거기서 사용되는 룻기서의 본문은 현대적 예화를 대신하는 실례나 예증으로 기능하게 된다.

셋째로, 설교의 이차적 본문은 설교자가 주장하는 대지나 소지를 보다 심화하고 강화시키는 수사적 효과를 갖는다. 다음의 어거스틴 설교는 이러한 예를 보여주는데, 그는 설교에서 많은 성경본문과 유형을 사용한다.

나의 입술은 주님의 높으심을 선포할 것입니다. … 주님은 천사들의 날에는 위대하시며, 사람들의 날에는 겸손하십니다. 태초에 계신 하나님의 말씀, 그 말씀이 정하신 때에 육신을 입었습니다. 해를 만드신 창조주, 그분께서 친히 그 해 아래에서 지음 받았습니다. 모든 시대를 성부 아버지의 품안에서 심판하시는 분, 그분은 그의 어머니 자궁 안에서 이 날을 거룩하게 하십니다. 그분 안에서 그가 거하시고, 그녀로부터 주님은 앞으로 나아가십니다. 하늘과 땅의 창조주, 그분이 하늘 아래 이 땅에서 태어나셨습니다. 형언할 수 없을 만큼 지혜로우신 주님은 지혜로울 만큼 입을 다무셨습니다. 세상에 충만하시는 주님께서 구유에 누우시고, 별들의 통치자이신 주님은 그분의 어머니의 가슴 품에서 우리를 돌보십니다.[21]

넷째로, 설교의 이차적 본문은 설교본문이 소망을 분명히 제시하지 않거나 그것이 더 강조될 필요가 있을 때 그것을 부각시키는 역할을 한다. 한 예로, 에덴동산에서의 추방(창 3장)을 본문으로 할 때, 설교자는 성경의 다른 본문들을 연속해서 인용하면서 하나님과 이브의 대화를 전개해 갈 수 있다.

우리가 삶을 엉망으로 만들어 버렸을 때, "이브야, 이제는 보다 단순한 삶으로 되돌아갈 수는 없단다"라고 말씀하신 하나님이 오늘 저와 여러분에게 말씀하십니다. "너는 지금 에덴을 떠나지만 나의 사랑에서 떠나는 것은 아니란다. 나의 영을 떠나 네가 어디로 갈 수 있으며, 나의 임재를 떠나 어디로 도망갈 수 있느냐? … 네가 아침 날개를 펴고 바다의 끝에 가서 거할지라도 그곳에서도 나의 손이 너를 인도할 것이다. 나는 너를 포기하지 않는다. 네가 엉망으로 만들었지만, 나는 여전히 너를 위한 계획을 가지고 있단다. 나의 용서는 영원에서 영원에 이르며, 내가 나를 사랑하는 자를 위해 선을 행할 수 없다면 네가 행한 것에 죄가 없을 것이다. 내가 온 것은 양으로 생명을 얻고, 더욱 풍성히 얻게 하기 위함이다. 그리고 여기 네가 입을 따뜻한 옷이 있단다."

다섯째, 설교자는 성경유비를 가지고 설교본문에서 제기되는 난해한 물음에 답하고, 자신의 주장을 뒷받침할 수 있다. 한 예로, 하나님이 사탄과 일을 꾸미고 실행했을 때, 욥은 왜 하나님을 떠나지 않았는가? 이 물음에 설교자는 다음과 같이 응답할 수 있다.

욥은 하나님을 떠날 수 있었습니다. 그러나 자신의 머리끝에서부터 시작된 고통 – 아이들의 죽음, 재산의 손실, 자신의 잘못을 탓하는 친구들의 거침없는 정죄 – 속에서도, 그는 주일학교 때부터 배우고 소중히 여겨온 가르침을 잊을 수 없었습니다. 그는 하나님을 향한 노아와 그의 아내의 믿음을 알고 있었습니다. 그들은 비가 내리지 않고, 이웃들이 조롱하는 상황 속에서 방주를 지었습니다. 게다가 40일 동안 물 위에서 사람들의 죽음을 바라보는 상황에서도 노아는 하나님에 대한 믿음을 포기하지 않았습니다. 욥은 또한 외아들 이삭이 죽는 순간에서도 믿음을 지킨 아브라함과 사라를 기억하고 있었습니다. 뿐만 아니라 광야 40년의 방황 속에서도 하나님을 포기하지 않은 모세와 미리암의 믿음도 알고 있었습니다. 그러나 이것들이 욥이 기억하고 있던 전부가 아닙니다. 그는 선조들의 믿음만이 아닌 하나님의 신실하심을 기억하고 있었습니다. 욥은 자신이 하나님을 떠날 수 없다는 것을 뼛속 깊이 알고 있었습니다. 명백한 표징이 없더라도 그의 마음 깊은 곳에서부터 그는 하나님을 떠날 수 없었습니다.

또한 설교자는 의도적으로 설교를 단순히 어떤 한 본문과 연결하는 데 그치지 않고 보다 큰 믿음의 이야기, 곧 성경이 증언하는 온전한 믿음에 관한 보다 포괄적인 본문들과 연결할 수도 있다. 특별히 이것은 예수님의 삶과 죽음, 부활과 관련될 때 중요해진다. 그리고 설교자가 구약을 본문으로 설교한다면, 설교는 마르쿠스 보그(Marcus Borg)가 성경의 거시담론(macrostories)이라고 이름한 세 가지 이야기를 그 중심으로 삼게 되는데, 그것은 출애굽, 포로생활과 귀환, 그리고 제사장 전승인 성전 제사 이야기이다. 그는 이들을 구스타프 알렌이 제시한 그리스도의 세 가지 이미지와 유형론적으로 연결하는데, 그것은 승리자 그리스도(출애굽), 희생양 그리스도(희생제사), 그리고 계시자 그리스도(포로에서 해방된)이다.[22] 물론, 이 세 가지는 설교자가 다른 본문들과 관련해서 예수님의 십자가와 부활을 다양한 방식으로 이야기하는 데 도움을 준다. 만일 에덴동산의 타락에 관해 설교한다면, 설교자는 오늘의 회중이 타락 이전으로 돌아갈 수는 없지만 그리스도의 신실하심이 그것을 가능케 하심을 강조할 수 있다. 신약의 많은 본문들은 구약의 본문들이 그리스도의 예형(types)으로 읽히는 것처럼 그 단락을 어떻게 끊느냐에 따라 십자가를 읽어내는 해석 렌즈가 될 수가 있다.

설교에서 이차적 본문의 사용은 성경에 대한 신앙적 활용(devotional use)에 매우 가까운데, 그것이 역사적 의미를 간과한다는 이유로 오늘날 많은 설교자들에게 환영받지 못한다. 모이세스 실바

(Moisès Silva)는 성경을 알레고리적으로 사용하는 것에 대해 개탄하고 무시하다가도 어쩔 수 없이 수용하고 있는 자신의 양면적인 태도에 대해 다음과 같이 소개한다.

> [성]경의 진리를 자신의 삶에 적용하려는 성도들에게 알레고리적 해석은 피할 수 없는 성경읽기이다. …
>
> … [오]늘도 매일 매시간 수많은 그리스도인들이 영적 안내를 받고자 성경을 알레고리화한다는 사실은 재차 언급할 필요가 없다. 게다가 교회들이 인정하는 훌륭한 많은 설교자들은 여전히 그러한 방식을 지속적으로 사용하고 있다. 찰스 스펄전…은 이에 대한 단적인 예 가운데 한 명이다. 그렇다고 그러한 사실이 알레고리적 읽기를 정당화하지는 못한다. 알레고리적 해석이 현대 성경학계에 재활되어야 한다는 말은 분명히 그릇된 제안이다. 그러나 성도들이 일상적으로 읽는 방식과 현저히 동떨어진 해석학적 방식을 발전시키는 것 또한 정당화될 수 없다. 따라서 알레고리적 해석이 기독교 신학을 형성하는 데 중대한 역할을 감당한 점을 깨닫게 될 때 알레고리에 대한 우리의 모순적 태도는 더욱 확연해진다.[23]

알레고리적 읽기에 대한 우리의 불편함은 성경에 대한 사적이고 신앙적이며 목회적인 사용보다는 그러한 탈역사적 읽기가 이미 그런 곳들을 발견할 수 있듯이, 공적인 자리인 강단을 장악할지 모른다는 두려움에서 온다. 하지만 대부분의 설교자와 목회자들은 하나님이 믿음의 공동체를 가르치고 교훈하기 위해 허락하신 역사비평적 읽기와 연약한 성도들을 치유하고 상심한 자들을 위로하기 위해 사용하는 신앙적, 목회적 읽기 사이의 차이를 알고 있다. 사실, 본문을 역사적 관점으로만 설교하는 것은 이차적 본문을 신앙적으로 사용하는 것보다 위험하다. 장례예배에서 "내 아버지의 집에는 거할 곳이 많도다"라는 말씀에 대해 그 본문의 번역이 잘못되었다고 주장하기보다는 그것을 문자 그대로 사용하는 설교자가 보다 신앙 깊은 목회자일 수 있다. 비록 법칙은 아니지만 이차적 본문을 선택할 때 성도들의 귀에 익은 친숙한 구절을 선택하는 것이 보다 적합할 때가 있다. 잘 알려지지 않은 성경의 구절은 새롭지만 성도들에게 낯설 수 있고, 잘 알려진 구절은 익숙하지만 성도들에게 사랑받고 신뢰를 줄 수 있다.

우리는 성경본문의 이차적 사용을 경계할 것이 아니라 적극적으로 수용할 길을 찾아야 한다. 종교개혁은 모든 신자들이 자신을 위해 성경을 읽을 수 있는 권리를 인정했다. 그리고 설교와 공적 예배에 적합한 전문적인 해석만이 성경을 읽는 유일한 길이 아님도 분명히 했다. 그러한 방식은 교리 정립과 도덕적 권면을 위한 토대였을 뿐, 그것만이 옳은 방식은 아니었다.

교리적 읽기로서의 알레고리

설교자가 하나님의 말씀을 선포할 때, 설교는 거의 대부분 그리스도인의 삶의 이야기와 믿음과 관련한 핵심 신조에 초점을 맞춘다. 설교는 어떤 한 본문이 목적이 아니고, 하나님과 믿음을 목적으로 한다. 설교는 믿음의 한 부분을 다루는 것이 아니고, 복음의 진리를 다루는 것이다. 그러나 에드워드 팔리(Edward Farley)는 오늘날의 설교가 이러한 부분들을 결여하고 있음을 발견하면서 설교자가 성경본문에 머물지 말고 성경의 이야기, 상징, 사회적 현실, 비유, 도덕적 지혜, 그리고 편집자의 선입견에 대한 설교로 나아가야 한다고 주지한다.[24] 팔리는 좁은 시각으로 몇몇 본문들에 매달리거나 역사비평을 하면서도 신학적 방향을 제시하지 못하는 설교들을 안타깝게 보았다. 이러한 설교의 좁은 시각은 두 가지 요인 때문인데, 하나는 현대 설교들이 앞선 세기의 설교보다 그 길이에 있어 현저하게 짧아졌다는 것이다. 조나단 에드워드(Jonathan Edwards)와 존 웨슬리(John Wesley)는 2시간 넘게 설교하곤 했다. 둘째 요인은 오늘날 설교가 본문에서 발견한 교리를 주제로 삼아 성경 전체를 바탕으로 그 뜻을 풀어가는 방식이 아닌, 정해진 본문의 단락에 기초한다는 점이다.

성경본문은 성령님의 조명하심만이 아닌, 신학적 읽기를 통해 계시의 말씀으로 들려진다.[25] 설교자가 성경본문을 읽어가는 신학적 관점은 성경이 형성한 것으로, 설교의 (죄와 구원 같은) 중심교리는 본문의 플롯에서 드러난다. 기독교 교리(Doctrines)라는 것은 교회가 성경의 증언에 기초해서 고백하고 가르치는 신앙의 주제로서 각 내용별로 분류되어 있다. 따라서 교리는 성경본문이 기독교 신앙 중에 어떤 주제를 말하려는지를 파악할 수 있도록 도와준다. 로버트 젠슨(Robert Jenson)이 비유 본문에 제기하는 신학적 질문은 다음과 같다.

성경은 하나의 통일된 말씀이다. 왜냐하면 바로 성경이 … 한 편의 **대하드라마** … 단일한 하나의 이야기를 말하기 때문이다. 따라서 가령 비유를 본문으로 설교 준비할 때 설교자가 가져야 할 유일하고 가장 중요한 사명은 **예수님**이 이 비유를 통해 전하려고 하신 바가 무엇인지, **이** 비유를 들려준 자가 부활하신 주님이라는 사실이 어떤 의미인지, 그것을 듣고 믿은 자도, 믿지 않는 자도 **이스라엘**이라는 것은 무엇을 의미하는지, 그리고 오늘 이 비유를 또다시 이야기하는 자가 **교회**라는 것이 무엇을 뜻하는지를 물어야 한다. 그리고 설교자가 이스라엘 이야기의 절정인 예수님의 이야기에서 이 비유가 들려진 정확한 위치가 어디인지를 파악했다면, 설교자는 설교 준비를 끝마친 것이다.[26]

설교자가 성경본문을 향해 던져야 하는 질문 가운데 가장 중요한 물음은 두 가지이다. 하나는 "본문에서, 그리고 그 배후에서 일하시는 하나님의 역사는 무엇인가?"이며, 다른 하나는 "본문과 가장 밀접하게 연관되는 교회의 가르침이나 교리는 무엇인가?"이다. 이에 대한 대답으로 설교자는 "나의 관점은 기독교의 이야기와 의미의 영역 중에서 이곳에 해당하는 해석이다"라고 말하게 된다. 설교의 일관성을 확보하기 위해 설교자는 설교의 주제문장이나 하나님 읽기를 가장 가깝게 표현하는 것이 무엇인지를 확인하고, 그에 따라 설교의 중심교리를 확정하는 데 집중해야 한다. 이를 돕기 위해 생각할 수 있는 것은 설교에 부합하는 교리를 주제별로 목록화하기 위해 조직신학 개론서들의 목차나 색인의 주제를 활용할 수 있다는 점이다.[27] 이러한 자료는 설교자의 생각을 보다 심화시키는 보조자료로서 설교에 직·간접적으로 도움을 준다. 그리고 설교자는 주일 설교를 위해 교리의 어떤 내용을 다룰 것인지를 결정해야 한다. 설교는 각 장마다 신학적 전개가 필요하다. 즉, 설교의 각 단계는 하나님 앞에서의 보다 깊은 회중의 자기인식

(self-awareness)이나 사회적 의식, 그리고 하나님에 대한 보다 심연한 이해로 이끄는 하나의 사상을 발전시켜야 한다.

교회의 십자가와 부활 신앙과 관련하여 설교자가 관심을 갖게 되는 측면이 일명 '부활의 해석학'(resurrection hermeneutic)이다. 이는 예수님의 부활을 렌즈로 하여 성경본문을 읽어가는 것이다. 부활은 앞선 예수님의 말씀에서 읽힐 수 있는데, 특별히 미래적 성격을 지닌 가르침에서 그렇다. 이를 통해 설교자는 부활이 어떻게 그 말씀에 영향을 주고 있는지를 관찰할 수 있다. 달리 말해, 각각의 본문은 성경의 결말을 향하여 있고, 성경의 결말은 각각의 본문을 가리키고 있다. 왜냐하면 그들은 모두 하나의 이야기, 하나의 경전적 구성물이기 때문이다. 따라서 한쪽의 의미는 다른 쪽의 의미와 완전히 별개로 분리되어 이해될 수 없다.

양과 염소의 비유인 마태복음 25장 31-46절은 '민족들을 향한 심판'을 그린다. 많은 민족들이 양과 염소가 구분되듯 둘로 나뉜다. 그리고 그들의 행위에 따라 영원한 심판이나 영원한 생명을 약속받는다. 비유는 악은 결코 승리하지 못하며, 죄악의 행위에는 그 결과가 따른다고 말한다. 이 본문의 이야기는 설교의 전체 내용을 차지할 수도 있고, 그렇게 되어야 할 때도 있을 것이다. 그러나 본문의 내용은 온전한 의미에서 복음을 담아내지 못하고 있다. 왜냐하면 그 내용이 사실이라면 우리는 모두 염소에 해당하고, 우리 가운데 죄 없는 자는 아무도 없기 때문이다. 그러나 우리는 그 심판의 소식 한가운데에 십자가에서 우리에게 다가오시는 분, 심지어 염소들(불의한 자들)을 위해서도 죽으신 그분을 기다릴 수 있다. 이러한 시각은 본문을 부정하지 않는다. 오히려 본문과 긴장하는 십자가를 붙잡게 된다.

마태복음 22장 15-22절에는 "그런즉 가이사의 것은 가이사에게, 하나님의 것은 하나님께 바치라"는 말씀이 있다. 설교자가 이 부분을 십자가와 부활의 렌즈로 읽는다면 우리 가운데 어느 누구도 그럴 수 없음을, 예수님의 가르침대로 바칠 수 없음을 깨닫게 된다. 오직 그리스도만이 하나님의 것(우리의 자신과 전 생애)을 온전히 하나님께 드릴 수 있는 분이다. 초기 교회도 이와 같은 방식으로 이해했는데, 그들은 본문을 '하나님의 형상'(imago Dei)-우리는 창조주의 형상으로 인침 받았다-의 관점에서 읽었다. 따라서 오직 하나님의 은혜로 세례를 통해 그리스도의 죽으심과 부활에 참여함으로써, 우리가 그러한 주님의 명령을 수행할 수 있다. 뿐만 아니라 설교자는 마태복음 23장 1-12절(특별히 12절, "누구든지 자기를 높이는 자는 낮아지고 누구든지 자기를 낮추는 자는 높아지리라")에 대해 세례를 통해 우리가 낮아지되 우리의 옛 사람이 죽기까지 낮아지게 되며, 그리스도의 이름에 힘입어 높아진다고 설교할 수 있다.

성경의 모든 본문은 다른 본문들과 얽힌 복잡한 관계나 기독교 교리의 연결망 속에 위치하고 있다. 성경의 이러한 알레고리적 연결은 결코 창의적이거나 새로운 시도가 아니다. 그것은 성경이 이미 그렇게 구성되었다는 사실일 뿐이다. 알레고리적 연결은 모든 성경주석을 이끄는 '믿음유비'(모호한 본문을 일반적인 신학의 관점으로 풀어주는 것)와 연관된다. 옛 설교자들은 오늘 우리보다 "성경해석은 신앙의 정수에 일관되고 그것과 일치되어야 하며 예수 그리스도에 대한 신앙으로 인도해야 한다"는 것을 더 잘 이해하고 있었다.

예언(Anagogy)으로서의 알레고리

성경의 세 번째 영적 읽기면서 예언과 종말, 그리고 마지막 때(혹은 지옥불이나 유황을 언급하는 설교들)와 관련된 읽기는 '아나고지'(anagogy)이다. 아나고지는 알레고리의 한 형태이다. 왜냐하면 초기 교회는 문자적 읽기나(문자가 그런 것들을 가리킬 때) 알레고리를 사용해서 아나고지를 찾았기 때문이다. 알레고리가 본문에 대한 교리적 이해를 제공한다면, 아나고지는 하나의 특정한 교리를 제공한다고 볼 수 있다. 아나고지는 죽음 이후 영혼의 승천을 통한 그리스도와의 연합이나, 그리스도의 재림, 천년왕국 등과 관계되기에 예언적 읽기 혹은 신비적 읽기라고도 한다. 이 '아나고지'의 원 뜻은 '이끌다'로서, 1100년경 귀버트 드노겐트(Guibert DeNogent)가 다음과 같이 4중 읽기를 소개하면서 일반화 되었다. "… 그리고 마지막 읽기는 미적이면서 영적인 깨달음을 가져다주는 것으로, 우리가 고상하고 천상적인 주제를 다룰 준비가 되어 있다면, 그것은 우리를 삶의 보다 높은 차원으로 안내한다."[28] 신약성경의 이야기들이 미래적 완성을 향하고 있기 때문에 아나고지야말로 옛 설교자들이 추구한 성경의 참된 의미에 도달할 수 있도록 도울 수 있다. 제임스 프리우스는 다음과 같이 말한다. "유일하게 예언적 혹은 신비적 읽기(anagogical sense)만이 궁극적으로 성경의 역사적 의미에 대한 문자적 읽기가 될 수 있다. 왜냐하면 하나님 자신이 성경의 **최종 의미**로서, 만물이 그 뜻을 위해 계획되었고 세워졌기 때문이다."[29]

아나고지는 오늘날 장례예배나 대림절 주간과 사순절 기간을 제외하고는 강단에서 잘 사용되지 않는다. 그것도 본문이 그러한 주제를 다룰 경우에 그렇다. 설교자들이 종말론적 주제를 피하는 이유는 아마도 그것이 난해하거나 그것이 그동안 성경을 왜곡해 왔고, 사람들을 두렵게 하거나(할 린드세이〈Hal Lindsay〉의 *The Late Great Planet Earth*〈Grand Rapids, Mich.: Zondervan, 1970〉의 경우가 그렇다), 아니면 설교자가 그것과 관련해서 무엇을 말해야 하는지 몰라서일 수 있다. 만일 그렇다면 이는 안타까운 일로, 종말론은 소망과 약속에 관한 교리이다. 데이빗 버트릭은 설교자로서 "우리는 세상 속에서 역사하시는 하나님의 행동을 드러낼 수 있어야 한다"고 강조하면서, 그러나 이 시대에 "우리와 함께 하시는 하나님의 임재에 대한 인식이 사라져 버린 것"에 대해 우려했다. 이에 대한 해법은 하나님 안에서 약속된 미래를 설교하고, 세상을 향한 하나님의 계획과 새로운 세상을 생생한 그림언어로 그려내는 것이다. 버트릭은 "종말론은 단순히 미래의 소망이 아닌 우리 가운데 와 있는 미래의 현재성에 관한 교리이다"라고 강조한다.[30]

기독교 이야기의 시작이 창조론이라면, 그 마지막의 이야기가 종말론이다. 설교자는 창조론을 대하는 것처럼 종말론도 친근하게 다룰 수 있어야 한다. 기독교 이야기의 마지막이 하나님의 승리라면 설교자가 종말론 설교를 꺼려할 이유가 없다. 바르트가 안타깝게 생각한 대로 우리는 기독교 교리의 마지막 장에 '종말론'이라는 간결하면서 무해한 내용을 덧붙여야 한다.[31] 종말론은 전혀 위험한 이야기가 아니다.

기독교 이야기의 마지막은 설교자가 성경과 삶의 모든 부분을 어떻게 읽어야 하는지에 영향을 준다. 즉, 어떤 성경본문이든지 이야기의 마지막과 관련해서 해석될 수 있다. 아나고지의 예언적 읽기는 신중한 균형을 요구한다. 왜냐하면 하나님의 나라 혹은 통치는 '지금 여기'(here now)이면서 '아직은 아니'(not yet)며, 하나님을 향한 인간의 행동이면서 인간을 향한 하나님의 개입이고, 인간 역사의 성취이면서 동시에 모든 피조물을 향한 목적이고, 개인적인 구원과 사회적인 구원 모두를 포함하고, 시간의 안과 밖에서 발생하기 때문이다. 설교가 유의해야 할 종말론의 차원은 다음과 같다.

- 그리스도의 재림은 개인과 피조세계를 향한 하나님의 모든 목적에 대한 완성이다.
- 그리스도의 재림은 세상을 심판하는 때로서, 그때 악은 최종적으로 정죄를 받게 된다.
- 육체의 부활은 세례를 통해 참여하고 있는 우리의 삶의 어떤 차원이다.
- 그리스도의 재림 시 일어날 육체의 부활은 그리스도와의 연합을 통한 모든 관계의 회복을 뜻한다.
- 천국은 우리가 그리스도 안에서 성령님의 권능을 통해 하나님의 사랑 안에서 맛보는 삶의 어떤 차원이다.
- 천국은 마지막 영벌과 지옥의 경고에 대비되는 하나님의 정의, 자비, 평화, 그리고 사랑을 알고 경험함을 뜻한다.

라인홀드 니버(Reinhold Niebuhr)는 "천국에서 살게 될 집이나 지옥불의 온도와 같은 내용"에 대한 주장을 경계한다.[32] 많은 신학자들은 종말과 관련한 성경의 언어가 매우 은유적이기 때문에 해석도 그에 맞게 이루어져야 한다는 데 뜻을 같이한다. 이와 관련해서 쉘리 거쓰리(Shirley Guthrie)는 설교자들을 위해 몇 가지 유익한 제안을 소개했다. 그것은 먼저, 설교가 마지막 날 세상에 닥칠 일들을 문자적으로 제시하려 하지 말고, 그날 하나님이 역사의 심판자이면서 구원자로 서신다는 사실을 선언해 달라고 제안한다. 또한 설교가 그날 우리가 어디에서 어떻게 존재할 것인지를 문자적으로 소개하려 하지 말고, 우리가 어떤 존재가 될 것인지와 하나님과 함께하거나 분리되는 것이 어떤 의미인지, 그리고 종말에 관한 단일한 똑같은 그림이 아닌 성경이 제시하는 다양한 그림들에 대해 선포해 달라고 부탁한다. 그리고 하나님이 앞날에 행하실 바에 대해서는 하나님이 과거에 행하신 바의 관점에서 말해 달라고 부탁한다.[33]

다음은 설교자들이 어떻게 그러한 주제를 성경의 상징적 언어를 사용해 창의적으로 다루어 왔는지에 대한 몇 가지 예이다. 여기에 제시하는 예시들은 아나고지가 아직 사라지지 않은 시대의 것들로·당시 설교에서 빈번히 사용되던 예들이다. 당시 설교에서 아나고지는 길지 않았는데, 간략한 언급만으로도 삶에 대한 새로운 시각을 제공했다. 가령, 루터는 "만일 내일 세상이 멸망한다고 해도, 나는 오늘 사과나무 한 그루를 심을 것이다"라는 표현을 설교에 사용하기도 했다.[34] 찰스 스펄전(Charles Spurgeon, 1835-1892)은 고린도전서 15장 55절의 '사망'을 대부분의 사람들이 생각하는 '괴물'이 아닌, '눈이 세상에 대하여는 멀고 하늘을 향해서는 열리는 것'으로 설교했다.[35] 1800년대 후반, 스펜서(I. S. Spencer)는 브루클린 교회에서 동일한 본문으로 행한 설교에서 다음과 같이 말했다. "사망아, 너의 쏘는 것은 어디냐? 사망은 살아있는 피조물에게 공포일 수 있습니다. 그러나 사망은 그리스도인에게 종노릇 하는 것입니다. 여러분이 사망의 주인이지, 사망이 여러분을 주장하지 못합니다. 그것은 결코 여러분을 해하지 못합니다. 사망이 할 수 있는 거라고는 불완전한 성도를 받아서 예수 그리스도의 품 안으로 옮겨 놓는 것뿐입니다."[36]

존 던(John Donne, 1572-1631)은 암울했던 시대, 자신의 아이들과 아내의 죽음을 보면서 다음과 같이 신랄하게 기술했다.

… 그러나 우리가 이 땅의 자궁에서 떠나는 것을 기뻐할 수 있다면, 우리의 무덤은 우리가 믿는 대로 영광에 들어가는 문에 지나지 않습니다. 우리는 감사함으로 이 세상을 떠나고, 영광 가운데 다시 일어날 것입니다. 이 땅에는 우리가 안식할 곳이 없지만, 그곳에는 우리의 영원한 안식처가 예비되어 있습니다. 과녁을 향해 쏘는 사망은 단지 그 화살을 자신의 공포를 향해 쏠 뿐입니다. 자신을 영화롭게 하시는 하나님께서 우리 육체를 무덤 아래 누이시는 것은 그 몸을 영화롭게 하시기 위함이며, 마지막 날에 그것을 다시 자신의 것으로 품으시기 위함입니다.[37]

프레드릭 로버트슨(Frederick W. Robertson)은 요셉이 그의 임종을 예언하는 창세기 50장 24-26절을 요셉의 참된 믿음과 연결하면서 동시에 죽음에 대한 일반적 의미와도 다음과 같이 연결했다.

관이 땅 아래로 내려지고 흙이 떨어지는 어둡고 묵직한 소리가 들릴 때, 그 소리는 어떤 사람들에게 불길한 전조의 메아리로 들릴 것입니다. 그리고 "흙은 흙으로, 재는 재로, 먼지는 먼지로 돌아갈지라"는 말 속에서 그 소리는 단지 영원한 썩음을 생각나게 할지 모릅니다. 그러나 어떤 사람들에게 그 소리는 "영원한 생명으로 열린 부활의 확실하고 분명한 소망"인 영원불멸(immortality)을 약속하는 소리로 들릴 것입니다. 이 둘의 차이는 삶의 차이에서 드러납니다. 천하고 땅의 것을 좇아 산 자들이, 자신들의 삶의 내면이 영원에 사로잡힘을 경험하지 못하면서 어떻게 무덤 너머의 세계를 믿을 수 있을까요? 그러나 요셉처럼 삶을 산 자들은 그들의 순전함과 이타심에 비등하게 삶의 영원성 또한 믿을 것입니다. 그들은 그것을 믿지 않을 수 없습니다. 영원한 생명은 이미 그들의 혈관 속에서 맥박칩니다. …

그렇다면 부활에 대한 우리의 믿음은 어디에 근거합니까? 우리는 그것을 자연세계에서 찾을 수 없습니다. … 죽은 자가 다시 살아났다는 그 사실도 아닙니다. … 오직 성령님의 영원한 생명만이 우리 안에서 그것을 증거합니다. 우리 안에 시작된 영생이 그것이 진리임을 증명하는 살아있는 증거입니다. … 자신 안에 부활이 느껴지는 자만이 부활을 믿을 수 있습니다.[38]

1920년대의 아더 존 가십(Arthur John Gossip)은 자신의 아내의 죽음을 예로 들어 다음과 같이 설교했다.

혹은 그런 죽음을 보면서, 우리는 하나님의 얼굴을 향해 우리의 가장 사랑하는 이들이 가진 삶의 권리를 빼앗는 대신 차라리 우리를 홀로 버려두라고 항변하면서 우리의 사랑하는 이들을 그렇게 떠나는 것을 기꺼이, 그리고 순순히 바라만 보지 않을 것입니다. …

우리가 젊었을 때, 천국은 어렴풋하고 모호하며 희미한 곳이었습니다. 그러나 우리 친구들이 하나 둘씩 그곳에 모여들게 되면, 죽음은 점점 그 얼굴을 내보이고 익숙하게 됩니다. 게다가 우리의 사랑하는 이들이 그 강을 건너갔을 때 죽음이 얼마나 실제적이고 선명한지, 그것이 얼마나 우리 가까이에 와 있는지, 우리가 얼마나 자주 그곳을 훔쳐보게 되는지를 알게 됩니다. 그도 그럴 것이, 우리 주님께서는 우리의 보물이 있는 곳에 우리 마음도 그곳에 있다고 말씀하셨습니다. 그러므로 저는 결코 "저 너머 먼 곳에 행복한 나라가 있다"고 거짓말을 하지 않을 것입니다. 그 나라는 멀리 있지 않습니다. 그곳은 우리와 아주 가까이 있습니다. 그렇기에 성도의 교제(communion of the saints)는 가장 놀랍고 복된 일입니다. 오늘날 "기도한다"는 말은 "집에 간다"는 뜻으로 이해하기도 합니다. 분명 그날에 앞서 간 그들이 우리를 만나러 달려 나올 것입니다. 그리웠던 손으로 우리 손을 맞잡아 주님 앞으로 데리고 갈 것입니다. 그리고 우리가 그곳에 있는 시간 내내 우리 곁에 붙어 서 있을 것입니다 – 꽉 붙어서 말입니다. 우리가 그곳에 있는 동안 말입니다.[39]

오늘 교회는 여전히 옛 설교자들을 통해 어떻게 죽음과 마지막 때에 대해 설교할지를 배울 수 있다. 그러나 오늘날 설교자는 그것에 더해 정의와 평등, 평화와 환경 문제를 종말론의 관점에서 다루어야 하는 보다 많은 과제를 안고 있다. 이러한 현대 설교의 특성을 단적으로 보여주는 가장 대표적인 예가 마틴 루터 킹 주니어(Martin Luther King, Jr.)의 "나에게는 꿈이 있습니다"(I Have a Dream)라는 설교일 것이다. 그는 시민평등운동(Civil Rights movement)의 승리와 더불어 만물을 계획하시고 이끌어 가시는 하나님의 영원한 나라의 비전을 설교했다.[40] 설교에서 이러한 예언적 해석은 장황할 필요가 없다. 엘리자벳 악트마

이어(Elizabeth Achtemeier)는 그의 설교에서 많은 대도시들의 비극적 상황을 아래와 같이 간략하게 기술했다.

> 우리는 스가랴의 약속이 결국 예수 그리스도 안에서 온전히 성취될 것을 압니다. 그리고 우리의 도시와 세상의 모든 도시가 믿음의 도시가 될 것도 고백합니다. 하나님은 우리 삶의 한가운데 우리의 통치자와 아버지로 거하십니다. 뿐만 아니라 늙은 남자와 여자들도 다시 공원에 앉아 그들 손에 쥔 지팡이로 모든 세대를 가르칠 것입니다. 그리고 도시의 모든 거리는 광장에서 뛰노는 소년과 소녀들로 가득 찰 것입니다.[41]

끝으로, 코넬리어스 플랜팅아 주니어(Cornelius Plantinga, Jr.)는 다음과 같이 설교했다.

> 예수님의 말씀은 우리의 머리와 소망을 일깨우는 말씀입니다. 과연 정의가 이 땅에서 실현될 수 있을까요? 아내를 향한 남편의 폭력이 멈추는 날이 올까요? 아내들이 자신을 향한 원망과 자책이 멈추는 날이 과연 오게 될까요? 과연 야시르 아라팟(Yasir Arafat, 팔레스틴 해방기구 의장)과 에훗 바락(Ehud Barak, 이스라엘의 총리)이 서로의 눈을 맞추고 형제애를 나누는 날이 오게 될까요? 우리 가운데 삶을 잠식하는 각종 중독과 질병과 싸우는 자들이 하나님에 의해 자유케 되고 하나님 나라에서 당당히 걷게 되는 그날이 과연 올까요? 과연 예수 그리스도께서 우리의 빈곤으로 찌든 마음으로는 결코 상상할 수 없는 방식, 곧 이 사회를 구분 짓는 현실에 대한 자신 있는 확신을 단숨에 지워버리는 방식으로 우리 가

운데 임재하실까요?

우리가 하나님의 나라를 믿는다면 우리는 기도할 것이고, 더할 나위 없이 그러한 일들을 소망하게 될 것입니다.[42]

적어도 설교자는 성경본문이 제공하는 실마리를 통해 우리 시대의 난제가 어떻게 하나님의 시간 안에서 극복되는지를 꿈 꿀 수 있다. 나아가 설교자는 미래적 종말론만이 아닌, 예수님께서 이 땅에서 하나님의 통치를 시작하셨음을 인지하는 실현된 종말론을 몇 가지 측면으로도 언급할 수 있다. 미래는 하나님의 구원의 경륜 안에서 현재 안에 들어와 있으며, 우리는 그것을 이미 맛보고 있다.

마치는 글

아나고지를 마지막으로 지금까지 성경의 4중 읽기에 대한 탐구의
여정을 가졌다. 4중 읽기는 설교자들이 성경을 접하고 읽어갈 때 사용
하는 방법들이 무엇인지 규명하고 확인하는 데 유용하고, 그 각각의
읽기는 설교자에게 성경을 읽고 접근하는 다양한 길을 안내해 준다.
그러나 본서에서 다루지 못한 그 밖의 방법론들이 있는데, 먼저, 우리
는 문학비평을 심도 있게 다루지 못했다. 심지어 인종, 성, 경제 계층
적, 그리고 그와 유사한 관점으로 읽는 방법에 대해서는 논의를 시도
하지 못했다. 대신 본서가 집중한 범위는 우리의 옛 설교자들에게 익
숙했고, 오늘 강단이 절박하게 회복해야 하는 신학적 해석과 하나님
읽기(God sense)였다.

옛 설교자들은 오늘 설교자들에게 4중 해석이라는 풍성한 유산을

물려주었다. 보다 정확히 말해, 설교자가 4중 해석을 그대로 받아들인 다는 것은 역사와 문학비평을 병행하는 문자적 읽기가 설교에 적합함을 의문 없이 수용하는 것을 뜻한다. 오히려 오늘 설교자들은 옛 설교자들이 찾은 최상의 방법을 재발굴하여 오늘 교회들의 필요를 채울 수 있어야 한다. 옛 설교자들은 설교의 목적을 하나님을 생생하게 말하면서 성경이 증언하는 하나님 중심의 세계를 전달하는 것으로 보았다. 교회의 거의 모든 역사에서 하나님 읽기는 성경이 문자와 문맥을 통해 가장 명료하게 구술하는 바를 읽어내는 것으로, 옛 설교자들에게 역사와 연결하는 비평적 도구들이 부족했을지라도 어거스틴과 그 밖의 다른 설교자들은 적어도 문자의 이중적 읽기만큼은 설교를 위해 절실하다고 보았다. 오늘의 설교자들에게도 문자의 이중적 읽기가 요구된다. 이는 오늘에 있어서도 설교가 가능한 것은 성경본문에 대한 역사와 문학비평적 읽기에 신학비평적 읽기가 더해지기 때문이다.

이제 역사 혹은 문학비평이 설교자를 곧장 강단으로 인도해 줄 것이라는 기대는 잊어야 한다. 분명 그것들은 본문이 실제로 의미하는 바와 문자적으로 무엇을 뜻하는지를 분명하게 알려준다. 게다가 그것들은 본문이 원 저자와 공동체에게 의도했던 역사적인 의미를 설교자가 이해할 수 있도록 도와준다. 그 과정에서 설교자는 때로 신학적 통찰을 제공받기도 한다. 그러나 그것은 성경본문이 지닌 일관된 통일성을 어느 정도 보장해 주는 방식을 통해서만이 가능하다. 왜냐하면 성경의 내적 통일성이 담보되지 않고는 성경이 교회의 신앙과 삶을 위한 규범으로 자리할 수 없기 때문이다. 설교자는 성경을 주석하면서 역사비평적 도구와 관련 자료, 그리고 사회과학적 관점을 동원한다. 주석적 읽기(exegesis)는 본문의 객관적 의미를 캐내어 나오는 것이지만, 해체주의자들은 설교자가 본문에서 가지고 나오는 것은 그가 본문으로 가지고 들어가는 어떤 것임을 보여준다. 설교자가 보다 '과학적'(scientific)이거나 '절대적'(absolute)인 표준을 추구한다 하더라도, 그가 취하는 그 어떤 읽기도 부득불 한계를 벗어날 수 없으며, 그렇기에 성경을 읽는 다른 방식이 본질적으로 설교에 도움이 되지 않는 것처럼 보일지라도 설교자는 그것들에 언제나 자신을 열어두어야 한다.

　성경을 단일한 방법으로 읽는 것은 불가능하다. 신학비평은 설교자가 믿음의 관점으로 본문의 안과 그 배후에서 하나님에 대해 말하는 것을 읽어내도록 안내한다. 역사적 읽기와 신학적 읽기의 과정은 유사하나, 각각이 찾아주는 의미는 상이하다. 이 둘은 신중하게 다루어져야 하는데, 그렇지 않으면 양쪽 중에 한 쪽이 간과되기 쉽다. 주지의 내용은 역사적이고 신학적 읽기는 모두 하나님 읽기라는 점이다. 성경이 교회의 규범으로 읽히고 교회가 설교에 대한 새로운 확신을 가진다면 그 둘은 모두 사용되어야 한다. 그럼에도 대체로 설교자들은 신학비평(theological criticism)을 주석(exegesis)으로 생각하지 않는다.

　설교비평(homiletical criticism)은 그와 유사한 주석 방법이다. 이것은 옛 설교자들의 영적 읽기가 물려준 유산이다. 설교비평은 문학비평과 유사한 것으로, 보통 성경해석을 위한 공시적 축(synchronic axis)으로 기능한다. 공시적 읽기란 본문이 현재적 맥락 안에서 그 앞으로 내비치는 의미를 읽어내는 것이다. 성경본문을 도덕적 교훈을 목적으로 읽는 경우, 설교자는 하나님이 본문에서 행하시는 바를 오늘 회중이 실천해야 할 교훈으로 적용하게 된다. 그러나 이것은 복음을 심판하는 율법 아래에 묶어두는 것이다. 그러나 도덕적 읽기는 한편으로는 일방적 요구이면서도, 다른 한편으로는 십자가에서 그리스도께서 성취하신 약속의 내용이기에 과장된 신앙의 실천으로 안내하는 것 같다. 그러나 설교자는 이 둘 중에 어느 것도 외면해서는 안 되고, 둘을 서로 긴장적 관계에 두어야 한다. 왜냐하면 성도 개인은 자신 스스로의 구원을 '두려움과 떨림'(빌 2:12)으로 이루어야만 하는 긴장 속에 있기 때문이다.

본문을 파악해 내는 것(leading out)과 동일한 주석 과정은 설교의 전 과정을 통해 이어진다. 따라서 성경본문에 대한 해석은 설교작성 전이 아닌, 설교가 최종적으로 전달되거나 더 이상의 수정이나 변경이 불가능한 때에 완료되게 된다. 우리의 옛 설교자들은 그릇된 알레고리를 철장에 가두었지만, 그것은 때때로 도망쳐 나가기도 했다. 그러나 그들이 창안해 낸 모범적 알레고리는 성경해석이 어떤 것인지를 보여주는 규범으로서 오늘날 설교에서 보다 세련된 형태로 지속되고 있다. 성경본문은 설교에 하나의 이미지 형태로만 존재하기에, 그 해석은 설교와 함께 진행된다. 알레고리는 "본문의 이 의미는 설교에서는 이 의미이다"라고 일러주면서 그들 사이의 다원적이고 다층적 대화를 가능케 한다. 설교자가 성경본문을 다른 본문이나 오늘의 구체적인 상황과 연결시킬 경우, 그들은 상반된 양쪽 세계 간에 오가는 의미적 다리를 만들게 된다. 결국 모범적 알레고리를 읽어내는 안목은 그릇된 알레고리를 식별하는 데 도움을 준다.

설교학적 읽기와 설교를 실제적으로 구성하는 방법과 관련해서는 대체로 별도의 영역으로 다루기는 하지만, 설교자는 설교를 위한 성경해석을 세 가지 비평적 읽기(역사-문학-신학) 간의 조합으로 이해한다.

사실, 설교자는 비평적 읽기를 삼위일체적 관계로 생각하는 데 익숙하지 않다. 설교 과정에서 이 셋의 일체적 관계를 인식하지 못하게 되면, 설교는 특별히 설교학의 외부에서 볼 때 피상적인 실천영역으로 간주되고, 설교학 내부에서 볼 때 설교는 비평적이든 그렇지 않든 그 어떤 '방법'과 상관을 갖지 않는 실천으로 오해받게 된다.

설교학자로서 나의 확신은 "설교학을 삼위일체적 관점으로 이해하는 것이 설교자가 실제로 성경을 가지고 무엇을 행하는지를 말해 준다"라는 데 있다. 설교를 위한 세 가지 비평적 읽기를 분류하고 정리함으로써 설교자는 자신의 사역에 대한 보다 넓은 안목을 가질 수 있게 될 뿐만 아니라, 성경을 옛 설교자들이 개척하고 발전시킨 것들에 더해 새로운 방법론으로 읽을 수 있는 자유를 누리게 된다. 따라서 본서는 설교자를 보다 신앙 중심적인(faith-centered) 성경읽기와 설교에서 성경을 진실되이 전달하는 보다 창의적인 방식으로 초대하는 데 그 의의가 있다.

지금까지의 논의에서 우리는 성경을 한 권의 말씀으로 이해한 고대의 성경해석 방식이 보여준 당시의 시적 세계관을 떠올릴 수 있다. 포스트모던 시대의 어떤 신자들은 부러운 시선으로 고대의 통합된 세계관을 보면서 당시 성경과 과학, 신학 모두가 한데 어우러진 동일한 하나님의 옷이었고, 마치 성경이 그 모든 부분을 통해 당대에 말씀하시는 사랑의 하나님에 의해 작성된 것처럼 세계도 그분의 확실한 계획에 깔끔히 들어맞았던 점을 그리워할 수 있다. 당시의 세계에서 모든 것은 그리스도를 의미했고, 만물은 대교향곡에 따라 흐르듯 하나님의 미래적 목적을 향해 움직였다. 물론, 오늘 우리 역시 그와 동일한 세계관을 가질 수 있지만 다소 냉소적인 시각임이 분명하다. 왜냐하면 우리는 역사의 교훈을 통해 그런 세계관이 과학과 역사의 반대방향으로 향할 수 있고, 사회적으로는 그러한 세계관이 편협하고 완고하며, 우리와 같은 입장을 갖지 않은 자들을 억누르는 쪽으로 향할 수 있다는 것을 알고 있기 때문이다. 요컨대 본서의 목적은 고대의 시적 세계관을 다시 회복하려는 것이 아니다. 오히려 오늘의 설교를 위해 성경에 접근하는 보다 성숙하고 믿음에 기반한 성경해석의 길을 회복하는 데 있다. '그때'와 '지금' 중에서 우리 쪽 해변을 쓸어 가버린 모든 변화의 물결로 인해, 오늘 우리 그리스도인들의 세계에는 여전히 하나의 노래가 남아 있다. 우리가 부르는 음악이 우리의 시대와 문화 쪽에 기울어져 있고, 그래서 그 음악이 더 이상 우주적으로 들려지기를 기대할 수 없다 해도, 우리가 부르는 노래는 여전히 우리 선조들이 불렀던 많은 유형, 주제, 화음과 동일한 것들을 전달하고 있다. 그리고 그것은 하나님을 계속해서 찬양하는 만세의 합창 속에 지금도 노래하고 있는 오늘 설교자들의 목소리의 중요성을 일깨워 준다.

향후 설교비평(알레고리와 예언적 주석)을 위한 질문 요약

1. 나는 본문과 오늘을 의미 있게 연결시키고 있는가?
2. 내가 확인한 본문의 관심사(concerns of the text)는 무엇인가?
3. 그것들이 파생하는 설교의 관심사(concerns of the sermon)는 무엇인가?
4. 이러한 관심사를 짧은 문장으로 작성했는가?(단문형태)

5. 그것들은 완성된 문장인가?

6. 나는 설교전개를 위해 최상의 것을 선택했는가?(2-3개)

7. 내가 정한 본문의 주요 관심사(major concern of the text, 중심주제 혹은 하나님 읽기)는 하나님의 은총적 행동에 초점을 두고 있는가?

8. 설교의 첫 페이지를 위한 본문의 관심사가 본문의 주요 관심사를 예상케 하는가?

9. 설교의 관심사로 이동하면서 오직 하나의 용어만을 바꾸었는가?

10. 설교의 관심사를 설정함에 있어서 비평적인 신학적 사고를 했는가?(그것들 스스로가 의미 있는 어떤 것을 말하고 있는가?)

11. 본문과 다른 본문들을 의미 있게 연결시키고 있는가?

12. 그런 연결들이 확실하고 실제적인지를 확신하는가?

13. 설교의 깊이와 내용을 더하기 위해 적절한 다른 성경구절들을 인용했는가?

14. 본문을 설명하는 예화로서 다른 성경의 이야기들을 고려했는가?

15. 성경에 나오는 구속적 이야기들 가운데 하나와의 연결을 시도했는가?(가령, 승리자 그리스도/출애굽, 희생양이 된 그리스도/제사장적 희생, 계시자인 그리스도/포로 됨에서 놓임)

16. 본문과 교회의 교리를 의미 있게 연결했는가?

17. 본문의 주요 관심사는 어떤 교리를 가장 잘 표현하고 있는가?

18. 설교는 그 교리의 어떤 면을 발전시킬 수 있는가?

19. 설교의 관심사가 신학적으로 발전될 가능성이 있는가?

20. 설교가 각 단계마다 신학적 움직임을 지니고 있는가?

21. 예수님께서 이 본문으로 설교한다면 어떤 차이를 만들어 내실까? 설교자가 모든 이를 위해 부활하신 주님이라면 어떻게 설교하실까?

22. 설교자가 참된 선지자라면 그것이 설교를 어떻게 바꿀까?

23. 이스라엘이 이 본문을 듣고 믿는다면(혹 믿지 않는다면) 이 설교는 어떻게 달라질 수 있을까? 혹은 교회가 본문을 다시 들려준다면?

24. 부활해석학을 본문에 적용할 수 있는가?(예, 예수님의 말씀은 그의 부활에 어떤 영향을 주고 있는가?)

25. 본문에서 종말의 때를 가리키기 위해 예언적 읽기를 사용하고 있는가?

26. 만물의 마지막이 본문과 현재에 소망을 불어넣고 있는가?

27. 설교가 세상의 마지막이 어떻게 될 것인가보다는 영원을 통치하시는 하나님의 품성에 보다 집중하고 있는가?

28. 나의 종말의 그림에는 정의, 평등, 평화, 회복된 창조를 꿈꾸고 있는가?

29. 나는 실현된 종말론이라는 표현을 허용하고 있는가?(예, 미래적 현재)

30. 나는 '천국의 가구'와 '지옥의 온도'라는 표현을 피하고 있는가?

부록

하나님의 치유

(눅 3:1-18, 2000.12.10. 설교)

제가 다섯 살이던 때, 저희 가족은 애드몬튼의 북쪽 지역에 살았습니다. 매일 아침식사 후, 어머니는 저와 누이에게 두 개의 갈색 유리병에 든 약을 꺼내어 먹이곤 하셨습니다. 하얀색 뚜껑의 병에는 크고 뚱뚱한 붉은 색 비타민제가 들어 있었습니다. 그 비타민 알약을 먹는 비결은 약을 입에 넣은 다음, 두 손으로 잔을 잡고 입으로 가지고 간 다음, 누군가 옆에서 말을 걸어오기 전에 삼키는 것이었습니다. 그러면 그 약은 입 안에서 녹기 시작했습니다. 그 맛은 영 좋지 않았습니다. 그런데 두 번째 것은 더 심각했습니다. 그것은 생선 대구의 간에서 축출한 기름으로 만든 약이었습니다. 당시는 캡슐 약이 없던 시절이었기에 한 큰술 듬뿍 담아 먹어야 했던 저로서는 그 지린내 나는 냄새와 액면 그대로의 생선 기름 맛을 피할 수가 없었습니다. 제아무리 그 약들이

부록 · 297

몸을 튼튼하고 건강하게 해 준다고 해도 저에게 도움이 되지는 못했습니다. 때때로 어떤 것이 우리에게 유익하다는 것을 알아도 그것이 좋은 일을 행하는 데 도움이 되지 못할 때가 있습니다. 많은 사람들에게 구원이라는 것이 그럴 것입니다. 우리는 우리에게 필요한 것이 무엇인지를 알지만, 정작 그것을 행하지 않을 때가 많습니다.

　세례 요한을 그린 가장 오래된 그림 중에 광야 한가운데 서서 예수님의 오심을 선포하는 그의 모습을 담은 그림이 있습니다. 그런데 흥미로운 것은, 요한의 뒤편에 있는 바위들 사이로 빨간색 적십자 표시가 새겨진 흰색 텐트가 눈에 띕니다. 저는 누군가 의도적으로 그렇게 그렸다고 생각합니다. 그 그림은 요한이 먹기 힘든 쓴 맛 나는 약을 조제해서 자신을 보러 온 모든 사람에게 나누어주는 장면을 상상케 합니다. 예루살렘에서부터 시작해서 그가 설교하던 요단강변의 그 광야까지 길게 줄 선 사람들은 요한이 조금씩 나누어주는 그 알약을 입에 넣고 삼켜야 했을 것입니다. 요한은 어떤 사람들에게는 "이 독사의 자식들아, 누가 너희에게 다가올 진노를 피해 도망가라고 했는가?"라고 말하고, 다른 사람들에게는 "회개에 합당한 열매를 맺으시오"라고 말합니다. 또 어떤 자들에게는 "네 스스로 '아브라함이 우리의 조상이다'라고 말하려고 하지 마십시오"라고 말하면서 그는 이렇게 설교를 이어갑니다. "눈이 있다면 땅에 반짝이는 이 모든 돌들을 보십시오. 하나님은 이 돌들을 가지고도 그분의 자녀로 삼을 수도 있습니다. 더 이상 나에게 당신들의 출생신고서나 여권을 내보이려 하지 마십시오. 나는 당신이 어디 출신이고, 당신의 가족들 중에 누가 있는지, 또 당신의 벽에 누구의 초상화가 걸려 있는지, 당신 할머니의 가정부의 이름이 뭔지에 관심이 없습니다. 이제 하나님이 오고 계십니다. 그러므로 당신들의 창조주 앞에 서서 그분을 맞이할 준비를 하십시오. 여러분이 하나님 앞에 설 때는 가족 입장권이나 자유 통행권 같은 것은 통하지 않습니다. 물론, 그때는 출입구 옆쪽에 서서 여러분이 뒷문으로 들어갈 수 있도록 문을 잡고 서 있어 줄 친척도 없습니다. 여러분이 하나님 앞에 설 그때, 여러분이 자랑삼는 가문의 유산은 아무런 의미가 없습니다. 여러분이 명문 집안과 사돈 맺은 것도 부차적인 게 되어 버립니다. 그날 여러분은 하나님 앞에서 홀로, 당신 자신과 당신이 행한 것들만 가지고 서 있게 됩니다. 그리고 거기서 당신 자신에 대해 해명해야 하고, 책임을 져야만 합니다. 하나님이 가까이 오고 계십니다. 이제 괴로운 날이 멀지 않았습니다."

세례 요한은 결코 친구들과 잘 어울리고, 사람들과 좋은 관계를 유지하는 방법에는 관심이 없었습니다. 그는 주일 예배 후 얼마나 많은 성도들이 계단을 내려가면서 자신의 설교 때문에 불쾌해 할는지에 대해서도 연연해하지도 않았습니다. 그는 예배를 마친 후 입구에 서서 성도들에게 성탄축하나 송구영신의 축복을 기원하는 인사를 하지 않았습니다. 만일 당신이 당신의 구세주를 알지 못한다면, 굳이 성탄축하 인사를 받을 이유가 없지 않겠습니까? 당신과 상관없는 자의 탄생으로 기뻐할 이유는 없기 때문입니다. 그는 있는 그대로 표현하는 사람이었습니다. 그는 성도들을 불쾌하게 만드는 데 선수였습니다. 왜냐하면 그들이 불쾌하게 느끼는 데는 그만한 이유가 있기 때문입니다. 그들은 회개해야만 했습니다. 현재의 삶에서 돌이켜야 했습니다. 주님이 오시는 길을 반듯하게 해야만 했습니다. 그러나 그들은 현재의 삶에 안주했습니다. 400여 년 동안 이스라엘에는 참된 회개가 없었습니다. 오랜 동안 참회를 촉구하고 지옥 불을 연상케 하는 설교가 사라졌습니다. 그러나 이제 그들의 옷자락을 불로 태우기라도 하듯 그들을 놀라게 하는 설교가 나타났습니다. 요한의 설교를 듣고 있던 사람들 중에는 하나님의 진노가 지금 당장 임하기보다, '다가오고 있다는 것'과 그것을 준비할 시간이 있다는 것이 더 낫다고 생각하는 자들도 있었습니다. 세례 요한은 사람들을 괴롭게 했고, 그들로 회개하지 않으면 안 되게 했습니다. 그들은 하나님 앞에 바로서기 위해 무엇을 해야 하는지 알고 싶어 했습니다. 그렇기에 요한은 그들 한 사람 한 사람에게 맞는 쓴 맛 나는 약을 조제해 나누어주었던 것입니다.

그러나 저는 오늘 여러분에게 세례 요한에 대해 많은 얘기를 하지 않으려 합니다. 여러분은 이미 저마다 그를 만났거나, 그의 경고를 듣거나, 그가 여러분을 위해 조제한 한 큰술의 약을 먹어야 하는 순간이 있었을 것입니다. 그것은 아마도 첫눈이 오는 어떤 아침이었을 수도 있고, 아니면 저처럼 어떤 외투를 입고 나가야 할까 고민하던 중이었을 수도 있습니다. 밝은 청색의 바바리는 면으로 된 천 조각에 불과하지만, 그 속에 콤비 상의를 받쳐 입으면 바바리가 살 수 있을 테고, 아니면 좀 더 격식 있는 코트가 나을 법도 하고, 그것도 아니면 지난 7년 동안 한 번도 입지 않았던 벨트 달린 롱코트가 있긴 한데 그건 꽤 추울 듯하고, 그것도 아니면 에디 바우어(Eddie Bauer) 제품의 방수 바람막이 점퍼는 어떨까 고민을 하고 있던 순간 말입니다. 그리고 아직도 결정을 못하고 있던 그때에 세례 요한이 옷장 속의 외투들 뒤에서 튀어나와 저를 쏘아보면서 "누구든지 외투 두 벌을 가진 자는 없는 자와 나누어야만 한다"고 말하는 것입니다. 세금보고를 속일 방안을 궁리하고 있던 자를 향해서는 고함을 치면서, "당신에게 허락된 것 외에는 탐하지 말라"고 경고합니다. 그렇다고 세례 요한을 남은 후식 쿠키나 크리스마스 케이크에 손을 대려 할 때 우리의 죄책감을 찌르는 고발인 정도로 본다면 그것은 그를 오해하는 겁니다. 세례 요한의 관심은 사소한 것들이 아닙니다. 그는 여러분이 남몰래 입 안에 넣은 초콜릿이 몇 개이고, 여러분이 거실 벽을 어떤 색으로 칠했는지를 따지지 않습니다. 그는 보다 큰 문제를 봅니다. 그것은 우리가 다가오시는 주님을 위한 길을 준비하는 일입니다. 그는 여러분과 하나님 사이에, 혹은 여러분과 여러분의 이웃 사이에 무엇이 가로막고 있는지를 알고 싶어 합니다. 여러분의 영혼에 어떤 문제가 있는지, 여러분의 삶의 한 부분을 괴롭히는 죄가 무엇이며, 그것이 어떻게 온타리오 호수처럼 작용하면서 여러분을 현재의 삶에서 영원한 구원이 기다리는 맞은 편 삶으로 가는 것을 가로막는지를 알고 싶어 합니다. 세례 요한은 우리 각 사람을 위해 조제한 먹기 불편한 여러 가지 약을 가지고 있습니다. 왜냐하면 우리는 저마다 하나님의 성도들에게 맞지 않는 무엇인가를 지니고 있기 때문입니다. 그러므로 이제 가만히 앉아서 여러분의 입을 크게 벌리십시오. 그러면 세례 요한이 그간 여러분들이 먹지 않으려 했던 그 불쾌한 약을 여러분의 입에 넣어 줄 것입니다. 세례 요한이라는 의사가 우리에게 먹이려는 약에 비하면, 대구의 간에서 짠 기름 맛이 더 낫습니다. 그래서 우리는 분명 그가 넣어준 약을 맛 본 후에 급히 입을 헹궈 내려고 할 것입니다.

저는 세례 요한이 그가 남긴 메시지로만이 아니라 실제로 제 주변에 있어주었으면 바랐었습니다. 지금부터 열흘 전, 저희 대학 공동체에 비극적인 사건이 발생했습니다. 우리 중에 두 명의 학생이 있었는데, 그들은 모자지간이었습니다. 그 둘은 모두 교회를 열심히 섬기는 사람들이었습니다. 그런데 아들이 어머니를 살해했습니다. 아들은 정신질환을 앓고 있었습니다. 그 사건을 대하면서, 세례 요한의 경고의 메시지가 대체 어떤 유익이 있는 것인지 생각하지 않을 수 없었습니다. 우리는 장례식에서 그 어머니와 아들을 위해 기도했습니다. 그리고 이번 주는 몬트리올의 에코폴리텍 공과대학에 다니던 14명의 여학생이 여성혐오자인 한 남성에 의해 살해당한 지 12주년이 되는 주간입니다. 도대체 그 사건이 벌어지기 전, 죄를 책망하고 회개를 선포하던 세례 요한은 어디 있었단 말입니까? 분명 그는 그 자리에 없었습니다. 그는 그저 성경 속의 선지자에 불과했습니다. 그렇기에 오히려 우리가 의지할 소망이 있다면, 그것은 세례 요한이 아닌 그가 가리킨 분, 메시아, 예수 그리스도입니다.

사실, 우리는 우리가 계획하는 대로 잘못된 삶을 바로잡을 수 있습니다. 그럼에도 우리는 여전히 하나님 앞에서 옳게 설 수 없습니다. 우리는 메시아의 오심을 준비할 수 있습니다. 그분이 머물 곳을 위해 지하실부터 시작해서 천장까지 작업을 할 수 있고, 또 그렇게 해야만 합니다. 지금부터 시작해서 우리 삶의 황혼기까지 준비할 수 있고, 또 그렇게 해야만 합니다. 그럼에도 우리는 여전히 하나님 앞에서 옳다 인정받을 수 없을 것입니다. 얼마나 오랫동안 열심히 준비한다 할지라도, 우리는 스스로 구원을 일궈낼 수가 없습니다. 태양의 일몰 직전에도 우리는 하나님이 필요합니다. 우리가 주님 오실 길을 완벽하게 준비했다 해도 여전히 우리에게 구세주는 필요합니다. 주님, 우리를 도와주옵소서! 하나님은 우리가 행하는 잘못을 아십니다. 사도 바울은 "내가 원하는 바 선은 행하지 아니하고 도리어 원하지 아니하는 바 악을 행하는도다"(롬 7:19)라고 말합니다. 하나님은 우리가 우리를 구원할 수 없음을 아십니다. 우리가 광야에 있는 세례 요한을 볼 때, 우리는 동시에 하나님이 일하고 계심도 보는 것입니다. 하나님께서 책임자이십니다. 하나님께서 그리스도를 위해 길을 예비하고 계십니다. 그것이 하나님께서 행하시는 바입니다. 하나님은 요한이 엘리사벳과 스가랴 사이에서 나기 전, 그를 선지자로 택하셨습니다. 하나님은 그를 광야로 불러내 선포하게 하셨습니다. 그에게 강한 목소리를 주어 모든 군중에게 들리도록 하신 분이 하나님이십니다. 그에게 선포할 확신을 주신 분이 하나님이십니다. 그에게 선포할 진리를 주신 분도 하나님이십니다. 하나님께서 그에게 성령의 은사를 주어 그가 하나님과 연합할 수 있게 하셨고, 믿음과 용기를 갖도록 하셨습니다. 요한에 관한 모든 이야기의 시작과 끝에 하나님께서 일하고 계시며, 하나님께서 우리의 구원자가 오시는 길을 예비하고 계십니다.

하나님께서 일하고 계십니다. 요한은 이것을 알고 있었습니다. 요한은 사제들의 모임, 곧 예루살렘의 종교 기관장들이 그를 만나려고 왔을 때 기분이 좋지 않았습니다. 그는 그들을 "독사의 자식들아!"라고 부르면서, "누가 너희에게 일러 장차 올 진노를 피하라 하더냐?"라고 일갈했습니다. 그는 개인적으로 그들에게 회개의 기회가 주어지지 않고, 기다린 멸망의 심판이 임하기를 원했습니다. 그러나 "누가 너희에게 일러 장차 올 진노를 피하라 하더냐?"라는 물음을 통해 요한은 그가 누구인지를 이미 밝히고 있었습니다. 하나님이 그렇게 말씀하셨습니다. 하나님이 그들에게 다가오는 진노를 피하라 말씀하셨습니다. 하나님께서 그의 아들, 예수 그리스도가 오는 길을 예비하고 계셨던 것입니다. 하나님은 창조 이래 지속적으로 그의 백성들에게 영원한 생명으로 열린 길을 알려주고자 하셨습니다. 그리고 하나님은 그 길이 열린다면, 그것은 우리의 행위로 인하지 않음도 알고 계셨습니다. 우리는 우리 스스로를 구원할 수 없습니다. 하나님께서 친히 우리를 위하여 구원을 이루십니다.

그리고 이것이 이 계절에 우리가 축하하는 모든 것입니다. 하나님은 우리의 구원을 위해 우리를 준비시키십니다. 동시에 우리를 위하여 우리의 구원을 준비하십니다. 혹 여러분에게 너무도 힘들어 오를 수 없게 보이는 절망의 계곡이 있습니까? 삶의 평안을 누리기에는 너무도 높아 뛰어 넘을 수 없는 산과 같은 장벽이 있습니까? 삶의 바른 방향을 잃어버려 방황의 한가운데 있습니까? 이사야 선지자가 전하는 복음의 소식은 실현된 하나님의 구원을 노래하고 있습니다. "모든 골짜기가 메워지고 모든 산과 작은 산이 낮아지고 굽은 것이 곧아지고 험한 길이 평탄하여질 것이요 모든 육체가 하나님의 구원하심을 보리라 함과 같으니라"(눅 3:5-6). 너무도 커서 문제가 되고, 너무도 악질인 죄는 없습니다. 그리고 너무도 위중해서 오시는 주님께서 싸매지 못할 상처는 없습니다.

제가 지난주 달라스에 다녀왔는데, 그곳에서 한 분이 자신의 고등학교 시절에 대해 말하는 것을 들었습니다. 그는 풋볼을 좋아했고, 그것을 진로로 정했습니다. 그는 유망한 쿼터백이었습니다. 그런데 허리에 부상을 당했고, 결국 풋볼을 포기해야 했습니다. 그는 허리에 대는 부목을 차고 지내야 했습니다. 또한 근시가 심해져 각테 안경을 착용해만 했습니다. 여자친구도 그를 버렸습니다. 거기에 그의 얼굴에 난 여드름은 심각한 정도였습니다. 그는 자신의 삶을 긍정적으로 받아들일 수 없다는 것을 알게 되었습니다. 매일 아침, 학교에 가기는 아직 어두운 새벽시간에 그의 어머니는 그의 방을 찾았습니다. 그리고 그녀는 그의 침대 머리맡에 앉아 아들의 어깨에 손을 얹고 부드럽게, 아주 부드럽게 흔들의자가 움직이듯 앞뒤로, 앞뒤로 어루만졌습니다. 그리고 그렇게 하는 내내 그녀는 남부 특유의 사투리로, "예쁜 내 아들, 예쁜 내 아들"[1]이라고 말했습니다. 이것이 홀로 설 수 없이 망가진 한 소년을 향한 말이었고, 그 말이 매일 아침, 하루를 시작하게 한 첫 마디의 말이었습니다.

오늘 이 시간, 그렇게 하나님은 우리에게 말씀하시며 오십니다. 하나님은 그의 손을 이 땅의 요람에까지 뻗어 우리 인류에게 말씀하십니다. "예쁜 내 아들 딸아! 예쁜 내 아들 딸아!" 여러분의 구원자를 위해 마음을 준비하십시오. 우리를 치유하는 하나님의 약이 오고 있습니다. 그것을 맛보게 되면 아마 놀랄 것입니다. 그러나 그것이 잠자는 아기의 이마처럼 달콤한 맛과 향을 낸다면 놀라지 마십시오.

미주

1장 다양한 렌즈로 성경읽기

1. 한 예로, 알렉산드리아의 아타나시우스(Athanasius of Alexandria)는 시편을 읽으면서 선지서를 비롯한 구약 전체에서 본문의 의미를 찾았다. 그에 따르면, "거의 모든 시편은 선지서의 내용을 담고 있으며" 그리스도의 다시 오심에 대한 구체적인 이해를 말하고 있다. 참조, Athanasius of Alexandria, "On the Interpretation of the Psalms," in Charles Kannengiesser, ed., *Early Christian Spirituality, Sources of Early Christian Thought* (Philadelphia: Fortress Press, 1986), p. 58.

2. Huge of St. Victor, *The Didascalicon of Hugh of St. Victor: A Medieval Guide to the Arts,* trans. Jerome Taylor (New York and London: Columbia University Press, 1961), 2:4, p. 64.

3. Ibid., 6:5, p. 145.

4. 고대 그리스의 해석가들은 호머에 등장하는 여러 신들과 영웅들이 각기 알레고리적 의미를 지니고 있다고 보았고, 그렇기에 각각의 신들과 영웅들이 의미하는 영적 의미를 찾으려 했다. Karlfried Froehlich, ed., *Biblical Interpretation in the Early Church* (Philadelphia: Fortress Press, 1984), p. 19 참조.

5. Philo, "The Contemplative Life," *Philo*, Loeb Classical Library, Vol. IX (London: William Heinemann/Cambridge, Mass.: Harvard University Press, 1954), pp. 78, 161.

6. Origen, *On First Principles*, trans. G. W. Butterworth (London: SPCK, 1936), IV, 2:4, p. 276.

7. 어거스틴은 오리겐의 문자적(역사적) 의미와 우화적 의미에 구약과 신약 간의 연속성을 지시하는 유비적(analogical) 의미와 말과 행동의 동기를 제공하는 인과적(etiological) 의미를 더했다. "On the Profit of Believing," trans. C. L. Cornish, in Philip Schaff, ed., *Nicene and Post-Nicene Fathers of the Christian Church, vol. III, St. Augustine: On the Holy Trinity Doctrine and Treatises, Moral Treaties* (Edinburgh: T & T Clark/Grand Rapids, Mich.: William B Eerdmans Publishing Company, 1993), p. 349.

8. James Samuel Preus, *From Shadow to Promise: Old Testament Interpretation from Augustine to the Young Luther* (Cambridge, Mass.: The Belknap Press of Harvard University Press, 1969), pp. 21-22.

9. 원래 다시아의 어거스틴이 작시한 대구 절의 2행 문장은 *Moralis quid agas, quid speres anagogia*로 이는 니콜라스가 변화를 준 "신비적 해석은 당신이 추구해야만 하는 곳이다"(where you should

aim)가 아닌 "신비적 해석은 당신이 소망하는 바이다"(what you hope for)였다. "Augustini de Dacia O. P. 'Rotulus Pugillaris'" P. A. Walz, ed., in *Angelicum* (Rome: Pontifical Institute International, 1929), p. 256 참조. 원자료가 종종 라이라의 니콜라스로 잘못 인용되고 있다. Henri de Lubac, *Medieval Exegesis*, Vol. 1, *The Four Senses of Scripture*, trans. Mark Sebanc (Grand Rapids, Mich.: William B. Eerdmans Publishing Company; Edinburgh, Scotland: T & T Clark, 1998), pp. 1-2. 본 책의 원제는 *Exégèse médiévale: 1: Les Quatres Sens de L'ecriture* (Paris: Editions Montaigne, 1959)였다.

10. Christopher Ocker, "Biblical Interpretation in the Middle Ages," in Donald K. McKim, ed., *Historical Handbook of Major Biblical Interpreters* (Downer's Grove, Ill. and Leicester, England: InterVarsity Press, 1998), pp. 80-81.

11. Robert Grand & David Tracy, *A Short History of the Interpretation of the Bible*, 2d ed. (Philadelphia: Fortress Press, 1984), p. 85. 제임스 사무엘 프리우스(James Samuel Preus)는 어거스틴의 노래가 베데(Bede)로부터 직접 온 것이 아니고 라온의 안셀름(Anselm of Laon) 학파가 만든 성경어구 주석집(Glosa ordinaria)에서 나왔다고 보았다. 그곳에 보면, "역사(history)는 발생된 사건(res gestae)을 의미하며, 영(allegory)은 이것을 저것으로 이해하는 것이고, 비유(tropology) 곧 도덕적 언명은 도덕적 규범을 다루며, 신비(anagogy)를 통해서 우리는 가장 높은 천상의 차원에 닿을 수 있는 보다 높은 차원으로 이끌려진다." Preus, From Shadow to Promise, p. 26. 또한 Werner G. Jeanrond, *Theological Hermeneutics: Development and Significance* (New York: Crossroad, 1991), p. 27을 참조하라.

12. Jon Whitman, "Allegory," in T. V. F. Brogan, ed., *The New Princeton Handbook of Poetic Terms* (Princeton, N. J.: Princeton University Press, 1994), p. 9에서 인용.

13. 게르하르드 이블링(Gerhard Ebeling)에 따르면 성경의 내적 일관성이 의문시 된 세 가지 이유는 다음과 같다. 첫째로 성경은 여전히 신·구약 간에 존재하는 상이한 신학을 하나로 통일시키지 못하고 있다는 것이고, 둘째는 신·구약은 각자의 내적 통일성으로 이루어져 있으며, 셋째는 성경읽기에서는 성경의 비역사성이 더욱 유효하게 작용한다는 것이다. Brevard S. Childs, *Biblical Theology of the Old and New Testaments: Theological Reflection on the Christian Bible* (Minneapolis: Fortress Press, 1993), p. 7.

14. G. R. Evans, *The Language and Logic of the Bible: The Earlier Middle Ages* (Cambridge, UK: Cambridge University Press, 1984), p. 1.

15. 설교학의 영역에서 성경의 4중 해석에 대한 재발견은 다음의 두 논문으로 알 수 있다. 첫째는 앙리 드 뤼박(Henry de Lubac)이 쓴 *Exégèse médiévale*(중세주석-역자주)며, 둘째는 David C. Steinmetz, "The Superiority of Pre-Critical Exegesis," *Theology Today*, 37:1 (April, 1980): pp. 27-38. 스타인메츠(Steinmetz)는 성경의 4중 해석이 현대의 역사비평(historical-critical) 방법론보다 우수한 성경읽기임을 확신 있게 주장한다.

2장 성경의 문자성과 역사비평 주석

1. Stephen Farris, *Preaching That Matters: The Bible and Our Lives* (Louisville: Westminster John Knox Press, 1998), p. 7.

2. "The Second Helvetic Confession," *The Book of Confessions, The Constitution of the Presbyterian Church (U.S.A.), Part I* (Louisville: The Office of the General Assembly, 1996), 5.010, p. 57.

3. "The Westminster Confession of Faith," in *The Book of Confessions*, I.7, 6.008, p. 127.

4. Gerhard von Rad, *Biblical Interpretations in Preaching*, trans. John E. Steely (Nashville: Abingdon Press, 1977[1973]), p. 14.

5. *The Holy Bible: New Living Translation* (Wheaton, Ill: Tyndale House Publishers, 1996)의 서문(p. xil)을 참조하라.

6. "The Second Helvetic Confession," 5.004, p. 55.

7. "The Westminster Confession of Faith," I:8, 6.008, p. 127.

8. Hans Frei, *The Eclipse of Biblical Narrative* (New Haven, Conn.: Yale University Press, 1974).

9. Erich Auerbach, *Mimesis: The Representation of Reality in Western Literature*, trans. Willard R. Trask (Princeton, N.J.: Princeton University Press, 1953; reprint Doubleday, 1957).

10. Jacques Derrida, *Of Grammatology*, trans. Gayatri Ghakravorty Spivak (Baltimore: The Johns Hopkins University Press, 1976 [1967]), pp. 65,71.

11. Paul Tillich, *Dynamics of Faith* (New York: Harper & Row, 1957), pp. 52-53.

12. 이 논쟁과 관련한 예는 Luke Timothy Johnson, *The Real Jesus: The Misguided Quest for the Historical Jesus and the Truth of the Traditional Gospels* (San Francisco: Harper San Francisco, 1996)을 참조하라.

13. 이 부분에 관해서 나는 Albert M. Sanford, *Literalistic Interpretations of the Scriptures, The Ryerson Essays, Number 8* (Toronto: The Ryerson Press, 1922), pp. 7-24에게 사의를 표하는 바이다.

14. Sandra M. Schneiders, *The Revelatory Text: Interpreting the New Testament as Sacred Scripture* (New York: HarperSanFrancisco, 1991), p. 162.

15. 이 주제에 관한 보다 자세한 내용이 필요하다면, Farris, *Preaching That Matters*, 39-124나 Paul Scott Wilson, *The Practice of Preaching* (Nashville: Abingdon Press, 1995), esp. pp. 128-76을 참조하라.

16. Carl E. Braaten and Robert W. Jenson, eds., *Reclaiming the Bible for The Church* (Grand

Rapids, Mich. and Cambridge, UK: William B. Eerdmans Publishing Company, 1995).

17. Stephen E. Fowl, ed., *The Theological Interpretation of Scripture: Classic and Contemporary Readings* (Cambridge, Mass. and Oxford UK: Blackwell Publishers, 1997).

18. Paul Scott Wilson, *The Four Pages of the Sermon: A Guide to Biblical Preaching* (Nashville: Abingdon Press, 1999), pp. 159-61을 참조하라.

19. Ibid., esp. pp. 82-89. 그렇다고 설교의 영화적 구성이 본문에 대한 비역사적 읽기나 그릇된 역사 정보를 보증해 주는 것은 아니다.

3장 문자적 읽기의 간추린 역사

1. James Samuel Preus, *From Shadow to Promise: Old Testament Interpretation from Augustine to the Young Luther* (Cambridge, Mass.: The Belknap Press of Harvard University Press, 1969), 3. 그에 따르면, 유일하게 루터에게서만 구약성경의 역사와 말씀, 신앙 간의 통합이 이루어졌고, 그것들이 교회를 위해 결정적으로 회복되었다.

2. Origen, *On First Principles*, trans. G. W. Butterworth (London: SPCK, 1936), IV, 2:6, p. 279.

3. Ibid., IV, 2:9, pp. 286-87.

4. Ibid., IV, 3:1, pp. 288-89.

5. Ibid., IV, 3:3, pp. 292.

6. Beryl Smalley, *The Study of the Bible in the Middle Ages* (Oxford, UK: The Clarendon Press, 1941), p. 11.

7. Augustine, *On Christian Doctrine*, trans. D. W. Robertson, Jr. (Indianapolis/New York: Bobbs-Merrill Co., 1958). 이하 모든 인용의 출처는 본서이다.

8. Godfrey of St. Victor, "Fons philosophia," Henri de Lubac, *Medieval Exegesis, vol. 1, The Four Senses of Scripture*, trans. Makr Sebanc (Grand Rapids, Mich.: William B. Eerdmans Publishing Company; Edinburgh, Scotland: T & T Clark, 1998), p. 3.

9. Augustine, *The City of God, vol. 2 of A Select Library of the Post-Nicene Fathers of the Christian Church*, Philip Schaff, ed. (Edinburgh, Scotland: T & T Clark; Grand Rapids, Mich.: William B. Eerdmans Publishing Company, 1993), p. 308.

10. Augustine, "The Harmony of the Gospels," in vol. 6 of Schaff, *Nicene and Post-Nicene Fathers*, p. 120.

11. Ibid.

12. Ibid., p. 146.

13. Ibid., p. 149.

14. Augustine, "The Ten Virgins," in *Great Sermons of the World*, Clarence E. Macartney, ed. (Peabody, Mass.: Hendrickson Publishers, 1997), p. 47.

15. Ibid., p. 51.

16. Augustine, *City of God*, p. 307.

17. Preus, *From Shadow to Promise*, p. 14.

18. 오리겐은 "그러므로 그리스도 오심의 영광은 모세의 법을 진리의 광채로 밝히면서 율법의 문자를 덮고 있던 베일을 거두고 그 안에 감추어졌던 모든 선한 것들을 그리스도를 믿는 모든 사람들에게 밝히 드러낸 영광이었다"라고 말했다. *First Principles*, IV, 1:6, p. 265.

19. Hugh of St. Victor, *Patrologia Latina 6, 3:799-802. Smalley, Study of the Bible*, p. 62에서 재인용.

20. Hugh of St. Victor, *The Didascalicon of Hugh of St. Victor: A Medieval Guide to the Arts*, trans. Jerome Taylor (New York and London: Columbia University Press, 1961), 6:4, p. 144. "성경 주해는 세 가지를 포함한다. 문자(the letter), 문자 의미(the sense), 보다 깊은 의미(the deeper meaning; *sententia*). … 모든 이야기는 적어도 두 가지를 지니고 있어야 한다. 하나는 단순한 구술만으로 무엇인가 의도된 바가 분명하게 드러나고 이해되는 말로서 그것은 오직 문자 (letter)와 그 의미(sense)만으로 족하다. 반면, 주해가 거기에 추가되지 않고서는 단순한 구술만으로 청중이 그 의미를 이해할 수 없는 말로서 이것은 문자(letter)와 보다 깊은 의미(deeper meaning)를 필요로 한다." 6:8, p. 147. 여기서 그는 후자인 본문이 말하는 것(what a text says)과 본문이 의미하는 것(what it means) 사이의 구분을 염두에 둔다.

21. Preus, *From Shadow to Promise*, p. 69.

22. Thomas Aquinas, *Summa Theologia*, Vol. 1, Thomas Gilby, ed. (London: Eyre & Spottiswoode; New York: McGraw-Hill, 1963), 1a.1, 10, pp. 37, 39.

23. Ibid., 1a.1, 10, p. 39.

24. Nicholas of Lyra, *Prologus secundus de intentione auctoris et modo; Preus, From Shadow to Promise*, p. 68에서 재인용.

25. Corrine L. Patton, "Nicholas of Lyra (ca. 1270-1349)," Donald K. McKim, ed., *Historical Handbook of Major Biblical Interpreters* (Downer's Grove, Ill. and Leicester, England: InterVarsity Press, 1998), p. 117.

26. Martin Luther, "Answer to the Superchristian, Superspiritual, and Superlearned Book of Goat Emser of Leipzig," vol. 3 of *Works of Martin Luther* (Philadelphia: Muhlenberg Press, 1930), p. 349.

27. Ibid., p. 350.

28. Ibid.

29. "[성경에서] 당신은 그리스도를 단단히 싸고 있는 옷과 구유를 보게 될 것이다." Martin Luther, "Preface to the Old Testament," vol. 35 of *Luther's Works*, ed. E. Theodore Bachmann (Philadelphia: Muhlenberg Press, 1960), p. 236.

30. William Adams Brown, *Modern Theology and the Preaching of the Gospel* (New York: Charles Scribner's Sons, 1914), p. 78.

31. 이 점에 관해, Karlfried Froehlich, "'Always to Keep the Literal Sense in Holy Scripture Means to Kill One's Soul': The State of Biblical Hermeneutics at the Beginning of the Fifteenth Century" in *Literary Uses of Typology from the Late Middle Ages to the Present*, Earl Miner, ed. (Princeton, N.J.: Princeton University Press, 1977), p. 20을 참조하라. 마티아스 플라시우스 일리리쿠스(Matthias Flacius Illyricus) 같은 다른 개혁자들도 루터와 비슷한 입장을 다음과 같이 취했다. "성경은 하나의 목표를 가지고 있다. 그것의 전체 메시지는 본질적으로 세상의 죄를 도말하신 하나님의 어린양을 가리킨다." Robert Kolb, "Flacius Illyricus, Matthias(1520-1575)," McKim, *Historical Handbook*, p. 192.

32. John Calvin, *Institutes of the Christian Religion*, John T. McNeil, ed. and trans. Ford Lewis Battles, vol. 20 of *the Library of Christian Classics* (Philadelphia: The Westminster Press, 1960), I, VII, p. 78.

33. Ibid., p. 80.

34. Elsie Anne McKee, "On Relating Calvin's Exegesis and Theology," in *Biblical Hermeneutics in Historial Perspectives: Studies in Honor of Karlfried Froehlich on His Sixtieth Birthday*, Mark S. Burrows and Paul Rorem, eds. (Grand Rapids, Mich.: William B. Eerdmans Publishing Company, 1991), p. 221.

35. Ibid., p. 225.

36. Augustine, "Discourse on Psalm 3" in *St. Augustine on the Psalms*, trans. Dame Scholastica Hebgin and Dame Felicitas Corrigan, vol. 1 of *Ancient Christian Writers* (Westminster, Md.: The Newman Press, 1960), pp. 30-33.

37. John Calvin, *Commentary on the Book of Psalms*, vol. 1, trans. James Anderson (Grand Rapids, Mich.: Wm. B. Eerdmans Publishing Company, 1948), p. 33. pp. 30-33을 참조하라.

38. 이와 관련해 마가복음 10장 3-4절도 사용되었다. "모세가 어떻게 너희에게 명하였느냐? 이르되 모세는 이혼 증서를 써주어 버리기를 허락하였나이다." John Rogerson, "Part I. The Old Testament" in Paul Avis, ed., John Rogerson, Christopher Rowland, and Barnabas Lindars, *The Study and Use of the Bible*, vol. 2 of *The History of Christian Theology* (Grand Rapids,

Mich.: William B. Eerdmans Publishing Company; Basingstoke: Marshall Pickering, 1988), p. 97.

39. Carl E. Braaten and Robert W. Jenson, et al., eds., *Christian Dogmatics*, vol. 1 (Philadelphia: Fortress Press, 1984), p. xix.

40. John Q. Schneider, "Melanchthon, Philipp (1497-1560)," McKim, *Historical Handbook*, p. 227.

41. Matthias Flacius Illyricus, *Clavis Scriptura Sacra* (Basel: Jo. Operinum & Euseb. Episcopium, 1567). Werner Georg Kümmel, *The New Testament: The History of the Investigation of Its Problems*, trans. S. McLean Gilmour and Howard C. Kee (Nashville and New York: Abingdon Press, 1972), p. 28을 참조하라.

42. Robert Kolb, "Flacius Illyricus, Matthias," in McKim, *Historical Handbook*, p. 193.

43. Gerald T. Sheppard, *The Future of the Bible: Beyond Liberalism and Literalism* (Toronto: The United Church Publishing House, 1990), p. 12에서 재인용.

44. Richard A. Muller, "Biblical Interpretation in the 16th & 17th Centuries," McKim, *Historical Handbook*, pp. 127-28.

45. Gerald T. Sheppard, "Isaiah," *The HarperCollins Bible Commentary*, James L. Mays, gen. ed. (San Francisco: HarperSanFrancisco, 2000), pp. 489-537을 참조하라.

46. 성경읽기를 위한 문학비평을 다루고 있는 또 다른 책으로 David L. Bartlett, *Between the Bible and the Church: New Methods for Biblical Preaching* (Nashville: Abingdon Press, 1999), pp. 37-72와 A. K. Adams, ed., *Handbook of Postmodern Biblical Interpretation* (St. Louis: Chalice Press, 2000)을 참조하라.

47. Brevard S. Childs, *Biblical Theology of the Old and New Testaments: Theological Reflection on the Christian Bible* (Minneapolis: Fortress Press, 1993), p. 99.

48. Gerald T. Sheppard, "Childs, Brevard," McKim, *Historical Handbook*, pp. 575-84를 참조하라.

49. Childs, *Biblical Theology*, pp. 101-2.

50. Bartlett, *Between the Bible and the Church*, p. 65.

51. Raymond Brown, *The "Sensus Plenior" of Sacred Scripture* (Baltimore: St. Mary's University Press, 1955).

52. 예를 들어, Gail R. O'Day, *The Word Disclosed: John's Story and Narrative Preaching* (Philadelphia: Fortress Press, 1987)을 참조하라.

53. Richard B. Hays, *The Moral Vision of the New Testament: A Contemporary Introduction to New Testament Ethics* (New York: HarperSanFrancisco, 1996). 특별히 part 2의 "The

Synthetic Task: Finding Coherence in the Moral Vision of the New Testament"를 참조하라.

54. Walter Brueggemann, *Theology of the Old Testament: Testimony, Dispute, Advocacy* (Minneapolis: Fortress Press, 1997), pp. 118-19.

55. Ibid., p. 728.

56. Carl E. Braaten and Robert W. Jenson, eds., *Reclaiming the Bible for the Church* (Grand Rapids, Mich. and Cambridge, UK: William B. Eerdmans Publishing Company, 1995), p. x.

57. Childs, *Biblical Theology*, p. 9.

4장 문자적 의미와 하나님

1. David E. Demson, *Hans Frei & Karl Barth: Different Ways of Reading Scripture* (Grand Rapids, Mich. and Cambridge, UK: William B. Eerdmans Publishing Company, 1997), p. 109.

2. Brevard S. Childs, *Biblical Theology of the Old and New Testaments: Theological Reflection on the Christian Bible* (Minneapolis: Fortress Press, 1993), p. 7.

3. Daniel Patte, *Ethics of Biblical Interpretation: a Reevaluation* (Louisville: Westminster John Knox Press, 1995), p. 119.

4. J. Richard Middleton and Brian J. Walsh, *Truth Is Stranger than It Used to Be: Biblical Faith in a Postmodern Age* (Downers Grove, Ill.: InterVarsity Press, 1995), esp. chap. 8.

5. Barnabas Lindars, "Part III. The New Testament," in Paul Avis, ed., John Rogerson, Christopher Rowland, and Barnabas Lindars, *The Study and Use of the Bible, vol. 2 of The History of Christian Theology* (Grand Rapids, Mich.: William B. Eerdmans Publishing Company; Basingstoke: Marshall Pickering, 1988), p. 382.

6. "신약성경 시대에 대한 인식, 곧 우리의 과학적 세계관과 불가피하게 달랐던 전근대적 세계관을 이해할 수 있는가? 아니면 오히려 그 기적이 거룩한 사람들에 관한 이야기였다고 말할 수는 없는가? 그리고 이러한 기적전통이 오늘 우리에게 의도하는 가르침은 무엇인가?" Ibid., p. 395.

7. Elisabeth Schüssler Fiorenza, "Contemporary Biblical Scholarship: Its Roots, Present Understandings, and Future Directions," in Francis A. Eigo, ed., *Modern Biblical Scholarship: Its Impact on Theology and Proclamation* (Villanova, Penn.: The Villanova University Press, 1984), p. 3.

8. Ibid., pp. 27-28.

9. James Wm. McClendon, Jr., *Ethics: Systematic Theology*, Volume 1 (Nashville: Abingdon

Press, 1986), pp. 31-32.

10. Sandra M. Schneiders, *The Revelatory Text: Interpreting the New Testament as Sacred Scripture* (New York: HarperSanFrancisco, 1991), p. 109.

11. David L. Bartlett, *Between the Bible and the Church: New Methods for Biblical Preaching* (Nashville: Abingdon Press, 1999), p. 13.

12. Elizabeth Achtemeier, "The Canon as the Voice of the Living God," in Carl E. Braaten and Robert W. Jenson, eds., *Reclaiming the Bible for The Church* (Grand Rapids, Mich. and Cambridge, UK: William B. Eerdmans Publishing Company, 1995), p. 120.

13. Lauren Winner, "A Return to Tradition? Gen X Revisited," *The Christian Century* (Nov. 8, 2000): pp. 1146-47.

14. Robert W. Jenson, "Hermeneutics and the Life of the Church," in Braaten, et al., *Reclaiming*, 99. 젠슨은 성경의 '신학적 관점'(theological perspective)을 강조하는 여러 신학자들 가운데 한 명에 불과하다. 워너 장론드(Werner G. Jeanrond)는 이를 '하나님에 관한 물음'으로 규정하거나, '하나님의 본성 … 인간과 만나시는 하나님'으로 구체화했다. Werner G. Jeanrond, "After Hermeneutics: The Relationship Between Theology and Biblical Studies," in Francis Watson, *The Open Text: New Directions for Biblical Studies?* (London: SCM Press, 1993), pp. 88, 95를 참조하라. 이에 스티븐 파울(Stephen E. Fowl)은 다음과 같이 응답한다.

> '하나님에 관한 물음'이 무엇인지 비록 불분명할 때라도, 성경은 하나님과 관련한 여러 다양한 방식의 언급과 상징을 제공하는 것만은 분명하다. 이러한 신학적 해석에 관심을 갖는 것은 실제로 무엇을 뜻하는가? 가령, 구약의 왕권계승서사(Succession Narrative) 전통에서 보이는 전적으로 사회적이고 정치적인 권력의 시각에서의 하나님의 모습을 다루는 해석이 신학적이라는 말인가? 만일 그렇다면 성경학의 상당히 많은 연구들이 꽤 오랫동안 신학적이었다고 말할 수 있다.

Stephen E. Fowl, *Engaging Scripture: A Model for Theological Interpretation* (Malden, Mass. and Oxford, UK: Blackwell Publishers, 1998), p. 29.

15. James M. Gustafson, "Ways of Using Scripture" in Wayne G. Boulton, Thomas D. Kennedy, and Allen Verhey, eds., *From Christ to the World: Introductory Readings in Christian Ethics* (Grand Rapids, Mich.: William B. Eerdmans Publishing Company, 1994), p. 21. 본서는 원래 "The Place of Scripture in Christian Ethics: A Methodological Study," in James M. Gustafson, *Theology and Christian Ethics* (Philadelphia: United Church Press, 1974)으로 출판되었다.

16. Ibid., p. 24.

17. 사라 스미스(Sarah Smith)와 토론토 대학교에서 나눈 개인적인 대화, 2000년 6월 20일.

18. Jeanrond, "After Hermeneutics," in Watson, *Open Text*, p. 97.

19. Richard Lischer, *A Theology of Preaching: the Dynamics of the Gospel* (Nashville: Abingdon Press, 1981), p. 61을 참조하라. Paul Scott Wilson, *Imagination of the Heart: New Understandings in Preaching* (Nashville: Abingdon Press, 1988), pp. 131-32; Paul Scott Wilson, *The Practice of Preaching* (Nashville: Abingdon Press, 1995), pp. 150-55; Ronald J. Allen, *Preaching the Topical Sermon* (Louisville: Westminster/John Knox Press, 1992), p. 64; Stephen Farris, *Preaching That Matters: The Bible and Our Lives* (Louisville: Westminster John Knox Press, 1998), pp. 122-24; Cleophus J. LaRue, *The Heart of Black Preaching* (Louisville: Westminster John Knox Press, 2000).

5장 신학적 주석과 문자적 의미

1. 이것들과 관련한 역사를 생각할 때, 이들은 부분적이지만 난해한 개념이다. 루터는 이것들을 구약과 신약성경을 구분하는 데 사용했다. 그러나 훗날 설교학은 그것들을 성경의 의미로 받아들이지 않았다. 칼 돈프라이드(Karl P. Donfried)는 "'율법과 복음'에 관한 논의는 철저하게 혼란스럽고 우리를 혼란스럽게 한다. … 루터주의 신학의 많은 부분들에서 말이다. 그러나 이제 그러한 케케묵은 용어들을 포기할 시간이 되었다. 그리고 이제 보다 많은 청중에게 이해 가능하고 그 주제로 성경학 연구들과 대화 가능한 게토화되지 않은 언어로 의도된 것을 기술해야 한다." Carl E. Braaten and Robert W. Jenson, eds., *Reclaiming the Bible for The Church* (Grand Rapids, Mich. and Cambridge, UK: William B. Eerdmans Publishing Companry, 1995), p. 29.

2. Richard Lischer, *A Theology of Preaching: the Dynamics of the Gospel* (Nashville: Abingdon Press, 1981), p. 61.

3. Hans Frei, "The 'Literal Reading' of Biblical Narrative in the Christian Tradition: Does It Stretch or Will It Break?" in Frank McConnell, ed., *The Bible and the Narrative Tradition* (New York and Oxford, UK: Oxford University Press, 1986), pp. 62-63.

6장 영적 읽기: 서론

1. Hugh of St. Victor, *The Didascalicon of Hugh of St. Victor: A Medieval Guide to the Arts*, trans. Jerome Taylor (New York and London: Columbia University Press, 1961), 6:4, p. 140.

2. St. Gregory, "Moralia; Praef. In Iob (Library of the Fathers)," in P. Migne, *Patrologia Latina*, vol. 1xxvi, p. 18 (i, 6-7). 필자가 사용한 영문 번역본은 *Morals on the Book of Job*, vol. 1(Oxford:

John Henry Parker/London: J. G. F. and J. Rivington, 1844), i, pp. 6-7.

3. David C. Steinmetz, "The Superiority of Pre-Critical Exegesis," *Theology Today*, 37:1 (April, 1980): pp. 29-30.

4. 알퐁서스 리구오리(Alphonsus Liguori)는 그의 복음전도집회에서 '두려움'(*de terrore*)에 관한 주제로 설교하곤 했다. 그의 설교는 18세기의 로마 가톨릭교회의 설교자 승단인 구세주회(Redemptorist)의 발전에 있어 중추적인 역할을 했을 뿐만 아니라, 개신교회의 영적 대각성 운동의 청사진을 제공하기도 했다. *The Complete Works of Saint Alphonsus Liguori*, vol. 15, trans. Eugene Grimm (New York: Benziger Brothers, 1890)의 'Preaching'을 참조하라.

5. Thomas Aquinas, *Summa Theologia*, vol. 1, Thomas Gilby, ed. (London: Eyre & Spottiswoode; New York: McGraw-Hill, 1963), 1a.1, 10, p. 39. 아퀴나스는 세인트 빅터의 휴(Hugh of St. Victor)에게는 오직 3중 의미인 역사적, 도덕적, 알레고리적 의미만이 있었다고 주지한다(pp. 39-40). 아퀴나스의 편집자 중 한 사람은 사실 아퀴나스가 4중 의미를 사용했다고 주장하는데, 그것은 우선적인 문자적 의미(the primary literal sense), 성령님의 영감에 따른 보다 온전한 의미(the fuller sense inspired by the Holy Spirit), 모형을 찾는 전형적 의미(the typical that seeks types), 그리고 성경본문이 제시하는 적용점을 창안해 내는 적용적 의미(the accommodated sense)가 그것이다(pp. 177-78).

6. Hugh of St. Victor, *Didascalicon*, 5:2, pp. 120-21.

7. Henri de Lubac, *Medieval Exegesis*, vol. 1. *The Four Senses of Scripture*, trans. Mark Sebanc (Grand Rapids, Mich.: William B. Eerdmans Publishing Company; Edinburgh, Scotland: T & T Clark, 1998), pp. 7, 24, 90-96, 100, 106, 107, 112.

8. 파리의 자일즈(Giles of Paris)는 여기서 알레고리(allegory)라는 말 대신 유형론(typology)이라는 말을 사용했다. de Lubac, *Medieval Exegesis*, p. 3.

7장 도덕적 읽기

1. A. G. Hebert, *The Authority of the Old Testament* (London: Faber & Faber, 1947), p. 269.

2. 프리우스(Preus)는 다음과 같이 주지한다. "'성경이 궁극적으로 말하려는 바가 무엇인가?'라는 물음에 중세교회의 대답은 세 가지로 요약될 수 있다. 교리(*doctrina*), 법(*lex*), 약속(*promissio*). 성경은 우리가 믿어야 할 바(*credenda*), 사랑해야 할 바(*diligenda*), 그리고 소망해야 할 바(*speranda*)가 무엇인지를 가르친다." James Samuel Preus, *From Shadow to Promise: Old Testament Interpretation from Augustine to the Young Luther* (Cambridge, Mass.: The Belknap Press of Harvard University Press, 1969), p. 189. 또한 Augustine, *On Christian Doctrine*, I, 35, 39-40,

44; III, 10, 15를 참조하라.

3. Augustine, *On Christian Doctrine*, trans. D. W. Robertson, Jr. (Indianapolis/New York: Bobbs-Merrill Co., 1958), 3, XV.

4. Amanda Berry Wylie, "The Exegesis of History in John Chrysostom's Homilies on Acts," in *Biblical Hermeneutics in Historical Perspective: Studies in Honor of Karlfried Froehlich on His Sixtieth Birthday*, Mark S. Burrows and Paul Rorem, eds. (Grand Rapids, Mich.: William B. Eerdmans Publishing Company, 1991), p. 66.

5. Ambrose of Milan, "Concerning Virgins," Kannengiesser, *Early Christian Spirituality*, p. 94.

6. Martin D. Yaffe, ed., "Interpretative Essay" in Thomas Aquinas, *The Literal Exposition on Job: A Scriptural Commentary Concerning Providence*, trans. Anthony Damico (Atlanta: Scholars Press, 1989), p. 9.

7. Thomas of Chobham's *Summa de Arte Praedicatoria* (Cambridge Mass.: Corpus Christi College, MS 455 fo. 1rb.), G. R. Evans, *The Language and Logic of the Bible: The Earlier Middle Ages* (Cambridge, UK: Cambridge University Press, 1984), pp. 114-15.

8. Hugh of St. Victor, *The Didascalicon of Hugh of St. Victor: A Medieval Guide to the Arts*, trans. Jerome Taylor (New York and London: Columbia University Press, 1961), 5:9, p. 132.

9. Martin Luther, "How Christians Should Regard Moses," in *Luther's Works*, vol. 35, ed., E. Theodore Bachmann and Helmut Lehmann, trans. E. Theodore Bachmann (Philadelphia: Muhlenberg Press, 1960), p. 174. 루터에게 두 종류의 성경, 곧 자신과 상관되는 성경과 그렇지 않은 성경이 있다고 결론에 이르게 한 '탑 체험'(tower experience)에 관한 논의에 대해 Eric W. Gritsch in Burrows, et al., *Biblical Hermeneutics*, p. 196을 참조하라. "성경은 그것이 해석자의 삶에 소란과 동요(*Anfechtung*)로 관계할 때 [루터에게 있어서] 하나님의 말씀이 된다."

10. Preus, *From Shadow to Promise*, pp. 233-34.

11. 헤이즈(Hayes)와 할라데이(Holladay)는 다음과 같이 기술한다. "심지어 유대교 주석이 성경의 4중 해석을 창안했는데, 그것은 (a) 페샷(*peshat*)-평이한 의미, (b) 레메즈(*remez*)-암시적 의미 혹은 알레고리, (c) 데라쉬(*derash*)-설교적 의미, (d) 소드(*sod*)-신비적 혹은 비밀한 의미" 등이다. John H. Hayes and Carl R. Holladay, *Biblical Exegesis: A Beginners Handbook* (Atlanta: John Knox Press, 1982), p. 21. 브래바드 차일즈(Brevard S. Childs)는 바벨론의 유대교 율법학자들(Babylonian Amoraim) 사이에서 존재한 문자적 의미와 설교적 의미 간 구분의 기원에 대해 그의 "The *Sensus Literalis* of Scripture: An Ancient and Modern Problem," *Beitrage zur alttestamentlichen Theologie: Festschrift fur Walther Zimmerli zum 70* (Gottingen: Vandenhoeck und Ruprecht, 1977), p. 80에서 소개한다.

12. Alan of Lille, *The Art of Preaching, Cistercian Fathers Series*, 23, trans. Gilian R. Evans (Kalamazoo, Mich.: Cistercian Publications, 1981), p. 15.

13. Augustine, "Discourse on Psalm 3," in St. *Augustine on the Psalms*, trans. Dame Scholastica Hebgin and Dame Felicitas Corrigan, vol. 1 of *Ancient Christian Writers* (Westminster, Md.: The Newman Press, 1960), pp. 1, 31-32.

14. Beryl Smalley and G. Lacombe, "The Lombard's Commentary on Isaias and Other Fragments," *The New Scholasticism*, v (April 1931): pp. 123-96. Beryl Smalley, *The Study of the Bible in the Middle Ages* (Oxford, UK: The Clarendon Press, 1941), p. 109에서 재인용.

15. Bernard McGinn, et al., eds., "Sermon 86," in *Meister Eckhart: Teacher and Preacher* (Mahwah, N.J.: Paulist Press, 1986), pp. 343-44.

16. John Calvin, *Commentary on the Book of Psalms*, vol. 1, trans. James Anderson (Grand Rapids, Mich.: Wm. B. Eerdmans Publishing Company, 1948), pp. 27-33.

17. John Calvin, "Pure Preaching of the Word," in *The Mystery of Godliness: and Other Selected Sermons* (Grand Rapids, Mich.: Wm. B. Eerdmans Publishing Company, 1950), pp. 59-60.

18. Martin Luther, "A Brief Instruction on What to Look for and Expect in the Gospels," in *Luther's Works*, vol. 35, p. 118.

19. Luther, "Preface to the Epistle to the Romans, 1522," vol. 6 of the *Works of Martin Luther* (Philadelphia: Muhlenberg Press, 1932), pp. 456-57.

20. "그러므로 우리는 순순히 성경에만 붙어 있어야 한다. 성경은 오직 그리스도만을 가르침으로써 우리로 그분에 대한 믿음을 통해 경건에 이를 수 있게 하고, 자유 안에서 이웃들의 유익을 위해 우리의 모든 일을 행할 수 있도록 한다." Martin Luther, "The Gospel for the Festival of the Epiphany, Matthew 2[:1-11]," *Luther's Works, Sermons II*, Hans J. Hillerbrand, ed. (Philadelphia: Fortress Press, 1974), p. 173.

21. Hayden White, *The Historical Imagination in Nineteenth-Century Europe* (Baltimore and London: The Johns Hopkins University Press, 1973), p. 27.

22. James M. Gustafson, "Ways of Using Scripture" in Wayne G. Boulton, Thomas D. Kennedy, and Allen Verhey, eds., *From Christ to the World: Introductory Readings in Christian Ethics* (Grand Rapids, Mich.: William B. Eerdmans Publishing Company, 1994), p. 23. 구스타프슨의 글은 원래 "The Place of Scriptures in Christian Ethics: A Methodological Study," in *Theology and Christian Ethics* (Philadelphia: United Church Press, 1974)에 실린 글이다.

23. Ibid., pp. 21-23. 보다 명확한 정보를 위해 앞서 제목을 구스타프슨의 '4가지 표준 원리'라고 명시했다.

24. Ibid., p. 23.

25. Ibid., p. 24.

26. Daniel Patte, *Ethics of Biblical Interpretation: a Reevaluation* (Louisville: Westminster John Knox Press, 1995), p. 125. 구스타프슨과는 대조적으로, 패트는 하나님에 관한 일체의 언급을 피하기 위해 그가 할 수 있는 것을 시도했다. 이는 아마도 그가 근본주의자들의 수용소라고 부르는 곳에서 하나님을 너무도 많이 들먹거렸기 때문일 것이다. 설령, 그렇다 할지라도 그가 설교와 관련해서 침묵하고 있는 것은 이례적이다. 그는 성경의 권위를 주장하지만, 결과적으로 그가 주장하는 인본비평적(androcritical)이며 다층적 주석(multidimensional exegesis)은 다원주의를 경계하면서도 그것이 지닌 인본중심주의(anthropocentrism)는 감지하지 못하고 있다.

27. Peter J. Gomes, "Best Sermon: A Pilgrim's Progress: The Bible as Civic Blueprint," *New York Times Magazine*, New York Times on the Web, Sunday, April 18, 1999.

28. 특별히 Frederick W. Robertson, *Sermons on Bible Subjects* (London: J. M. Dent & Sons; New York: E. P. Dutton & Co., 1906)를 참조하라.

29. Ibid., "Solomon's Restoration," pp. 103-6.

30. Richard B. Hayes, *The Moral Vision of the New Testament*, part 2.

31. "A New Creed," *Voices United: The Hymn and Worship Book of the United Church of Canada* (Etobicoke, Ontario: The United Church Publishing House, 1996), p. 918.

32. Henry H. Mitchell, *Celebration and Experience in Preaching* (Nashville: Abingdon Press, 1990), p. 52.

33. Thomas G. Long, *The Witness of Preaching* (Louisville: Westminster/John Knox Press, 1989), p. 86.

34. Wilson, *The Practice of Preaching* (Nashville: Abingdon Press, 1995), 특별히 pp. 117-18, 186, 263-83을 참조하라. 또한 Wilson, *The Four Pages of the Sermon* (Nashville: Abingdon Press, 1999), pp. 56-57, 124-25, 149-51, 205-7, 226-28.

8장 역사와 알레고리

1. John Dominic Crossan, *In Parables: the Challenge of the Historical Jesus* (New York: Harper & Row, 1973), p. 8.

2. G. R. Evans, *The Language and Logic of the Bible: The Earlier Middle Ages* (Cambridge, UK: Cambridge University Press, 1984), p. 117.

3. Philo, *On Drunkenness*, trans. F. H. Colson and G. H. Whitaker, *Loeb Classical Library*, vol. 3(London: Wm Heinemann; New York: G. P. Putnam's Sons, 1930), p. 395.

4. Jacob Neusner, *What is Midrash? Guides to Biblical Scholarship* (Philadelphia: Fortress Press, 1987), pp. 7-8 참조.

5. R. P. C. Hanson, *Allegory and Event: A Study of the Sources and Significance of Origen's Interpretation of Scripture* (London: SCM Press; Richmond, Va.: John Knox Press, 1959), pp. 13-14.

6. Origen, "Homily VI," in *Homilies on Genesis and Exodus*, trans. Ronald E. Heine (Washington D.C.: The Catholic University of America, 1982), pp. 121-22.

7. George Arthur Buttrick, et at., eds., *The Interpreter's Bible*, vol. 6 (New York: Abingdon Press, 1953), pp. 418-33.

8. Whitman, "Allegory," in T. V. F. Brogan, ed., *The New Princeton Handbook of Poetic Terms* (Princeton, N. J.: Princeton University Press, 1994), p. 8.

9. 이와 달리 유비(analogy)를 상위개념인 속(genus)으로, 직유, 은유, 유형론, 알레고리를 그와 관련한 유사 종들(species)로 주장할 수도 있다. 그러나 나는 앞서 소개한 정의를 부분적으로 수용한다. 왜냐하면 나에게 있어 유비보다 알레고리가 모든 해석에 있어서 보다 심연한 방식을 제공하기 때문이다. 그러나 다른 입장에 서 있는 해석자들은 그들이 같은 것인지, 아니면 각기 다른 것인지를 의문시 할 것이다. 여하튼, 이 점에 있어서 양쪽 모두의 주장이 가능하다.

10. 어떤 학자들은 바울이 사라가 누구인지를 설명하고 있지 않고 있다고 보기에 이것을 유형론이라고 주장한다. *The Eerdmans Bible Dictionary*, "Allegory," Allen C. Myers, ed. (Grand Rapids, Mich.: William B. Eerdmans Publishing Co., 1987) 참조. 그러나 그 구조에 있어서 본문은 알레고리이다. 왜냐하면 사라가 '하늘의 예루살렘'을 대표하기 때문이다(갈 4:26).

11. David Schnasa Jacobsen, *Preaching in the New Creation: The Promise of New Testament Apocalyptic Texts* (Louisville: Westminster John Knox Press, 1999), pp. 5, 67-71 참조. 그는 설교자들이 계시록의 여러 상징들이 지시하는 것들을 찾아내려는 시도를 경계하면서, 대신 본문이 제기하는 상징들이 그 자체의 세계 앞으로 여는 사회적 실재에 관심을 가질 것을 강조한다.

12. 한 예로, 이러한 흐름을 알 수 있는 흔한 경우는 NRSV 성경의 the Table of Parables (Grand Rapids, Mich.: Zondervan Publishing House, 1989), p. 1011이나, 알레고리의 무용론을 주장하는 크로짠(Crossan)의 *In Parables*, pp. 8-11을 참조하라. 크로짠은 "'알레고리'라는 말이 예수님이나 그 누구와 관련하여 부정적인 의미를 갖거나 문학적으로 문제와 결함이 있다고 가정할 근거는 없다"고 주장한다(p. 10). 단지 그는 '알레고리'라는 용어의 사용을 반대하는데, 그 이유는 "예수님의 이야기가 어디까지가 알레고리이고 아닌지를 판단할 수 없는 데다가, 만일 모든 것이 알레고리가 아니라면 그것들을 무엇으로 규정해야 하는지도 확실하지 않다"고 보기 때문이다(p. 10).

13. James Samuel Preus, *From Shadow to Promise: Old Testament Interpretation from*

Augustine to the Young Luther (Cambridge, Mass.: The Belknap Press of Harvard University Press, 1969), p. 43.

14. 예를 들어, 앤드류 루쓰(Andrew Louth)는 장 다니엘루(Jean Daniélou) 추기경이 주장한 "알레고리는 단어와, 유형론은 사건과 관계되며, 알레고리는 탈역사적인 반면, 유형론은 역사에 기초한다"는 주장에 반대한다. 루쓰는 드 뤼박(de Lubac)의 구분을 선호하는데, 드 뤼박은 수사적 장식으로서의 문자적 알레고리(allegoria verbi)와 그리스도의 신비를 깊이 관통하면서 유형론과 유사한 방식의 사실적 알레고리(allegoria facti)를 구분한다. Andrew Louth, *Discerning the Mystery: An Essay on the Nature of Theology* (Oxford, UK: Clarendon Press, 1983), pp. 118-19.

15. Hanson, *Allegory and Event*, p. 128.

16. Ibid., p. 21.

17. Moisés Silva, *Has the Church Misread the Bible? The History of Interpretation in the Light of Current Issues* (Grand Rapids, Mich.: Zondervan Publishing House, 1987), p. 48.

18. "An Ancient Christian Sermon Commonly Known as Second Clement," in *Apostolic Fathers*, 2nd ed. (Grand Rapids, Mich.: Baker Press, 1979), pp. 68-78을 참조하라.

19. Stuart George Hall, ed., *Melito of Sardis: On Pascha and Fragments* (Oxford, UK: Clarendon Press, 1979), p. 5.

20. *The Revised Common Lectionary: The Consultation on Common Texts* (Nashville: Abingdon Press, 1992), p. 12.

21. Origen, "Homily VII," *Homilies on Genesis and Exodus*, pp. 131-32.

22. Robert W. Jenson, "Hermeneutics and the Life of the Church," in Carl E. Braaten and Robert W. Jenson, eds., *Reclaiming the Bible for the Church* (Grand Rapids, Mich. and Cambridge, UK: William B. Eerdmans Publishing Company, 1995), p. 96.

23. Karlfried Froehlich, ed., *Biblical Interpretation in the Early Church* (Philadelphia: Fortress Press, 1984), p. 19.

24. "Papyrus Michigan, Inv. 3718," in Froehlich, *Biblical Interpretation*, pp. 79-80. 이 목록은 당시 알레고리의 다양한 실행 방식의 예를 제공하는데, 각 단어와 구절들을 알레고리로 읽어낸다. 따라서 알레고리의 세분법(*distinctio*)에 대한 단순한 예를 들자면, '침상'(bed)이라는 개념은 같은 본문에서도 몇 가지 가능한 가르침으로 실제화 된다. 먼저, 문자적이고 역사적인 의미에서 그것은 '말씀의 침상'("… 우리의 침상은 푸르고"-아 1:16)을 뜻한다. 그러나 영적인 의미(알레고리)에서 그것은 '묵상의 침상'("둘이 한 자리에 누워 있으매…"-눅 17:34)을 의미한다. 또한 그것은 '교회의 침상'("볼지어다 솔로몬의 가마라 이스라엘 용사 중 육십 명이 둘러쌌는데"-아 3:7)이기도 하다. 뿐만 아니라 교훈적 차원에서 '침상'은 '양심의 침상'("내가 … 밤마다 눈물로 내 침상을 띄우며…"-시 6:6)을 뜻하기도 하고, '욕망의 침상'("상아 상에 누우며 침상에서 기지개 켜며…"-암 6:4)을 뜻하기

도 한다. 또한 신비적 차원에서 그것은 '영원한 심판의 침상'("내가 … 내 침상을 흑암에 펴놓으매"-욥 17:13) 혹은 '영원한 축복의 침상'("… 아이들이 나와 함께 침실에 누웠으니…"-눅 11:7)을 의미한다.

25. Ibid., p. 79. 또한 Beryl Smalley and G. Lacombe, "The Lombard's Commentary on Isaias and other Fragments," *The New Scholasticism*, v (1931). Beryl Smalley, *The Study of the Bible in the Middle Ages* (Oxford, UK: The Clarendon Press, 1941), pp. 139-43 재인용을 참조하라.

26. Smalley, *Study of the Bible*, p. 113.

27. Ibid., p. 217.

28. Yaffe, "Interpretative Essay," in Thomas Aquinas, *The Literal Exposition on Job: A Scriptural Commentary Concerning Providence*, trans., Anthony Damico(Atlanta: Scholars Press, 1989), p. 9.

29. Martin Luther, "Sermon III," *A Selection of the Most Celebrated Sermons of Martin Luther* (n.p., Thomas Cowperthwaite & Co., 1817), p. 18.

30. Kenneth Hagen, "Luther, Martin (1483-1546)," Donald K. McKim, ed., *Historical Handbook of Major Biblical Interpreters* (Downer's Grove, III. and Leicester, England: InterVarsity Press, 1998), p. 218.

31. Jean Calvin, *Genesis*, 2 vols. in 1(Carlisle, Penn.; Edinburgh, Scotland: The Banner of Truth Trust, 1975), p. 470.

32. Calvin, *Institutes*, in *Library of Christian Classics*, 6:1, p. 70.

33. David L. Puckett, *John Calvin's Exegesis of the Old Testament: Columbia Series in Reformed Theology* (Louisville: Westminster John Knox Press, 1995), pp. 105-32, esp. pp. 107, 110, 113.

34. Karl Barth, *Church Dogmatics*, vol. 4 *The Doctrine of Reconciliation Pt. 2* (Edinburgh, Scotland: T. & T. Clark, 1958), p. 21.

35. Louth, *Discerning the Mystery*, p. 96.

36. Augustine, *On Christian Doctrine*, trans. D. W. Robertson, Jr. (Indianapolis/New York: Bobbs-Merrill Co., 1958), III, 9:14.

37. Augustine, *City of God*, p. 307.

38. Ibid., p. 308.

39. James D. Smart, *The Interpretation of Scripture* (Philadelphia: The Westminster Press, 1961), p. 106.

40. Ibid., pp. 104-5.

41. Ibid., p. 132.

42. Ibid., pp. 107-8.

43. Brevard S. Childs, *Biblical Theology of the Old and New Testaments: Theological Reflection on the Christian Bible* (Minneapolis: Fortress Press, 1993), p. 14.

44. Louth, *Discerning the Mystery*, p. 129; "Return to Allegory"라고 붙인 그의 제목을 보라. pp. 96-131.

45. Frances Young, "Allegory and the Ethics of Reading," in Francis Watson, *The Open Text: New Directions for Biblical Studies?* (London: SCM Press, 1993), p. 118. 또한 pp. 103-20을 참조하라.

46. David C. Steinmetz, "The Superiority of Pre-Critical Exegesis," *Theology Today*, 37:1 (April, 1980): p. 38.

47. Leander E. Keck, "The Premodern Bible in the Postmodern World," *Interpretation*, 50:2 (April, 1996): p. 139.

48. David L. Bartlett, *Between the Bible and the Church: New Methods for Biblical Preaching* (Nashville: Abingdon Press, 1999), p. 29.

49. Louth, *Discerning the Mystery*, pp. 97, 118-19.

50. David Buttrick, *Preaching the New and the Now* (Louisville: Westminster John Knox Press, 1998), pp. 85-86.

51. Jean Daniélou, *From Shadows to Reality: Studies in the Biblical Typology of the Fathers* (London: Burns & Oates, 1960).

52. Leonhard Goppelt, *Typos: The Typological Interpretation of the Old Testament in the New* (Grand Rapids, Mich.: William B. Eerdmans Publishing Company, 1982[German 1938]).

53. Silva, *Has the Church Misread the Bible?* p. 71. 그는 다음과 같이 부연한다. "알레고리 해석에 대한 엄격한 정의는 알레고리의 탈역사화(dehistoricizing)와 관념화(philosophizing)[관념적 사유체계의 한 형태], 임의성, 그리고 엘리트적[영적이고 성숙한 신자] 측면을 강조한다.", p. 74.

54. Justo L. González, "How the Bible Has Been Interpreted in Christian Tradition," in *The New Interpreter's Bible*, vol. 1 (Nashville: Abingdon Press, 1994), p. 92.

55. Silva, *Has the Church Misread the Bible?* pp. 101-2.

56. James Barr, "The Literal, the Allegorical, and Modern Biblical Scholarship," *JSOT* 44 (June, 1989): pp. 3-17. 차일즈(Childs)는 바(Barr)를 향해 "전통적인 알레고리와 이들 후기-비평학파들의 해석 간의 유사점은 … 표면적이며 매우 다른 가정에서 발생한 거의 즉흥적인 합의이다. 이 둘

간의 그 어떤 동일화도 전통적 알레고리와 근대적 주석을 구분하는 근본적인 차이점을 흐린다"고 대답했다. Brevard S. Childs, "Critical Reflections on James Barr's Understanding of the Literal and the Allegorical," in *JSOT* 46 (February, 1990): p. 8.

57. Louth, *Discerning the Mystery*, pp. 97-98.

9장 알레고리, 신비해석, 그리고 설교

1. David E. Reid, "The Problem with Allegory in Preaching," *Preaching*, vol. 11, no. 3 (November/December, 1995): p. 68.

2. Wilson, *The Practice of Preaching* (Nashville: Abingdon Press, 1995), esp. pp. 238-62 참조.

3. Wilson, "Biblical Studies and Preaching," in Thomas G. Long and Edward Farley, eds., *Preaching As a Theological Task: World, Gospel, Scripture* (Louisville: Westminster John Knox Press, 1996), pp. 137-49, esp. p. 142 참조.

4. Stephen Farris, *Preaching That Matters: The Bible and Our Lives* (Louisville: Westminster John Knox Press, 1998), pp. 75-124. 패리스는 누가복음 7장 36-50절이 지닌 잠재적 유비에 대해 소개한다. pp. 88-92.

5. Northrop Frye, *Anatomy of Criticism: Four Essays* (Princeton, N.J.: Princeton University Press, 1957), p. 89.

6. Frances Young, "Allegory and the Ethics of Reading," in Francis Watson, *The Open Text: New Directions for Biblical Studies?* (London: SCM Press, 1993), p. 117.

7. Whitman, "Allegory," in T. V. F. Brogan, ed., *The New Princeton Handbook of Poetic Terms* (Princeton, N.J.: Princeton University Press, 1994), p. 7.

8. 이 점에 있어서, Kathryn E. Tanner, "Theology and the Plain Sense," in Garrett W. I. Green, ed., *Scriptural Authority and Narrative Interpretation: Essays on the Occasion of the Sixty-Fifth Birthday of Hans W. Frei* (Minneapolis: Fortress Press, 1987), pp. 72-73을 참조하라.

9. Calvin: *Commentaries on the Book of the Prophet Daniel*, vol. 1, trans. Thomas Myers (Grand Rapids, Mich.: Wm. B. Eerdmans Publishing Company, 1948), 4:10-16, p. 257.

10. 이에 관한 자세한 내용과 설명은 본인의 앞선 저서인 Wilson, *The Practice of Preaching*, pp. 146-76을 참조하라.

11. Krister Stendahl, "Biblical Theology, Contemporary," in *The Interpreter's Dictionary of the Bible*, vol. 1, ed. George Arthur Buttrick, et al. (Nashville: Abingdon Press, 1962), 418-

31, esp. p. 422.

12. Farris, *Preaching That Matters*, pp. 92-93.

13. Karl Barth, *Church Dogmatics*, vol. 4, *The Doctrine of Reconciliation*, pt. 2 (Edinburgh, Scotland: T & T Clark, 1958), p. 22.

14. David L. Bartlett, *Between the Bible and the Church: New Methods for Biblical Preaching* (Nashville: Abingdon Press, 1999), p. 31.

15. Lancelot Andrewes, "Of the Resurrection," in *Andrewes' Sermons*, vol. 2 of *Library of Anglo-Catholic Theology* (Oxford: John Henry Parker, 1841), p. 396.

16. Bartlett, *Between the Bible and the Church*, pp. 16-36.

17. Robert W. Jenson, "Hermeneutics and the Life of the Church," in Carl E. Braaten and Robert W. Jenson, eds., *Reclaiming the Bible for the Church* (Grand Rapids, Mich.: and Cambridge, UK: William B. Eerdmans Publishing Company, 1995), p. 97. 젠슨의 인용은 차일즈(Childs)의 주장에 토대한다.

18. Sandra M. Schneiders, *The Revelatory Text: Interpreting the New Testament as Sacred Scripture* (New York: HarperSanFrancisco, 1991), p. 163.

19. Ibid.

20. Sidney Greidanus, *Preaching From the Old Testament: A Contemporary Hermeneutical Method* (Grand Rapids, Mich.: William B. Eerdmans Publishing Company, 1999), pp. 215-25, 319-44.

21. Augustine, "Christmas," in *St. Augustine: Sermons for Christmas and Epiphany*, vol. 15 of *Ancient Christian Writers*, trans. Thomas Comerford Lawler (Westminster, Md.: Newman Press; London: Longmans Green & Co., 1952), p. 85.

22. Marcus J. Borg, *Meeting Jesus Again for the First Time: The Historical Jesus and the Heart of Contemporary Faith* (New York: HarperSanFrancisco, 1994), pp. 121-33.

23. Moisés Silva, *Has the Church Misread the Bible? The History of Interpretation in the Light of Current Issues* (Grand Rapids, Mich.: Zondervan Publishing House, 1987), pp. 63, 66-67.

24. Edward Farley, "Preaching the Bible and Preaching the Gospel," *Theology Today* 51:1 (April, 1994): pp. 90-103, esp. p. 103.

25. 프란시스 영은 "모든 해석학에는 어떤 형태로든 알레고리가 작동한다. 성경본문을 하나님의 말씀으로 읽을 때 신기하게 경험하는 본문의 이중성 혹은 성례적 가능성이 적어도 나에게는 오늘날 많은 해석 방법론들에 의해 사멸된 듯하다"라고 언급한다. Frances Young, "Allegory and the Ethics of Reading," in Watson, *Open Text*, p. 117.

26. Robert W. Jenson, "Hermeneutics and the Life of the Church," in Braaten, et al.,

Reclaiming, p. 97.

27. Paul Scott Wilson, *The Four Pages of the Sermon: A Guide to Biblical Preaching* (Nashville: Abingdon Press, 1999), pp. 44-47, 74-75, 92-93, 147-49, 172, 179-80, 210 참조.

28. Guibert DeNogent, "A Book about the Way a Sermon ought to be Given," trans. Joseph M. Miller, *Today's Speech* 17:4 (Nov. 1969): p. 49.

29. James Samuel Preus, *From Shadow to Promise: Old Testament Interpretation from Augustine to the Young Luther* (Cambridge, Mass.: The Belknap Press of Harvard University Press, 1969), p. 58.

30. David Buttrick, *Preaching the New and the Now* (Louisville: Westminster John Knox Press, 1998), pp. 22, 132, 141.

31. Karl Barth, *The Epistle to the Romans*, trans. Edwyn C. Hoskyns (London/Oxford/New York: Oxford University Press, 1975[1933]), p. 500.

32. Reinhold Niebuhr, *The Nature and Destiny of Man: A Christian Interpretation*, vol. 2 (New York: Charles Scribner's Sons, 1949), p. 294.

33. Shirley C. Guthrie, *Christian Doctrine*, rev. ed. (Louisville: Westminster John Knox Press, 1994), pp. 381-86.

34. Carter Lindberg, *The European Reformations* (Oxford, UK and Cambridge, Mass.: Blackwell Publishers, 1996), p. 133에서 인용.

35. Charles H. Spurgeon, "Christ the Destroyer of Death," in E. J. Wheeler, ed., *Pulpit and Grave: A Volume of Funeral Sermons and Addresses From Leading Pulpits of America, England, Germany, and France* (New York and London: Funk and Wagnalls Co., 1894), p. 47.

36. I. S. Spencer, "Sorrow for the Death of Friends," in Wheeler, *Pulpit and Grave*, p. 111.

37. John Donne, "Sermon No. 10," *The Sermons of John Donne*, vol. 5, eds. George R. Potter and Evelyn M. Simpson (Berkeley and Los Angeles: University of California Press, 1962), p. 215.

38. Robertson, "The Israelite's Grave in a Foreign Land," Frederick W. Robertson, *Sermons on Bible Subjects* (London: J. M. Dent & Sons; New York: E. P. Dutton & Co., 1906), p. 51.

39. Arthur John Gossip, "But When Life Tumbles In, What Then?" in his *The Hero in Thy Soul: Being an Attempt to Face Life Gallantly* (Edinburgh, Scotland: T & T Clark, 1928), pp. 114-15.

40. Martin Luther King, Jr., "Conscience for Change: Massey Lectures," 7th Ser. (Toronto: Canadian Broadcasting Corporation, 1967), pp. 44-46.

41. Elizabeth Achtemeier, "Of Children and Streets and the Kingdom," in Thomas G. Long and Cornelius Plantinga, Jr., eds., *A Chorus of Witnesses: Model Sermons for Today's Preacher* (Grand Rapids, Mich.: William B. Eerdmans Publishing Company, 1994), p. 70.

42. Cornelius Plantinga, Jr., "In the Interim Between Two Advents," *The Christian Century* (December 6, 2000): p. 1272.

부록: 하나님의 치유

1. 이는 텍스 샘플(Tex Sample)의 이야기로, 그는 이 이야기를 2000년 12월 1일, 달라스의 Southern Methodist University에 있는 Perkins School of Theology에서 열린 북미설교학회의 논문발표에서 소개했다.